城市交通运行系统能源效率评估模型研究

北京城市系统工程研究中心　编著

科　学　出　版　社

北　京

内 容 简 介

本书从可持续发展的角度分析城市交通能源效率情况,通过构建城市交通运行系统分析数据库,对北京市现状交通系统诸多方面——城市道路交通、城市公共交通、城市客运、城市货运的运行状况、能源消耗量和环境排放进行分析;通过建立城市人口–经济–交通–环境模型,对北京不同交通情景(摇号政策、停车收费政策、油价调控政策等)下的交通能源效率进行预测和量化评价。重点介绍基于系统动力学的城市交通可持续发展模型、城市客运能源消耗与排放分析模型构建、城市货运能源消耗与排放分析模型、城市交通运行系统能源效率评估系统,并以北京为对象展开了全面细致的实证分析。

本书适合从事交通领域节能减排的科研人员、城市管理决策者、高等院校师生及相关专业人士阅读。

图书在版编目(CIP)数据

城市交通运行系统能源效率评估模型研究 / 北京城市系统工程研究中心编著. —北京:科学出版社,2014.6

ISBN 978-7-03-040938-6

Ⅰ. 城… Ⅱ. 北… Ⅲ. 城市交通系统–能源效率–评估–模型–研究 Ⅳ. ①U491.2 ②F206

中国版本图书馆 CIP 数据核字 (2014) 第 117720 号

责任编辑:王 倩 / 责任校对:彭 涛
责任印制:赵德静 / 封面设计:李姗姗

科学出版社 出版
北京东黄城根北街 16 号
邮政编码:100717
http://www.sciencep.com

北京通州皇家印刷厂 印刷
科学出版社发行 各地新华书店经销

*

2014 年 6 月第 一 版 开本:787×1092 1/16
2014 年 6 月第一次印刷 印张:16 3/4
字数:400 000

定价:120.00 元

(如有印装质量问题,我社负责调换)

"城市交通运行系统能源效率评估模型研究"课题组

课题负责人

徐丽萍　北京城市系统工程研究中心

课题组主要成员

王　立　北京市科学技术研究院

王苏舰　北京城市系统工程研究中心

刘建兵　北京城市系统工程研究中心

秦　勇　北京交通大学轨道交通控制与安全国家重点实验室

姚　飞　北京化工大学经济与管理学院

刘大成　清华大学工业工程系

佟贺峰　中国科学技术信息研究所

刘　莹　北京交通发展研究中心

王　玢　北京城市系统工程研究中心

唐夕茹　北京城市系统工程研究中心

董宏辉　北京交通大学

黄爱玲　北京交通大学

杨　阳　中国科学技术信息研究所

曾　勇　清华大学工业工程系

曹红阳　北京城市系统工程研究中心

赵　源　北京城市系统工程研究中心

程　颖　北京交通发展研究中心

刘宇环　北京交通发展研究中心

朱　帆　北京化工大学经济与管理学院

前　言

随着经济社会快速发展，城市化进程加快，随之而来的是交通总量增长势头高涨，交通运输为城市的经济发展带来了生机，但同时它所产生的能源与环境问题也给城市可持续发展提出了挑战，于是，北京在全国率先提出能源消费总量控制目标。然而，为达到交通节能减排指标不应以减少交通服务量为手段，不能降低交通系统的运输服务水平，即不能使得经济运转和社会生活中应有的交通需求得不到满足，因此，既要实现交通能源消费总量控制等各种节能减排目标，又不能拖累和阻碍地区经济发展，就必须提高整个城市交通运行系统的能源效率。

我国城市交通领域进一步推进节能减排工作中存在的关键问题是：城市交通系统能耗排放测算缺乏统一标准，各类节能减排措施效果难以量化分析。针对这一问题，北京市科学技术研究院北京城市系统工程研究中心实施的科技创新工程项目"城市交通运行系统能源效率评估模型研究"，重点研究城市交通运行系统的总体能源消耗和环境排放的测算问题，研究包含交通运行服务水平分析和环境排放分析在内的城市交通运行系统的能源效率评估方法，使得城市管理者可以对交通节能减排措施的效果进行量化评价，为城市交通节能减排的政策制定提供决策的科学依据。

项目的研究目标是建立城市交通运行仿真分析模型，测算和预测城市交通运行系统分析的关键指标，构建城市交通运行系统分析数据库；基于车辆类型结构和路网运行速度，研究各种交通出行方式的能源消耗量和环境排放的预测方法，提出"城市交通能源效率指数"的概念及其计算方法，研究城市交通能源效率评估方法，并研发城市交通运行系统能源效率评估模型的软件系统，通过对城市交通能源效率的分析，给出交通节能减排政策措施的量化评价结果。

为了实现既定的研究目标，项目组以北京市为对象，针对城市所有交通工具和出行方式，基于系统动力学方法建立包含城市道路系统、交通流量系统和交通管理系统在内的城市交通运行仿真分析的系统动力学模型；在对城市路网运行状况、交通方式和出行者行为特征分析的基础上，运用能源技术分析模型，分别建立城市客运和货运能源消耗总量测算模型，以及 CO_2 和 NO_x 的排放量测算模型；以交通运行服务水平、能源消耗量和环境排放量为关键因素，提出城市交通运行系统的能源效率评估方法。

经过一年的研究，项目建立起了城市交通运行仿真分析模型，构建了城市交通运行系统分析数据库，研发了城市交通运行系统能源效率评估模型的软件系统，可实现城市交通能源效率分析和交通节能减排政策措施的量化评价，为北京市交通领域节能减排政策措施的制定提供决策支撑平台。

全书共分 9 章，内容依次为绪论、北京市交通系统发展现状及趋势、城市道路交通运行分析、城市公共交通服务水平评价、城市交通系统仿真分析模型构建、城市客运能源消耗与排放分析模型构建、城市货运能源消耗与排放分析模型构建、城市交通运行系统能源效率评估方法研究及模型构建、北京市交通运行系统能源效率分析。

在项目实施和书稿完成过程中，得到了来自北京交通大学、中国科学技术信息研究所、清华大学、北京化工大学、北京交通发展研究中心等有关政府部门、研究机构和高等院校的专家们的大力支持和帮助，在此表示诚挚的感谢。并对参与本书编写的工作人员王玢、唐夕茹、赵源、曾勇、杨阳、朱帆、倪廓阔、魏永吉、王勇等表示衷心的感谢。

由于受到数据、时间等客观条件的限制，本书在分析和综合方面难免存在疏漏、不妥之处，诚恳希望社会各界和专家提出宝贵的意见和建议，我们将在今后的工作中不断改进。

作　者

2014 年 3 月 21 日于北京

目　　录

| 第 1 章 | 绪 论

1.1 城市交通系统及其构成

城市交通系统是人（乘客）或货物—车（交通车辆）—路（运行道路）—环境四方面有机结合的复杂系统。这个复杂的系统，由若干个子系统构成，包括城市道路系统、城市客运交通系统、城市货运交通系统、城市交通管理系统、城市交通信息系统和城市交通组织系统。城市交通系统构成如图 1-1 所示。

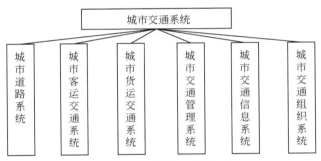

图 1-1　城市交通系统构成

城市道路系统。城市道路系统是由连接城市各部分的所有道路（包括干道、支路、交叉口以及与道路相连接的广场等）组成的交通网络，在一些现代城市中还包括地下铁道、地下街等设施。

城市客运交通系统。城市客运交通系统由不同属性的客运交通结构、组成部分（子系统、外部环境影响因子）相互交织、相互作用、相互渗透而构成的具有特定结构和功能的开放的复杂系统。城市客运交通系统一般包括私人交通和公共交通，而公共交通又分为地面公共交通、轨道交通和索道、缆车等其他交通。

城市货运交通系统。与客运交通系统类似，货运交通系统是由不同属性的货运交通结构、组成部分（子系统、外部环境影响因子）相互交织、相互作用、相互渗透而构成的具有特定结构和功能的开放的复杂系统。城市货运交通系统一般包括过境货运交通、出入境货运交通和市内货运交通。

城市交通管理系统。城市交通管理系统主要是指作为国家政府的交通运输部门，对城市客运交通、货运交通实施宏观调控的系统。为了确保城市客运交通系统灵活有序的运转，取得良好的经济效益，就必须建立一套完整的组织机构，并通过这一机构对城市客运交通、货运交通内的各个行为者指定统一的调控管理，达到对整个城市交通的合理组织管理。

城市交通信息系统。城市交通信息系统指城市客运系统、货运系统运转过程中涉及信息收集、传递和流动的机构和设备。

城市交通组织系统。城市交通组织系统是由各个交通运营者组成的系统。它与城市交通管理系统及交通信息系统共同组成城市交通系统的"软件"部分。各种不同的交通方式都是为了同一个目的：实现人或货的空间移动。在绝大多数情况下，完成运送任务，需要各种交通方式的相互配合以及各个生产环节和工序的紧密衔接。

1.2 城市交通系统与经济、社会、环境的关系

交通与社会、经济、环境等相关因素具有很高的相关性，并且相互作用。图 1-2 显示了这四者之间的相互关系。

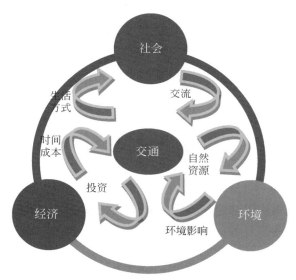

图 1-2 交通与社会、经济、环境的关系

城市交通不是一个孤立的系统，它与各种外部环境因素、社会发展水平、经济发展水平等都有相互制约的关系。

从环境角度来讲，城市交通系统的运转过程是需要消耗能源并会对环境产生影响的过程，友好的交通外部环境会使交通系统在最少的能源投入下达到最大的产出，并对环境造成最小的影响；而不良的外部交通环境，则会使交通系统在运转中消耗大量的资源并对环境造成恶劣的影响。目前，随着城市化和机动化水平的不断提高，交通需求迅速增长，交通供需矛盾日益突出，交通系统服务水平不断下降，城市出现了交通拥挤，交通延误增加，使得能源浪费巨大，汽车噪声、废气污染严重。

从社会角度来讲，城市交通是城市化进程的重要构成，交通是连接城市和乡村的主

要媒介，城市交通效率直接影响了城市的活力和机能，城市交通设施的完备性和运输组织管理的能力是城市成长与发展的重要因素，城市框架的建立首要就是依托于城市交通基础设施，对于城市化进程中的各个阶段都十分重要，而城市交通必须适应社会发展的需求。在不同社会发展条件下，人们对时间价值和出行质量的要求也不断调整，在现代化社会，快捷、安全、方便、舒适的需求影响着城市交通的各个方面，城市交通设施建设与布局、城市交通管理与服务要充分体现人性化和公平性，以适应和谐社会的要求。

从经济角度来讲，城市交通促进了城市经济生活的流通，使整个城市生活从静态转入动态，随着信息时代的到来，交通系统为城市开拓了更为广阔的市场空间、市场容量和市场范围，实现大范围和高速度的传递，生产要素和商品的有效交易迅速发展，促进了城市经济的发展；同时，城市经济的持续快速增长刺激了城市交通系统的建设和完善，并为其提供了发展所需的资金和技术支持。

1.3　城市交通问题分析

1.3.1　城市交通问题

近年来，中国是世界上经济发展最迅速的国家之一，据中国国家统计年鉴显示，"十一五"期间，即 2006～2010 年，中国国内生产总值（GDP）增长迅猛，由 2006 年的 208 381.0 亿元增加到 2010 年的 314 602.5 亿元（按 2005 年价格计算），年均实际增长 10.8%，在全球处于领先地位，人民群众生活水平得到明显提升。中国国力的日渐强大为进一步促进城市现代化的发展进程提供了有利条件，国家相关管理部门投入大量人力、物力和财力进行城市各项基础设施的建设，有效地推动了中国的城市化进程。城市经济发展迅猛，城市规模逐步扩大，城市人口直线上升，建设效果显著。

但是在城市化建设过程中，也出现了各种各样的问题，如由于工厂废气废水的任意排放而引起的城市环境污染问题；由于办公自动化的普及致使办公效率提高，就业岗位减少，城市人口的迅猛增加而引起的社会就业问题；由于某些地区和行业一味地追求眼前的效益而对自然资源无限制的开采利用，而引起的煤炭等各种资源面临短缺等问题。这些问题极大地制约着社会、经济、环境的全面发展，成为了 21 世纪全球面临的普遍问题，引起了国际社会的广泛关注。在目前已经出现的各种各样的城市问题中，自然也包括城市交通问题。

城市交通历来是维持城市系统正常健康运行的支柱，城市公共交通更是重中之重。新中国成立后，我国政府十分重视城市公共交通事业的发展，特别是改革开放后，为适应城市经济发展的需要，各地城市建设部门投入了大量资金进行各种基础设施的建设、大力发展交通管理信息系统，经过几十年几代人的共同努力，我国城市公共交通事业发生了翻天覆地的变化，大多数城市建成了初具规模的城市道路网及相应的交通配套设施，特别是在我国"十二五"规划中明确提出要实施公共交通优先发展战略,大力发展城市公共交通系统,提高公共交通出行分担比率。积极发展地面快速公交系统,提高线网密度和站点覆盖率,优化换乘中心功能和布局,提高出行效率。

正是由于经济的发展和人民生活水平得到的极大改善,致使机动车保有量近年来呈现爆炸式的增长态势,以北京市为例,2007~2010年,北京市的机动车保有量由350.4万辆增加至480.9万辆,增长幅度达到37.24%,明显高于的北京市地区生产总值26.98%的增长速度。这不仅使城市交通结构发生了极大的改变,而且随之带来了很多的城市交通问题,如交通事故频发、交通拥挤、交通秩序混乱等问题。与此同时,在目前现有的城市公共交通系统内部也存在各种各样的问题,使得城市公共交通服务质量未能达到乘客的理想标准。虽然国家每年都投入大量的资金来支持建设城市公共交通运行的基础设施和管理系统,但是城市公共交通问题的出现以及恶化速度远远超过了政府能够治理管制的发展速度,严重影响了城市公共交通的正常发展和运转。

随着社会的不断发展,人们的社会化分工也更加深入,这就使得人群的出行频率相对于以前更高,交通需求更强,并且由于小汽车私有化的持续推进,原有的道路长度、宽度、密度和面积逐渐不能满足出行者对交通供给能力方面提出的要求,因而城市管理者通常会通过修建道路和扩建道路等方式来增加交通供给能力和道路承载能力。图1-3为交通问题解决方法及思路图。

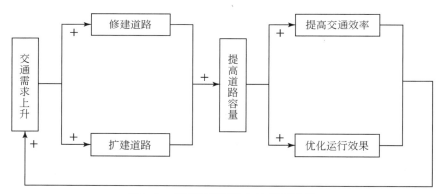

图 1-3　交通问题解决办法及思路图

注:图中"+"表示促进、增加,下同

在交通需求上升的情况下,通过修建道路和扩建道路的方法确实可以缓解现有的交通问题,但在一定程度上也带来了很多负面影响。例如,道路面积的扩张,致使汽车保有量的增加,进而导致车多路少,车辆运行速度下降,停车困难,废弃污染和噪声污染等问题,使得交通效率继续下降,交通运行效果更加恶化,同时又导致交通需求的再一次上升,故而道路问题并没有得到实质性的解决,反而进入恶性循环,使交通问题进一步加深(图1-4)。

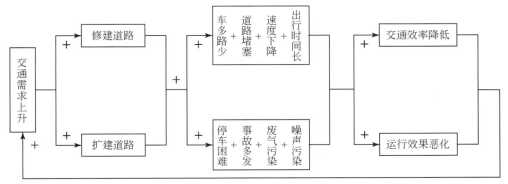

图 1-4 交通问题循环图

1.3.2 解决城市交通问题的方法

正如1.3.1节所解释的出现各种各样的城市交通问题的原因，过去常见的解决问题的方法主要有以下三种。

（1）扩展城市道路面积。这种方法在理论上是可行的，也可以说是解决城市交通拥堵等问题最直接有效的方法之一，这仅仅是从理论上行得通，但是一般道路建设的周期较长，换句话说就是建设城市道路的速度较慢，即使目前通过各种机械化和自动化手段可以使道路建设速度较之前有很大程度上的提高，可与城市车辆数量的增长速度相比可能还是比较缓慢，这就说明如果使用这种方法可能还会重复上面提到的恶性循环；此外，道路修建各方面的成本都比较高，这也在一定程度上降低了该方法的可行性。

（2）限制汽车数量的增长。这也是解决交通问题的方法之一，可是从现实的角度出发，随着社会分工的细化，政府、公司等集体都需要一定数量的汽车作为代步工具以提高办事效率；从个人的角度来讲，随着人们手中可支配的资金越来越充裕，汽车生产制造行业日渐成熟，自动化程度不断加强，汽车价格较之前相比越来越低，正是这种此消彼长，刺激了汽车保有量的不断增加。另外，为了提高生活品质，私人和家庭拥有汽车也逐渐成为社会的一种刚性需求，即使目前一些城市已经出台了一些政策来限制私人汽车保有量的上升，但这也仅仅是在一定时间内暂时控制汽车数量增加的速度，而总体效果上仍然使汽车总量呈现增加的趋势。

（3）修建地铁、轻轨等城市轨道交通。相对于前两种解决办法来讲，这是一种相对而言能从根本上解决出行者分流，缓解交通拥堵，控制汽车保有量上升的方法，但是考虑到轨道交通修建周期长，建造成本高等原因，短时间内还不适合在我国所有城市进行建设。此外，轨道交通的运营成本很高，常常会出现运营亏损等现象。目前，我国很多城市的轨道交通系统在运营过程中都是靠政府财政补贴维持，轨道交通运营商业化体制还不健全。虽然轨道交通是未来我国城市发展公共交通的一个正确方向，但是考虑到目前我国部分城市的经济状况，在全国范围内大规模高密度的修建轨道交通也是不现实的。

基于国外在治理城市交通问题的经验和以上分析比较的基础上，总结起来目前对于此类问题的解决方法无外乎两种思路：正向治理和负向控制。所谓正向治理就是针对交通供给方面的不足给予加强，不断扩展道路长度和道路宽度，增加交通设施承载能力，修建更多的轨道交通线路并使之互通，加强交通网络密度，完善基础设施建设，扩大交通系统规模。所谓负向控制就是通过政府相关部门颁布一些相关政策，尽量控制甚至降低交通需求，同时依据现有的交通承载能力加强交通线网规划；通过私人汽车限购等政策以尽量调整交通结构。上述分析可以看出以上三种解决城市交通问题的方法虽然在理论上可行，但结合我国经济、城市规模等因素，这些方法显然存在一定的弊端，并不适合目前我国的绝大多数城市的现状。但这并不能说明我国的城市交通问题就不能解决，城市公共交通系统就是解决问题的一个入手点，相对于其他交通方式来讲城市公共交通具有以下五个方面的优势。

（1）从结构基础来讲，由于20世纪我国经济状况相对于发达国家一直处于落后地位，所以私人交通发展也相对落后，尽管公共交通存在很多问题，但是公共交通在我国交通结构中却一直处于主要地位，这为我国进一步发展公共交通提供了良好的基础。与此同时，自20世纪80年代起，我国政府就明确提出了城市客运交通以公共交通为主的发展方针，并且先后颁布了相关的技术政策和产业政策，这为公共交通事业的健康发展提供了广阔的空间。

（2）从经济效益来讲，相对于地铁、轻轨等轨道交通方式，常规城市公共交通投资规模较小，见效较为迅速且明显，线路结构也相对更容易进行调整。

（3）从运输效率来讲，公共交通单位车辆的运量明显要大于小汽车等其他机动化交通方式，因而其运输效率更高。据统计，虽然单位公交车辆的道路占地面积是小汽车的4倍，但是单位公交车辆的载客能力却是小汽车的30~40倍，换句话说如果运送相同数量的乘客，小汽车所占用的道路面积将是公共交通的8~10倍。各种客运方式人均占用道路情况见表1-1。

表1-1　客运方式人均占用道路情况比较

客运方式	公交车服务水平			自行车	摩托车	单位及私人小汽车	出租车
	高	中	低				
占路面积（m²/人）	1.75	1	0.7	3.75	11.66	14	10.5
占路长度（m）	7	7	7	1.5	2	3	3
占路宽度（m）	3.5	3.5	3.5	1.5	3.5	3.5	3.5
纵向安全净空（m）	3	3	3	1	3	3	3
平均承载人数（人）	20	35	50	1	1.1	1.73	2

注：公交服务水平分为高、中、低三级，高级指定员20人，中级指定员35人，低级指定员50人

（4）从能源消耗来讲，与其他机动化交通方式相比，公共交通人均消耗的能源和人均

排放的污染量等都是较低的。按照运送同样数量的乘客来计算，公交车与小汽车相比，分别节省土地资源3/4，建筑材料4/5，投资5/6，空气污染是小汽车的1/10，交通事故数是小汽车的1/100。小汽车的每人公里能源消耗在各种交通方式中是最大的，公交车（单车）的人均能源消耗虽然不是最少的，但却只相当于小汽车的10%左右。

（5）从环境污染来讲，由于相对于小汽车出行等其他机动化出行，公共交通运输的集约化程度较高，人均尾气排放相对较低，人均噪声相对较少，这有利于以较低的环境代价实现较为迅速的人和物的移动，有利于实现"绿色交通"。

1.4 本书研究的问题

长期以来，能源问题是我国经济发展中的焦点和热点问题。一方面，能源产业是国民经济的基础产业，能源产业的健康发展已经成为社会经济可持续发展的重要物质基础。我国作为世界上经济增长最快的国家之一，同时也是一个能源生产、消费大国。但是目前我国的能源利用效率仅为33%左右，比发达国家低约10个百分点，而产值能耗却是最高的国家之一。随着工业化与城镇化进程的加快，经济持续发展和人民生活水平日益提高对一次能源的需求将进一步扩大，能源供需矛盾将更趋尖锐。另一方面，能源的生产和使用是环境污染的主要来源，我国能源消费结构又以煤炭为主，煤炭消费占一次能源消费量近70%，发展经济与环境污染的矛盾比较突出。不断增长的能源消耗和对化石燃料的过分依赖，导致了温室气体排放量的迅速增加。目前，我国已经成为世界上第二大温室气体排放国，由于大量消耗能源所带来的环境问题和健康问题也日益突出，这也是当前能源产业发展过程中两个比较突出的问题。能源利用效率和经济效益差，能源强度高，能源造成的环境污染严重，节约能源、提高能源效率是保障国家能源安全和经济持续增长的必然选择，是实现产业升级、转变经济增长方式、增强企业竞争力的重要途径，也是保护环境、实施可持续发展战略的重要措施。

本书首先构建城市交通运行系统能源效率的概念模型，并分析相应的影响因素和作用机理；建立城市交通运行仿真分析模型，测算和预测城市交通运行系统分析的关键指标，构建城市交通运行系统分析数据库；基于车辆类型结构和路网运行速度，研究各种交通出行方式的能源消耗量和环境排放的预测方法，提出"城市交通能源效率指数"的概念及其计算方法，并研究城市交通能源效率评估方法；在此基础上，研发城市交通运行系统能源效率评估模型的软件系统，通过对城市交通运行能源效率的分析，给出节能减排政策措施的量化评价结果，为北京市交通领域节能减排政策的制定提供决策的科学依据。本书研究的技术路线如图1-5所示。

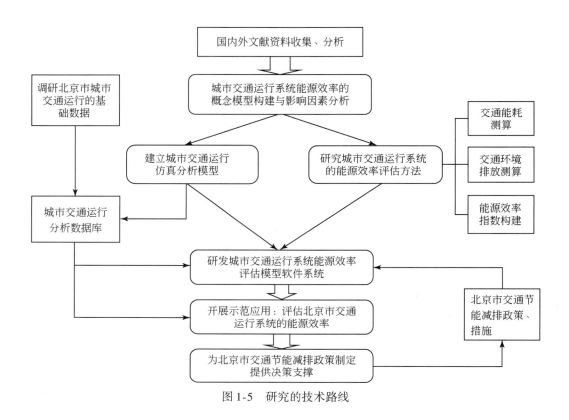

图 1-5　研究的技术路线

|第 2 章| 北京市交通系统发展现状及趋势

"十一五"以来，是北京市交通事业发展最快、交通投入最大、交通结构改善最明显、市民得到实惠最多、机动车增长迅速的时期，北京市以举办奥运会为契机，加快构建以"人文交通、科技交通、绿色交通"为特征的新北京交通体系，交通运输取得跨越式发展，基本满足了市民不断增长和变化的交通需求，适应了首都经济社会发展的需要，为北京市经济加快发展奠定了坚实基础。

2.1　路网建设情况

北京市市级交通固定资产"十一五"以来总投资达 2545.9 亿元，年均投资 424.32 亿元。截至 2011 年年底，城区道路总里程为 6258km，较 2005 年年底增长 53.61%，"环路+放射线"的城市道路骨架基本形成。轨道交通快速发展，运营线路达 372km，较 2005 年年底增长 226.32%。北京市市域公路总里程达 21 347km，较 2005 年底增长 11.89%，以国、市道为骨干，县、乡、村道为支脉的放射状公路交通网络进一步完善。全市共有公共电汽车客运站 610 个，等级道路客运站场 137 个，道路货运站场 8 个，以公交场站（首末站、枢纽站、综合车场）和道路客、货运站场为节点的城市交通场站服务网络逐步形成体系。

2.1.1　公路网络基本形成，对外辐射能力明显增强

截至 2011 年年底，北京市市域公路总里程达到 21 347km，其中，高速公路 912km，一级公路 999km，二级公路 3279km，三级公路 3679km，四级公路 12 285km，等外公路 193km。2011 年与 2005 年相比，一是公路总里程规模增大，北京市公路总里程增加 2269km。二是二级及以上公路发展加快。其中，高速公路里程年均增长 8.96%，实现了"区区通高速"目标，一级公路里程年均增长 12.76%，二级公路里程年均增长 6.51%，同时在全国率先实现了"村村通油路"。三是等外公路比例下降、高等级公路比例加大。北京市等外公路年均下降 14.90%，二级及以上公路里程所占比重达 24.31%，增加了 7 个百分点。总体而言，北京市公路网络对外辐射能力明显增强。北京市公路里程变化情况见表 2-1。

表 2-1　北京市公路里程变化情况

公路里程（km）	2005 年	2010 年	2011 年	年均增长比例（%）
高速公路	545	903	912	8.96
一级公路	486	924	999	12.76
二级公路	2 246	3 196	3 279	6.51
三级公路	4 263	3 728	3 679	−2.43
四级公路	11 030	12 169	12 285	1.81
等外公路	508	193	193	−14.90
公路总里程	19 078	21 113	21 347	1.89

2011 年北京市公路路网技术等级结构如图 2-1 所示。

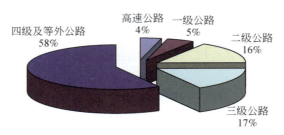

图 2-1　2011 年北京市公路路网技术等级结构

2.1.2　城市道路网络规模增加，中心城基础设施承载能力不断提高

截至 2011 年年底，北京市城区道路总里程为 6258km①，面积 9165 万 m²。其中，快速路 263km，主干路 861km，次干路 629km，支路及以下 4505km。2011 年与 2005 年相比（表 2-2 和图 2-2），一是中心城基础设施承载能力不断提高，城区道路总里程增加 2184km；二是快速路系统形成，"环路+放射线"快速路系统形成，快速路里程趋于稳定，2010 年和 2011 年城区快速路里程均维持在 263km；三是微循环系统建设加快，2011 年共确定 47 项微循环道路项目，截至 2011 年年底，已完工 12 项，正在实施 20 多项，支线及街坊路里程年均增长 13.11%。

表 2-2　北京市城市道路里程变化情况

道路里程（km）	2005 年	2010 年	2011 年	年均增长比例（%）
快速路	239	263	263	1.61
主干路	922	874	861	−1.13
次干路	762	652	629	−3.15
支路及以下	2151	4566	4505	13.11
城市道路总里程	4074	6355	6258	7.42

---

① 数据来自《2011 年北京市交通行业统计资料》。

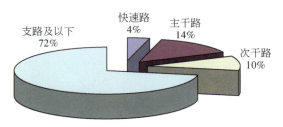

图 2-2　2011 年北京市城市道路功能结构

此外，自 2003 年开始，北京市共完成 1500 多项"疏堵工程"，包括路口改造、公交港湾建设、公交站台改造、过街设施完善、占路障碍物（树木、电线杆等）清理、进行 P+R（park and ride，停车换乘）停车场的改造、道路附属设施完善、环线快速路出入口改造、桥下空间利用等。

2.1.3　轨道线路长度快速扩大，线网密度持续加大

2011 年，北京市轨道交通线网稳步推进，全市轨道交通运营线路新增 1 条，延伸 2 条，新增运营里程 36km。截至 2011 年年底，北京市共有轨道交通运营线路 15 条①，运营里程 372km，轨道交通车站数 215 个，其中换乘站 24 个。2011 年与 2005 年相比，轨道交通运营线路和运营里程年均增长比例分别为 21.79% 和 24.64%，轨道交通线网密度明显加大（表 2-3 和图 2-3）。

表 2-3　北京市轨道线路里程变化情况

轨道线路里程	2005 年	2010 年	2011 年	年均增长比例（%）
轨道交通运营线路里程（km）	114	336	372	21.79
轨道交通运营线路条数（条）	4	14	15	24.64

2.1.4　枢纽场站逐步形成体系，运行效率和能力不断提高

综合运输枢纽建设加快，综合交通能力提升。2008 年 3 月投入运营的首都机场 T3 航站楼，完成了集轨道、停车、商业等功能为一体的交通枢纽建设。同年 8 月，经扩建改造后投入运营的北京南站，成为国内首座集高铁、地铁、市郊铁路、公交、出租车等各种交通方式于一体的综合交通枢纽，综合交通服务能力明显提升。此外，东直门、西直门等 8 个综合客运枢纽相继建成并投入，确保了北京城区内外交通及各种交通方式的合理衔接。

以公路货运场站为节点，逐步实现物流过程的"无缝衔接"。当前，北京市依托东坝、

---

①　统计数据来自《2011 年北京市交通行业统计资料》。

图 2-3　2005～2011 年轨道交通运营线路里程和条数

豆各庄等新建公路货运枢纽建设以及马驹桥、马坊等物流基地海陆联运体系建设正在加快推动，正逐步形成北京市物流的"无缝衔接"。截至 2011 年年底，北京市共有等级道路货运站场 8 个，其中，一级站 1 个，三级站 7 个。此外，截至 2011 年年底，全市共有等级道路客运站场 137 个，其中，一级站 2 个、二级站 9 个、四级站 5 个、五级站 121 个。

公交场站建设持续推进，地面公交能力增强。北京市正加快永久性公交场站、首末站、多港湾式中途换乘站、保养场以及立体停车场等的建设，地面公交能力逐步增强。截至 2011 年年底，北京市公共电汽车客运站共有 610 个，其中，枢纽站 8 个，保养站 15 个，中心站 21 个，首末站 566 个。2011 年较 2005 年相比，枢纽站和首末站建设较快，年均增长比例分别达 12.25% 和 9.46%（表 2-4）。

表 2-4　北京市公交电汽车客运场站情况

场站（个）	2005 年	2010 年	2011 年	年均增长比例（%）
公共电汽车客运站	364	608	610	8.99
枢纽站	4	8	8	12.25
中心站	23	23	21	-1.50
首末站	329	568	566	9.46
保养站	8	9	15	11.05

注：表中 2005 年和 2010 年数据来自《2011 年北京市交通发展年度报告》，2011 年数据来自《2011 年北京市交通行业统计资料》

2.1.5　停车场地有序发展

通过停车资源供给持续增长，使用周转率明显提升，对缓解中心城区拥堵状况发挥了重要作用。截至 2011 年年底，北京市共有经营性停车场 5787 个，停车位 147.1 万个，与 2005 年相比，年均增长比例分别达 8.63% 和 12.69%（表 2-5 和图 2-4）。

表 2-5　2005～2011 年北京市机动车保有量情况

停车场地	2005 年	2010 年	2011 年	年均增长比例（%）
经营性停车场（个）	3521	5471	5787	8.63
停车位（万个）	71.82	139.45	147.1	12.69

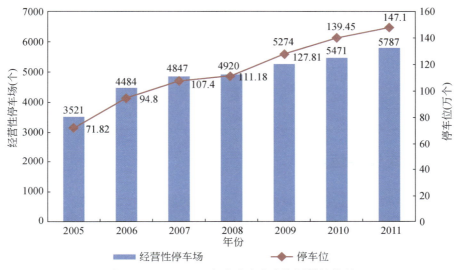

图 2-4　2005～2011 年北京市停车资源供给情况

停车收费价格调整政策实施后，全市有 2942 个停车场上调停车价格，三环路内停车场停车数量有所下降，市民出行方式发生积极变化，2011 年小客车出行比例首次下降。

2.2　城市公共交通发展迅速

公共交通固定资产投资比重加大，2011 年公共交通固定资产投资完成 308.2 亿元，占市级交通固定资产投资的比重由 2006 年的 47.1% 增长到 72%。截至 2011 年年底，全市轨道交通运营车辆 2850 辆，较 2005 年增长 194.42%，公共电汽车运营车辆达 21 628 辆，较 2005 年增长 16.89%。公共交通吸引力明显增强，城市客运①日均客运量由 2005 年的 1200 万人次增长到 1970 万人次，公交出行比例由 29.8% 提高到 42%，出租汽车在总量控制政策下，车辆保有量保持在 6.66 万辆水平，出租汽车年客运量达 6.96 亿人次，较 2005 年的 6.5 亿人次增长 7.08%。

---

①　根据交通运输部《城市（县城）客运统计报表制度》城市客运统计口径：轨道交通、公共电汽车、出租汽车。

2.2.1 公共交通车辆保有量

截至 2011 年年底，北京市轨道交通运营车辆 2850 辆，与 2008 年相比，年均增长率高达 18.47%，通过缩短发车间隔，轨道交通开行列数同比增长 8.5%，运输能力进一步提高。公共电汽车运营车辆达 21 628 辆，其中，国 V 及以上排放标准的运营车辆 1326 辆，同比增长 58.2%（表 2-6）。

表 2-6　2008～2011 年北京市公共交通运输营运车辆数

运营车辆（辆）	2008 年	2010 年	2011 年	年均增长比例（%）
公共电汽车	21 507	21 548	21 628	0.19
轨道交通	1 714	2 463	2 850	18.47
出租汽车	66 646	66 646	66 646	0.00
合计	89 867	90 657	91 124	0.46

2.2.2 公共交通客运量

随着公交优先战略的实施，北京市出台了相应的激励和支持政策，特别是 2007 年北京市实施公交低票价政策以来，通过票价补贴机制，公共交通和轨道交通取得快速发展，出行比例不断加大、出行结构不断优化。城市客运日均客运量由 2005 年的 1200 万人次增长到 2011 年的 1970 万人次，公交出行比例从 2005 年的 29.8% 提高到 2011 年的 42%，小汽车出行比例从 2010 年的最高比例 34.2% 下降到 2011 年的 33%。2011 年，公共电汽车、轨道交通、出租车三种交通方式的出行比例分别达 63.51%、27.65%、8.84%，2011 年与 2005 年相比，轨道交通客运量年均增长比例高达 21.52%，公交出行比例进一步优化（表 2-7 和图 2-5）。

表 2-7　北京市城市客运年客运量变化情况

城市客运年客运量（亿人次）	2005 年	2010 年	2011 年	年均增长比例（%）
公共电汽车	45	50.5	50.3	1.87
轨道交通	6.8	18.5	21.9	21.52
出租车	6.5	6.9	7	1.24
合计	58.3	75.9	79.2	5.24

2.2.3 公共交通供需不匹配

北京市常住人口的扩大刺激了常规公交车数量及客运量数量的增长，除去 2006 年轨道交通客运量调整统计口径及票制票价改革，相关数据不具有可比性以外，2005～2011 年公交车客运量均呈现增长态势。据 2010 年北京市交通运行公报显示，2009 年，公共电汽

图 2-5　北京市城市客运方式构成图

车完成客运量 51.7 亿人次，比 2008 年同期增长 9.77%，且常规地面公交出行比例一直维持在 27.5% 以上，这说明常规公交对于出行乘客的吸引力处于较高水平。1986~2010 年北京市交通出行方式构成如图 2-6 所示。

图 2-6　1986~2010 年北京市交通出行方式构成图

据北京市 2011 年统计年鉴显示，"十一五"期间由于北京市交通管理部门对于北京市公共交通基础设施的大力建设和对出行者出行方式的正确引导，公共交通客运量有明显增加，这说明出行者在出行方式选择上越发理性，同时，公共交通运营线路长度和公共交通运营车辆这两项重要指标也有不同程度的提高，但是相对于公共交通客运量的增长速度，这两项指标的增长幅度和速度明显滞后，出现了公共交通承载力与公共交通需求不匹配的趋势（表 2-8）。

表 2-8 "十一五"期间北京市常规地面公交线路、车辆及客运量情况

年份	常规地面公交运营线路长度（km）	2010 年较2006 年增长（%）	常规地面公交年末运营车辆（辆）	2010 年较2006 年增长（%）	常规地面公交客运量（万人次）	2010 年较2006 年增长（%）
2006	18 582		20 489		468 225	
2007	17 495		20 525		488 138	
2008	18 057	2.67	23 221	17.19	592 523	47.32
2009	18 498		23 730		658 785	
2010	19 079		24 011		689 788	

2.3 公路运输持续发展

北京作为我国的政治、经济、文化中心，与国际交流日益频繁，并且随着人民生活水平日益提高，城市内和城市之间的流动越加频繁。近年来，北京市公路运输服务能力极大提升。2011 年，全市公路客运量、旅客周转量、货运量、货运周转量分别达 13 亿人次、303.7 亿人公里、2.3 亿 t 和 132.3 亿吨公里，在综合交通所占比例分别达 89.04%、19.87%、94% 和 26.94%，公路短途运输服务优势突出。受小客车指标配置政策影响，租赁客车需求快速增加，租赁汽车保有量达 32 092 辆，较 2008 年增长 68.02%。

2.3.1 公路客运的客运量、周转量、车辆数

2011 年，北京市共完成公路、铁路、民航的客运量分别为 13 亿人次、1.0 亿人次、0.6 亿人次，公路客运量在综合运输中所占比例基本保持在 89%；客运周转量分别为 303.7 亿人公里、108.7 亿人公里、1116.1 亿人公里，公路客运周转量在综合运输中所占比例达 19.87（表 2-9）。

表 2-9 道路运输客运周转量/客运量

年份	2005	2006	2007	2008	2009	2010	2011
公路客运周转量（亿人公里）	59.5	79.2	147.4	241	267.7	290.7	303.7
公路客运量（亿人次）	5.19	0.248	0.928	11.712	12.137	12.613	12.992

注：2006～2007 年公路客运量为持有道路运输经营许可证的客运车辆发生的旅客运输量；从 2008 年开始，公路客运量根据交通运输部《公路水路运输量专项调查方案》调整旅客运输量统计口径，调整后包括郊区道路客运、"9"字头公交车和出租车的运输量

截至 2011 年年底，省级客运运营车辆 1172 辆，安装全球定位系统（GPS）和行驶记录仪的分别占 99.4% 和 100%。旅游客运运营车辆 6797 辆，安装 GPS 和行驶记录仪的分

别占 98.4% 和 95.9%。受小客车指标配置政策影响,租赁客车需求快速增加,租赁汽车保有量达 32 092 辆,较 2008 年增长 68.02%,年均增长率高达 18.88%。表 2-10 为 2008～2011 年北京市交通客运车辆装备情况统计。

表 2-10   2008～2011 年北京市交通客运车辆装备情况统计　　　(单位:辆)

交通行业	2008 年	2009 年	2010 年	2011 年
公共电汽车	21 507	21 716	21 548	21 628
轨道交通	1 714	2 014	2 463	2 850
出租车	66 646	66 646	66 646	66 646
汽车租赁	19 100	19 576	21 000	32 092
郊区客运	2 661	2 600	2 554	2 826
旅游客运	6 492	6 731	6 424	6 797
省际客运	1 098	1 181	1 244	1 172
合计	119 218	120 464	121 879	134 011

注:公路客运包括省际客运、旅游客运和郊区客运

2.3.2   公路货运的货运量、周转量、车辆数

2011 年,北京市完成公路、铁路、民航货运量分别为 2.3 亿 t、0.1 亿 t 和 0.01 亿 t,公路货运量继续保持 94% 的高比例,但货运量总量略有下降;货运周转量分别为 132.3 亿吨公里、311.3 亿吨公里和 47.5 亿吨公里,公路货运周转量在综合运输中所占比例约 26.94%(表 2-11)。

表 2-11   道路运输货运周转量/货运量

年份	2005	2006	2007	2008	2009	2010	2011
公路货运周转量 (亿吨公里)	85.5	88.6	79.3	84.1	87.9	101.6	132.3
公路货运量 (亿 t)	3.0050	3.0953	1.7872	1.8689	1.8753	2.0184	2.3276

表 2-12 为 2008～2011 年北京市交通运输车辆装备情况统计。

表 2-12   2008～2011 年北京市交通运输车辆装备情况统计　　　(单位:辆)

交通行业	2008 年	2009 年	2010 年	2011 年
公路客运	119 218	120 464	121 879	134 011
公路货运	132 815	157 894	137 970	155 737
合计	252 033	278 358	259 849	289 748

注:公路客运包括公共电汽车、轨道交通、出租车、汽车租赁、郊区客运、旅游客运、省际客运

2.4 社会车辆增速迅猛

北京市机动车发展情况正处于"三高"状态，即高速增长、高密度聚集和高强度使用。截至 2010 年 11 月 28 日，全市机动车保有量达到 469 万辆，仅在 2010 年的上半年就增加了 35 万辆①。按照这样的汽车增长速度以及人口规模，3 ~ 5 年内，北京市在世界各国的首都中，机动车保有量和使用率将达到首位。

2.4.1 机动车保有量增长情况

1. 机动车数量增长情况

随着人民生活水平的不断提高，私人汽车成为人们日常代步工具，在没有相关政策引导的情况下，私人汽车出行爆炸式增长，同时成为造成城市拥堵的重要原因之一。截至 2011 年年底，北京市机动车保有量 498.3 万辆，其中，私人汽车保有量为 389.7 万辆，占机动车保有量的 78.21%。2011 年与 2005 年相比，机动车保有量和私人汽车保有量年均增长比例达 11.57% 和 16.74%（表 2-13 和图 2-7），新增私人汽车保有量相当于整个香港机动车保有量的 3 倍多。

表 2-13 2005 ~ 2011 年北京市机动车保有量情况

机动车保有量（万辆）	2005 年	2010 年	2011 年	年均增长比例（%）
机动车保有量	258.3	480.9	498.3	11.57
民用汽车保有量	214.6	452.9	473.2	14.09
私人汽车保有量	154	374.4	389.7	16.74

近年来，北京市通过实施机动车限行、限购政策，通过实施改善居住停车、推动城市静态交通资源社会共享，完善轨道交通车站驻车换乘条件、调整中心城停车价格等举措，遏制了北京市交通拥堵加剧的势头，交通管理成效突出。通过机动车限行、限购政策实施，2011 年新增小汽车 17.3 万辆，机动车保有量同比少增 61.7 万辆。

2. 私人汽车数量增长情况分析

2000 年北京市私人汽车保有量为 52.32 万辆，其中私人轿车为 24.34 万辆，占机动车保有量的比例分别为 38.3% 和 17.8%。截至 2009 年，北京市私人汽车和私人轿车保有量分别为 300.20 万辆和 218.1 万辆，占北京市机动车保有量的比例分别为 74.7% 和 54.3%，分别为 2000 年的 2 倍和 3 倍。而户均私人轿车数量从 2000 年的 0.06 辆快速增加到 2009 年的 0.45 辆（图 2-8 和图 2-9）。

---

① http://auto.ifeng.com/usecar/traffic/201009061415558.shtml。

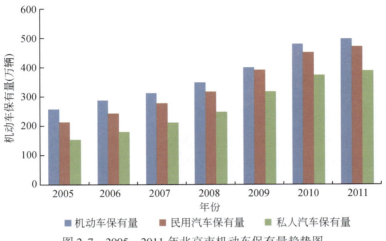

图 2-7　2005～2011 年北京市机动车保有量趋势图

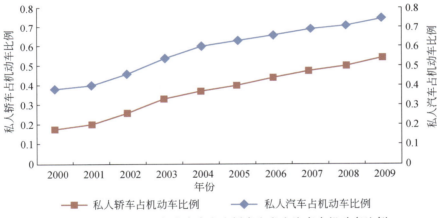

图 2-8　2000～2009 年北京市私人轿车和私人汽车占机动车比例

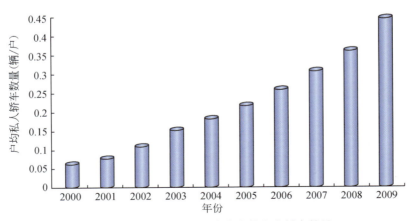

图 2-9　2000～2009 年北京市户均私人轿车数量

2.4.2　机动车保有量增长原因分析

根据统计数据分析，北京市机动车数量增长主要源于公务车辆和私人汽车保有量的增长。下面主要对私人汽车数量增长的原因进行分析。

1. 宏观经济持续增长，居民收入水平不断提高

2000 年以来，北京市经济取得了的长足进步，GDP 和人均 GDP 都呈稳步上升趋势。GDP 从 2000 年的 3161.7 亿元增加至 2009 年的 12 153 亿元，将近翻了两番，人均 GDP 从 2000 年的 24 127.44 元，增加至 2009 年的 70 452.35 元，增长加 192% （图 2-10）。随着经济持续稳定增长，宏观经济持续向好，城镇居民和农村居民的收入稳步提高，私人购车能力逐步提升，而北京市的私人汽车保有量不断增加（图 2-11 和图 2-12）。

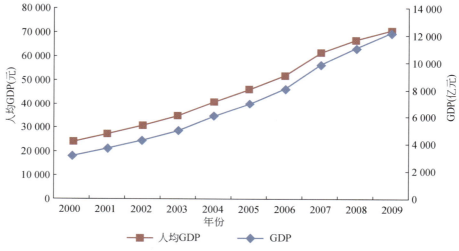

图 2-10　2000～2009 年北京 GDP 和人均 GDP

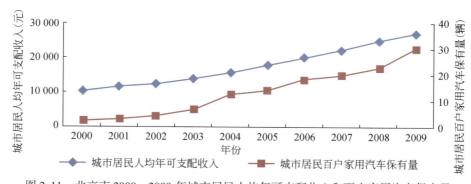

图 2-11　北京市 2000～2009 年城市居民人均年可支配收入和百户家用汽车保有量

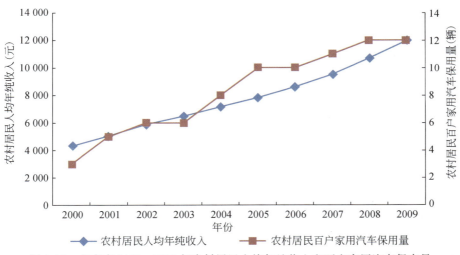

图 2-12　北京市 2000～2009 年农村居民人均年纯收入和百户家用汽车保有量

2. 政策因素

1) 政府管控因素

汽车消费长期以来对北京市的 GDP 贡献居第二位，居于第一位的房地产也依赖汽车消费的强大拉动作用。北京市近几年从未提出抑制私人汽车的发展。相反，自编车辆号牌、缩短办证时间和简化买车程序等措施，都是政府鼓励汽车消费政策的体现。

专栏——北京市多年强调不限制买车

2006 年 11 月，北京市交通委员会副主任刘小明："北京市并不担心机动车的保有量，更关注的是如何引导机动车的合理使用。"

2008 年 11 月，北京市发展和改革委员会副主任王海平："北京市委市政府觉得采取控制机动车总量，限制购买、限发车牌的办法是不合适的。"

2009 年 10 月，北京市交通委员会主任刘小明表示，北京近期还不会出台限制机动车购买的相关政策。

2010 年 9 月，北京市环境保护局副局长杜少中对媒体表示，虽然机动车数量正在以前所未有的速度增加，但市环境保护局没有控制机动车增速的计划。

---

2) 消费信贷政策因素

20 世纪 90 年代末，国内的一些银行开启了汽车信贷业务，21 世纪初，经过初步尝试汽车信贷后，国内许多银行纷纷开启了汽车信贷业务。基于履行中国加入世界贸易组织（WTO）后对外开放汽车消费信贷市场的承诺，2003 年 10 月，中国银行业监督管理委员会公布了《汽车金融机构管理办法》，11 月又公布了《汽车金融公司管理办法细则》。上述颁文仅两月后的 12 月 29 日，中国就批准了上汽通用汽车金融有限责任公司、大众汽车金融（中国）有限公司、丰田汽车金融（中国）有限公司三家汽车金融公司的建立。随着金融政策的不断开放和实施，直接影响到消费者购买私人汽车的欲望。

2.4.3 未来私人汽车增长趋势的基本面分析

随着经济因素的持续增长，居民收入和生活水平的提高，私人汽车拥有量仍会不断增长，但是有一些限制因素将会减缓私人汽车增长的速度。

1. 道路增长速度慢于车辆增长速度

2000~2009 年，北京市私人汽车平均增长率为 15%，同期北京市城八区道路长度增长仅为 7.5%，仅仅是私人汽车增长率的一半。如果我们只考虑城八区的道路里程和面积，则北京市到 2020 年城八区的道路面积约为 1 亿 m^2（图 2-13）。如果以城八区道路面积来计算北京市的车均道路面积，可以发现，这一面积从 2004 年以后，一直处于下降的趋势，车均道路面积在 $20m^2$ 左右徘徊。这一数字较国内的大中城市，排名非常靠后。从人均道路面积看，北京市 2000 年城八区人均道路面积不足 $4m^2$，少于上海市 $6m^2$、东京 $13.5m^2$、伦敦 $24.5m^2$ 的水平。

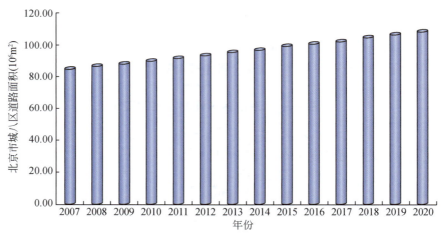

图 2-13 北京市城八区道路面积增长情况

2. 交通拥堵的影响作用

随着北京市机动车保有量的日创新高，北京市的拥堵程度也越来越让人难以忍受。由北京市交通发展研究中心编写的《2010 年北京市交通运行报告》披露，2008 年 12 月，北京市早晚高峰常发拥堵路段分别为 300 条和 558 条，到 2009 年 12 月则分别上升到 576 条和 1081 条，拥堵里程也大幅度上升。2009 年 12 月早晚高峰时段，小轿车的平均速度仅为 17.8km/h 和 18.1km/h。2010 年北京市交通拥堵程度进一步加剧，早晚高峰路网平均速度为 24.2km/h 和 22km/h，每天堵车时间已由 2008 年的 3.5h 增至 5h，交通拥堵范围由市中心区向外围和放射线道路蔓延。早晚高峰路网平均车速与 2009 年同期相比分别降低了

3.6%和4.8%。2010年9月17日,一场小雨袭首都,当日晚高峰,北京市140条路段拥堵,达到近年来的最高值。道路拥挤增加了人们的出行时间成本,给心理也造成一定的影响,一部分人可能会更倾向于乘坐地铁、骑自行车或者步行等能避开交通拥堵的出行方式,从而对私人小汽车保有量的增长速度起到一定的限制作用。

3. 政府限制的效果

2010年12月7日,《中共北京市委关于制定北京市国民经济和社会发展第十二个五年规划的建议》正式对外发布,建议中提到,北京将制定防止机动车过快增长的措施。方案具体内容包括收取相当于每升汽柴油2元的机动车污染治理费及拥堵费。此外还有,京籍购车者,除提供驾照、身份证明等之外,还需要提供停车泊位证。每个户籍人口只能购买一辆小轿车;非京籍除要提供暂住证、房产证、身份证明等之外,还需要提供停车泊位证、在北京市连续5年以上劳动用工合同、社会保险缴纳凭证和纳税证明。北京市政府出台新政,规定2011年度总计24万辆的购车限额。这些限制措施提高了北京市机动车购买门槛,缩小了购车者范围,将有助于控制私人汽车的增长速度。

4. 发展公共交通的政府引导作用

北京市近年来大力发展公共交通,特别是交通拥堵问题引起各方面关注后,公共交通被提上了重要的位置。有序发展小汽车出行方式,通过政策引导将居民出行方式从小汽车转入到公共交通后,可在一定程度上抑制汽车数量的增长。

地铁的发展。北京市轨道交通规模与国际大都市相比,有较大的差距。2007年,北京市的轨道交通线路长度为142km,约为纽约、伦敦的1/3,东京、巴黎的1/2;轨道线路数是东京的1/7,纽约的1/5,巴黎的1/3,伦敦的1/2。轨道交通线路尚未形成一个有效的网络,对解决中心区交通贡献不大,没有起到抑制个人机动化交通方式迅速增长的作用。2007年,北京市轨道交通所承担的公共交通运输量仅为17.56%,而1000万人口的巴黎大区,轨道交通承担70%的公交运量,这一比例在东京是80%,在莫斯科和香港均为55%。

北京市将加快中心城轨道交通建设,编制完成中心城轨道交通线网加密规划,并以超常规的建设力度,加快推进规划实施。2011年力争实现2条新线分段开通。"十二五"期间新开通的轨道交通线路中心城占80%,并按2~2.5min发车间隔配备车辆。此外,北京市还将实施1号线、5号线、八通线、13号线的信号、供电、车辆段等改造工程,提高设备设施的可靠程度和能力。根据北京市的交通发展规划,在2020年,北京市的轨道交通里程将达到600km左右,成为世界上轨道交通里程最长的城市。种种措施将提高地铁的运量、方便度和舒适度,从而有更多的人乘坐地铁,降低人们对私人汽车的依赖程度,减缓私人汽车保有量的增加速度。

公共汽车的发展。从2007年实行至今的北京市现行公交低票价政策对调节交通流量、鼓励公共交通发展起到了重要作用,市民也从中得到了切实的好处。方案实施后,预计96%的乘客减少支出,对于减轻乘客负担,吸引乘客优先乘坐公交,促进公交优先发展,缓解交通拥堵矛盾产生了积极而深远的影响。为了支持北京市公交事业的可持续发展，2007 年来，北京市财政部门每年都会对公交企业在采购新公交车辆方面进行补贴。北京市将新建 400 处公交信号优先系统，提高公交车辆运行效率。在公交车辆上新增 1000 套自动监测设备，严厉打击非法占用公交专用道行为。未来北京市公共汽车将不断优化线路，提高服务水平，提高运行效率和时间准确度等，公共汽车的方便舒适度将得到改善和提高，从而对私人汽车保有量的增加起到一定的抑制作用。

自行车的发展。目前北京市小汽车出行中 5km 以下的出行比重超过 40%，这一部分需求可以通过自行车解决。对此，北京市准备在 CBD（商务中心区）等重点地区、重点大街和历史文化保护区，建设一批自行车、步行示范区，解决居民公共交通出行"最后一公里"的接驳问题。北京市将建成 1000 个站点、5 万辆以上规模的公共自行车服务系统，建成 3 万个以上车位的驻车换乘停车场，在地铁沿线规划建设自行车服务系统。2015 年，北京市将努力使自行车出行在城市交通中的比例从现在的 18.1% 提高到 20%，公共交通和自行车出行比例力争达到 65%，特别是要大力提高"自行车+公共交通"方式的出行比例。鼓励自行车出行的一系列措施将使很大一部分短途开车出行被自行车出行替代，从而对私人汽车保有量的增长起到一定的抑制作用。

鼓励开班车。北京市将积极发展中小学校车服务系统和鼓励单位开行班车并规范合乘。允许机场大巴、校车、班车通行公交专用道。班车和校车的开行，将大幅度缩减小汽车出行需求，从而令一些人上班和孩子上学可以乘坐安全、舒适方便的班车，降低购买私人汽车的愿望，减缓私人汽车的增长速度。

表 2-14 为 2007 ~ 2011 年北京市交通基础设施建设及管理政策汇总情况。

表 2-14　2007 ~ 2011 年北京市交通基础设施建设及管理政策汇总表

	年份	2007	2008	2009	2010	2011
基础设施	北京市常住人口（万人）	1 633	1 695	1 755	1 961	2 018.6
	城市道路总里程（城八区）（km）	4 460	6 186	6 247	6 355	6 258
	路网密度（城八区）（km/km²）	3.26	4.52	4.57	4.64	4.57
	城市道路结构（快速路：主干路：次干路：支路）	1:4:3:11	1:3:3:19	1:3:3:18	1:3:2:17	1:3:2:17
	地铁线路里程（km）	142	200	228	336	372
	地铁站点覆盖面积（km²）	128.68	174.92	211.11	345.83	375.99
	公交线路总里程（km）	17 353	17 857	18 270	18 743	18 750
	千人公交车拥有量（辆/千人）	1.19	1.27	1.24	1.10	1.07
	千人小汽车保有量（辆/千人）	191.55	206.73	229.00	245.23	246.85
	停车位数量（万）	107.4	111.18	127.81	139.45	147.1
	平均每辆机动车停车位拥有率	34.34	31.73	31.80	29.00	29.52

续表

年份		2007	2008	2009	2010	2011
需求管理政策	公交低票价政策	√				
	西单空中步行系统建设		√			
	错时上下班		√			
	每周少开一天车		√			
	大货车禁入五环以内			√		
	中关村西区步行和自行车交通出行环境改善示范工程				√	
	提高停车价格				√	
	小汽车数量调控				√	
	外埠车辆限行					√
	中心城区停车收费价格调整					√

2.5 城市交通运行能耗与排放统计数据分析

本节分析的能耗与环境排放数据来自于现有统计渠道的统计数据,包括北京市统计年鉴、北京市交通统计年鉴、北京市交通委员会运输局调查数据,以及北京市统计局为本书研究提供的相关数据等。

2.5.1 交通运输、仓储及邮政业的能耗总量分析

"十一五"期间,交通运输、仓储和邮政业的能耗随着北京市总能耗的增长逐年增长,在全市总能耗当中所占的比例也逐年增长。到 2010 年,交通运输、仓储和邮政行业的能耗已占到全市能耗的 16%。交通运输行业能耗在全市能耗当中所占比例有赶上并且超过居民生活消费能耗占比的趋势。[①]

2005 ~ 2010 年北京市分部分能源消费量以及 2010 年北京市分部门能源消费结构如图 2-14 和图 2-15 所示。

2.5.2 交通领域能耗与碳排放总量分析

北京市交通领域能源消耗主体主要包括交通委员会所辖范围外的航空、铁路、管道、邮政、仓储 5 大行业,交通委员会所辖范围内的轨道交通、地面公交、出租车、货车、省际客运、旅游客运、郊区客运 7 个行业,以及社会交通(私人汽车、单位小汽车及其他车

---

① 各行业年度能耗数据来源为 2006 ~ 2011 年《北京市统计年鉴》。

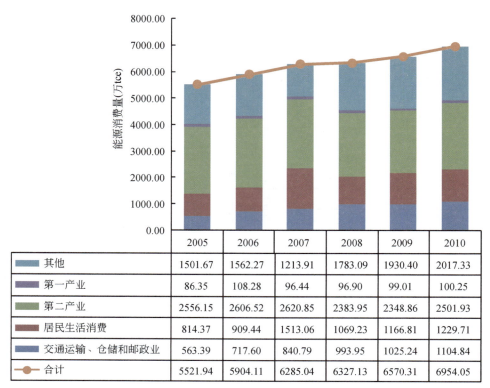

	2005	2006	2007	2008	2009	2010
其他	1501.67	1562.27	1213.91	1783.09	1930.40	2017.33
第一产业	86.35	108.28	96.44	96.90	99.01	100.25
第二产业	2556.15	2606.52	2620.85	2383.95	2348.86	2501.93
居民生活消费	814.37	909.44	1513.06	1069.23	1166.81	1229.71
交通运输、仓储和邮政业	563.39	717.60	840.79	993.95	1025.24	1104.84
合计	5521.94	5904.11	6285.04	6327.13	6570.31	6954.05

图 2-14　2005~2010 年北京市分部门能源消费量

注：数据来自于北京交通发展研究中心

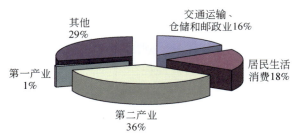

图 2-15　2010 年北京市分部门能源消费结构

注：数据来自于北京交通发展研究中心

辆）。北京市交通领域 2010 年能耗结构如图 2-16 所示。社会车辆能耗占比大大超出了北京市公共交通和道路运输行业总能耗。

2010 年以来，北京市采取了机动车限购和限行政策，同时大力发展公共交通，这些政策不仅在一定程度上畅通了城市路网，而且大量减少了全市的能源消耗。按 2010 年民用汽车 452.9 万辆粗略测算，在限购和限行政策下，即使不考虑路网速度提高的节能作用，社会车辆仍每年可减少能源消耗 105 万 tce，占 2010 年交通行业总能耗的 9.5%。同时，

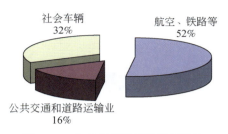

图 2-16　北京市交通领域能耗结构

注：数据来自于北京交通发展研究中心

这两项政策使得公共交通能耗 2011 年增加近 30 万 tce，全市总能耗少增加约 75 万 tce。图 2-17 比较了交通领域能耗、交通行业能耗和社会车辆能耗的历年数据。可见，交通行业的能耗量逐年上升的同时，社会车辆能耗的增长幅度并不大。机动车限购、限行政策以及大力发展公共交通的政策对北京市控制全市能源消耗总量有巨大作用。

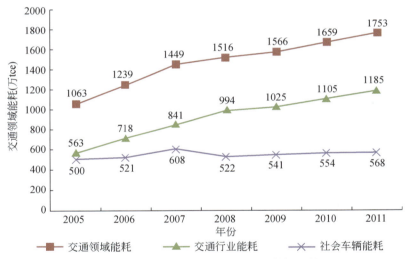

图 2-17　北京市交通领域能耗历史数据比较

注：数据来自于北京交通发展研究中心

　　根据北京市 2011 年颁布实行的《"十二五"时期重点行业领域节能目标分解方案》（简称《分解方案》）中对各行业的能耗总量控制目标情况，社会车辆的能耗总量是"公共机构"能耗总量的 2.8 倍，大于"房地产业"的能耗总量，与"民用建筑"能耗量近似相当，可见社会车辆能耗量是北京市节能减排工作中不可忽视的一部分。而目前对社会车辆的能耗总量控制，在《分解方案》中没有指定相应的牵头责任部门，属于节能管理责任的"空白区"。北京市交通委员会近年实施的一系列政策和管理措施，如限购、限行、发展公共交通、道路疏堵措施等，对社会车辆能耗与排放的控制起到了显著影响。

　　从全市道路交通运输行业的总能耗来看，随着"十一五"期间和 2011 年经济的快速发展，北京市全社会交通运输需求总量呈现快速增长趋势，城市客运以及公路运输能耗相应快速增长：从 2005 年的 177.73 万 tce 增加到 2011 年的 256.21 万 tce，增长比例达到 43.82%，年均增长率为 7.30%（图 2-18）。

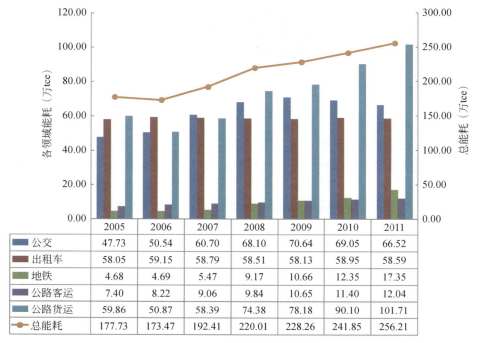

	2005	2006	2007	2008	2009	2010	2011
公交	47.73	50.54	60.70	68.10	70.64	69.05	66.52
出租车	58.05	59.15	58.79	58.51	58.13	58.95	58.59
地铁	4.68	4.69	5.47	9.17	10.66	12.35	17.35
公路客运	7.40	8.22	9.06	9.84	10.65	11.40	12.04
公路货运	59.86	50.87	58.39	74.38	78.18	90.10	101.71
总能耗	177.73	173.47	192.41	220.01	228.26	241.85	256.21

图 2-18　2005～2011 年北京市城市交通与道路运输业能耗量

注：数据来自于北京交通发展研究中心

从全市交通运输行业 CO_2 排放的角度来看，"十一五"期间和 2011 年由于城市公共交通及公路客货运行业的快速增长，CO_2 排放增长快速，从 2005 年的 356 万 t 增加到 2011 年的 500 万 t，增长比例达到 40.45%，年均增长率为 6.74%（图 2-19）。

2005～2011 年，北京市交通运输行业能耗总量中公路货运和城市客运中的出租车、地面公交占比较大，其中公路货运占比最大，而且由 2005 年的 33.7% 上升到了 2011 年的 39.7%；地面公交能耗占比也保持在 26% 以上；出租车能耗占比则从 2005 年的 32.7% 下降到 2011 年的 22.9%。在此期间，公路客运和轨道交通能耗占比均有所上升（图 2-20）。

与能耗比例变化的规律相同，2005～2011 年，交通运输行业 CO_2 排放中公路货运和城市客运中的出租车、地面公交占比较大：公路货运占比最高，而且由 2005 年的 35.4% 上升到 2011 年的 43.6%，地面公交占比保持在 26% 以上，出租车占比则从 2005 年的 33.7% 下降到 2011 年的 24.2%。公路客运和城市轨道交通 CO_2 排放占比在此期间有所增加（图 2-21）。

2.5.3　道路运输行业能耗强度与碳排放强度统计分析

公路客运单耗由 2005 年的 8.72kgce/千人公里下降到 2010 年的 8.48kgce/千人公里；

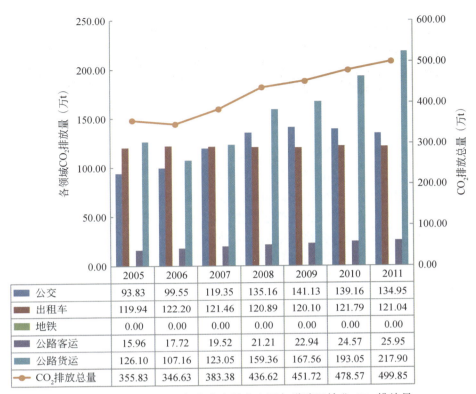

图 2-19　2005 ~ 2011 年北京市城市交通与道路运输业 CO_2 排放量

注：数据来自于北京交通发展研究中心

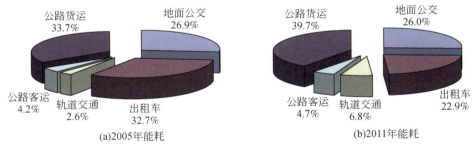

图 2-20　道路交通运输业能耗结构

注：数据来自于北京交通发展研究中心

出租车单耗由 2005 年的 8.93tce/万人次下降到 2010 年的 8.54tce/万人次；城市轨道单耗由 2005 年的 0.69tce/万人次下降到 2010 年的 0.67tce/万人次。"十一五"期间，公路货运和地面公交单耗均略有上升：公路货运由 2005 年的 8.59kgce/百吨公里上升到了 2010 年的 8.87kgce/百吨公里；地面公交由 2005 年的 1.06tce/万人次上升到了 2010 年的 1.37tce/万人次。除城市轨道以外，各领域的单耗在 2011 年与前一年相比均有所下降。由于 2010 年年底大量新城市轨道线路的开通，其能耗会立刻大幅度上升，而客流培育则需要一定时

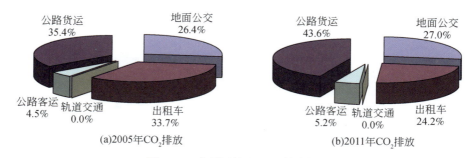

图 2-21　交通运输业 CO_2 排放构成

注：数据来自于北京交通发展研究中心

间逐渐上升再达到平稳状态，所以 2011 年城市轨道单耗有所上升。

CO_2 排放强度的变化趋势与单耗变化趋势一致。"十一五"期间，公路客运和出租车的 CO_2 排放强度均略有下降：公路客运的 CO_2 排放强度由 2005 年的 18.81kg/千人公里下降到 2010 年的 18.27kg/千人公里；出租车的 CO_2 排放强度由 2005 年的 18.45t/万人次下降到 2010 年的 17.65t/万人次。"十一五"期间，公路货运和地面公交的 CO_2 排放强度均有所上升：公路货运的 CO_2 排放强度由 2005 年的 18.10kg/百吨公里上升到 2010 年的 19.00kg/百吨公里；地面公交的 CO_2 排放强度由 2005 年的 2.09t/万人次上升到 2010 年的 2.75t/万人次。各领域的 CO_2 排放强度在 2011 年与前一年相比均有所下降（表 2-15）。

表 2-15　2005～2011 年北京市交通运输能耗强度及 CO_2 排放强度

项目	公路运输		城市客运		
	货运	客运	公交	出租车	城市轨道
单耗	kgce/百吨公里	kgce/千人公里	tce/万人次	tce/万人次	tce/万人次
2005	8.59	8.72	1.06	8.93	0.69
2006	7.04	8.67	1.27	9.22	0.67
2007	7.36	8.65	1.44	9.17	0.83
2008	8.85	8.58	1.45	8.48	0.75
2009	8.90	8.55	1.37	8.55	0.75
2010	8.87	8.48	1.37	8.54	0.67
2011	8.50	8.33	1.32	8.42	0.79
CO_2 排放强度	kgCO₂/百吨公里	kgCO₂/千人公里	tCO₂/万人次	tCO₂/万人次	tCO₂/万人次
2005	18.10	18.81	2.09	18.45	—
2006	14.84	18.70	2.50	19.06	—
2007	15.52	18.64	2.82	18.95	—
2008	18.95	18.50	2.87	17.52	—
2009	19.06	18.41	2.73	17.66	—
2010	19.00	18.27	2.75	17.65	—
2011	18.11	17.96	2.68	17.39	—

注：中国交通领域能源统计口径与国外不相同，缺少社会车辆和保障车辆的统计数据，据清华大学张阿玲教授估计交通能耗统计至少缺失 1/3

2.5.4 私人机动车能耗和碳排放情况

2005~2011 年，北京市私人机动车保有量快速增加，由 2005 年年底的 154 万辆上升到 2011 年年底的 389.7 万辆，年均增长率为 16.74%。私人机动车保有量的过快增长，导致北京市私人机动车能耗和 CO_2 排放在城市交通中的占比有所上升：根据最新统计与调查数据测算，能耗占比由 2005 年的 72% 上升到 2011 年的 83%；CO_2 排放占比由 2005 年的 73% 上升到 2011 年的 85%。为减缓私人机动车保有量的增长势头，北京市在 2011 年推行新的机动车尾号限行政策，并实施了机动车限购政策，效果显著，2011 年北京市私人机动车保有量增长速度较之前明显放缓，能耗和 CO_2 排放增长速度也随之放缓（图 2-22 和图 2-23）。

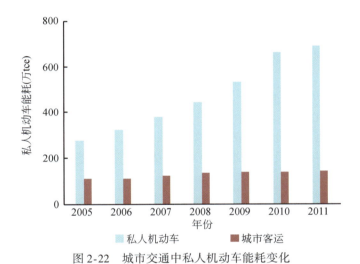

图 2-22 城市交通中私人机动车能耗变化

注：数据来自于北京交通发展研究中心

2.5.5 交通主要污染物排放现状分析

北京市交通运输行业的主要污染源是汽车尾气，排放的污染物主要包括 CO_2、CO、NO_x、SO_2、碳氢化合物（HC）、可吸入颗粒物等。

北京市通过优化公交线路、建设快速通勤网络（bus rapid transit，BRT）、施划公交专用通道、开通袖珍公交和社区公交等措施，鼓励市民选择公共交通方式，提高公交分担率，降低污染物排放。到"十一五"末，北京市公交的日客运量上升到近 2000 万人次，公交出行的分担率达到 40% 以上，公交运营车辆全部达到国Ⅲ及以上排放标准。

"十一五"期间，在经济增长速度超过 10% 的情况下，不考虑交通运输行业消费电力和热力所带来的间接排放，按《2006 年 IPCC 国家温室气体清单指南》的排放因子计算，

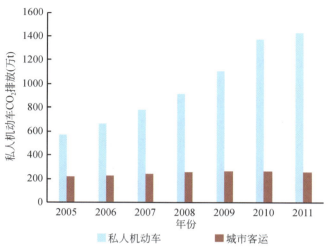

图 2-23 城市交通中私人机动车 CO_2 排放变化

注：数据来自于北京交通发展研究中心

北京市交通行业在 2010 年排放 NO_x 为 9.78 万 t，仅比 2009 年增加 4.22%；SO_2 排放 1.28 万 t，比 2009 年下降 10.22%。

同时，无论是土地、资金、路权等有关资源，北京市坚持公共交通优先发展思路，优先安排公共交通设施用地以及公共交通投资，优先分配公共交通路权，加大对公共交通的财税扶持力度。

通过以上政策的实施，2011 年上下班高峰时段北京市交通拥堵指数下降到 4.8，比 2007 年"无限行"期间的交通拥挤指数降低了 35%，早晚高峰平均速度提高了 13%，拥堵路段和拥堵持续时间减少了 50%。

就北京市整体来看，在包括交通污染治理在内的相关政策得到实施之后，2010 年全市空气质量二级和好于二级天数比例达 78.4%（286 天），比 2005 年提高了 14.3 个百分点；SO_2 排放量削减至 11.51 万 t，超出国家下达任务指标 19.33 个百分点，减幅居全国首位；可吸入颗粒物年均浓度降至 0.121mg/m^3，比 2005 年降低 14.8%。

图 2-24 为 2011 年北京市 PM2.5 来源比例情况。

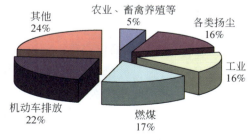

图 2-24 北京市 2011 年 PM2.5 来源比例情况

注：数据来自于北京交通发展研究中心

2.5.6 交通运输行业能耗及环境排放的特点

2005~2011 年，北京市交通运输行业以及私人机动车能耗及 CO_2 排放呈现如下特点。

1. 交通运输行业能耗与排放总量快速上升

随着"十一五"以来北京市人口的快速增长和经济社会的快速发展，全社会交通运输需求总量快速增长，公路运输与城市客运的能耗与 CO_2 排放相应快速增长。2011 年，北京市交通运输行业的能耗达到 256tce，比 2005 年的 178 万 tce 增加了 44%，年均增长率为 7.3%。其中公路货运、公路客运、地面公交、出租车和城市轨道分别为 101.71 万 tce、12.04tce、66.52tce、58.59tce 和 17.35 万 tce。2011 年，CO_2 排放达到 500 万 t，比 2005 年的 356 万 t 增加了 40%，年均增长率为 6.7%。其中公路货运、公路客运、地面公交和出租车分别为 217.90 万 t、25.95 万 t、134.95 万 t 和 121.04 万 t。

2. 能源消费结构中柴油和电力占比增加

2011 年，北京市交通运输行业能源消费仍以汽油和柴油为主，占比达到 89%。柴油消费占比由 2005 年的 31% 上升到 2011 年的 60%。柴油机较汽油机热效率高，燃料单耗低，故在公路货运领域中应用日趋广泛。与此同时，电力消费占比呈上升趋势，由 2005 年的 3% 上升到 2011 年的 7%，"十一五"期间和 2011 年，北京市城市轨道建设快速发展，新开通多条线路，对电力的需求大幅增加。天然气占比略有下降，从 2005 年的 5% 下降到 2011 年的 4%（图 2-25）。

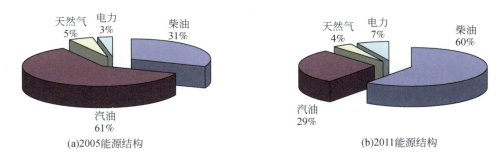

图 2-25　交通运输行业不同类型能源消耗结构

注：数据来自于北京交通发展研究中心

3. 单耗和排放强度增长势头得到遏制

"十一五"期间，公路客运、出租车和城市轨道的单耗在 2010 年均比 2005 年有所下降；仅公路货运和地面公交单耗均略有上升。除城市轨道以外，各领域的单耗在 2011 年与前一年相比均有所下降。由于 2010 年年底大量新城市轨道线路的开通，其能耗会立刻较大幅度上升，而客流培育则需要一定时间逐渐上升再达到平稳状态，所以 2011 年城市轨道单耗有所上升。

CO_2 排放强度的变化趋势与单耗变化趋势基本一致。"十一五"期间,公路客运和出租车的 CO_2 排放强度均略有下降;而公路货运和地面公交的 CO_2 排放强度有所上升。各领域的 CO_2 排放强度在 2011 年与前一年相比均有所下降。

2.6　北京市交通发展的宏观趋势与挑战

随着首都经济社会持续快速发展,城市化、现代化、机动化进程进一步加快,人口、资源、环境矛盾日益加剧,未来一段时期,北京市交通形势依然严峻。

2.6.1　交通出行需求持续快速增长,城市交通系统压力巨大

"十二五"期间,北京市常住人口与经济总量仍将保持增长态势,根据北京市"十二五"规划预测,预计 2015 年北京市人口将达 2300 万人,年均增速为 3.3%。机动车保有量在现有调控力度下,"十二五"期间仍保持较高增速,2015 年将达到 600 万辆。2005~2011 年,北京市公路客运量和城市客运量年均增长比例达 6.98% 和 5.24%。可以预见,"十二五"期间北京市公路客运量和城市客运量仍有较快增长,预计到"十二五"末,全市日均出行总量将达到 5400 万~5900 万人次。

相对于持续快速增长的交通出行需求,交通基础设施承载能力显现不足。近年来,受金融危机影响,北京市全市市域道路(含公路)里程增速缓慢。例如,北京市五环内轨道线路网络密度不足 0.3km/km^2,与东京、纽约的中心区轨道线网密度 1.12km/km^2 和 0.71km/km^2 相比,北京市中心城轨道线网密度明显偏低。可以预见,交通出行需求增长与交通承载力有限的矛盾将给北京城市交通系统带来巨大压力。

2.6.2　综合运输体系的客运零换乘、货运无缝衔接要求越来越高

"十二五"时期,仍是北京市交通运输发展的关键时期,综合运输体系建设,将继续作为交通运输发展的重心,客运"零换乘"、货运"无缝衔接"对综合运输体系建设步伐提出了更高的要求。例如,对城市客运调查结果显示,北京市平均完成一次公交出行约需 66min,其中 13% 为等车换乘时间,23% 为步行时间,公共交通接驳换乘系统亟待完善。

完善综合运输体系,充分发挥各种交通运输方式的整体优势和综合效率,完成"十二五"提出的构建"能力适应、方式优化、布局合理、运行高效"的一体化综合运输服务体系的目标,亟待加快完善综合交通基础设施网络建设,加快首都干线公路建设,提高公路网络整体承载能力和运行效率;大力发展轨道交通,优化完善地面公交系统;加快综合交通枢纽建设,加强综合客运枢纽和物流集聚地区的货运站场建设,保证内外交通及各种交通方式的合理衔接,改善换乘条件,逐步形成北京市物流的"无缝连接"。

2.6.3　交通出行结构优化调整任重道远

　　近年来北京市的公交出行比例有所增长，2011 年北京市的公交出行比例首次突破 40% 达到 42%，缓解交通拥堵初见成效，但仍远低于世界大城市水平。

　　图 2-26 为世界大城市中心区域通勤时段出行结构。

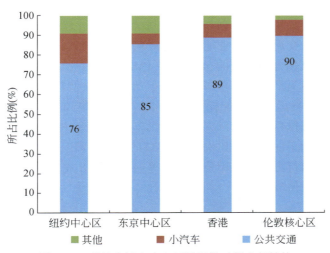

图 2-26　世界大城市中心区域通勤时段出行结构

　　对于世界各大城市积极倡导的"绿色出行"方式的自行车出行，自 2005 年以来，更是处于日益萎缩状况，年均下降 2～3 个百分点，截至 2011 年北京市自行车出行比例仅为 15.0%。

　　"十二五"期间，北京市交通出行结构优化调整依然任重道远，需要通过提高公共交通出行吸引力、完善步行及自行车系统等措施，力争中心城公共交通出行比例达到 50%，小汽车出行比例控制在 25% 以下，自行车出行比例保持在 18% 左右。

2.6.4　交通领域节能减排形势严峻，面临巨大挑战

　　"十一五"以来，北京市节能减排工作成效显著，是全国唯一一个连续六年完成年度节能目标的省份，以年均 4% 的能耗增长，支撑了年均 10.8% 的经济增长[①]。"十二五"时期，国家对北京市下达了更为严格的节能减排任务，对北京市节能减排工作领域、工作强度、工作手段等都提出了更高、更细的要求。包括万元 GDP 能耗比 2010 年下降 17%[②]；

---

　　① 六年来，全市万元 GDP 能耗由 2005 年的 0.792tce 下降到 2011 年的 0.4585tce（按 2010 年可比价格），累计下降 31%（"十一五"期间累计下降 26.5%，2011 年下降 6.94%），下降幅度居全国省级地区首位。

　　② 约束性目标，高出全国目标 1 个百分点，年均下降 3.66%。

万元 GDP CO_2 排放比 2010 年下降 18%[①]；能源消费总量控制在 8400 万 tce 以内（指导性目标，年均增长 3.9%）；清洁能源消费比重达到 80% 以上，其中天然气比重超过 20% 等。

2010 年，北京市万元 GDP 能耗约为全国平均水平的 56.3%，但与世界城市相比仍然较高，是纽约的 2.7 倍、伦敦的 8.9 倍。2011 年，北京市能源消费特点发生重大变化，第三产业能耗和居民生活能耗占比达到全市总能耗的 62.8%，成为新的能耗重点领域，北京市已先于其他省份进入以居民生活领域节能减排为重点的新阶段，消费型国际都市特征更加凸显。各个领域的节能潜力和减排空间都有所收缩，以传统手段推进节能减排工作的边际成本逐渐增加，需要加快探索，创新工作机制，持续推进全市节能减排工作。

在交通运输方面，交通运输行业能耗在总能耗中占比 17%，在第三产业中占比 38%，在机动车排放中占氮氧化合物总量的 58%，在 PM2.5 中占比 22.2%。北京市委市政府对交通运输行业下达了更为严格的节能减排任务，万元 GDP 能耗下降 10%，单位客运周转量能耗下降 6%，单位货运周转量能耗下降 12%，在目前集约化水平较高、节能空间较小的情况下，完成节能减排目标压力巨大。私人汽车仍将保持一定的增长，2011 年，北京市私人小汽车占全市机动车保有量的比例高达 78.21%，出行比例高达 33%。今后，合理引导小汽车使用者转变出行方式，采用公共交通等绿色出行方式，控制行业能源刚性需求过快增长，还面临一定的挑战。

---

① 约束性目标，高出全国目标 1 个百分点，年均下降 3.89%。

第3章 城市道路交通运行分析

3.1 城市道路交通运行状况

城市道路交通拥堵是世界各国普遍面临的问题。我国自20世纪90年代以来，国民经济持续高水平增长，城市化水平发展空前加快，西方大城市几十年前发生的交通拥堵、环境污染等问题不仅已在我国发生，且大中城市表现尤其突出。

日益严峻的城市交通及其带来的一系列问题，严重影响了北京这个国际大都市的运行效率。北京城区已建成二、三、四、五、六环等城市快速道路路网体系，承担着北京市主要的城市交通量。截至2012年12月，北京市机动车保有量已突破520万辆，比2011年增加21.6万辆。道路上更多车辆的不断涌现，使得道路交通压力加大，城区道路交通负荷甚至趋于超饱和状态。据统计，北京市道路面积年平均增长率仅为1.2%~3.7%，与直线攀升的小汽车交通需求间的缺口日益扩大，造成了城市道路交通供需不平衡越发显著，路况日益恶化，对居民出行造成很大影响。

随着城市化水平的提高和人均收入的增加，北京市交通需求总量和小汽车的拥有量将会继续增长。实践证明，城市日渐增长的交通需求不能仅仅依靠增加道路设施的供给来解决。一方面，城市土地资源有限，且用地布局已基本确定，现有城市道路网络特别是中心城区路网不允许大规模的扩建和改造；另一方面，由当斯定律（Downs law）可知，即使道路允许改扩建，但新建和改建的道路并不会降低原有道路的拥挤水平，因为诱发的交通量将很快占据新增加的局部道路设施，这部分潜在的交通量是由于先前受到道路供给的制约而没有得到实现的。

一套科学、客观、全面的城市交通运行状况评价体系，能够分析清楚道路交通运行中的问题及产生的原因。因此，对城市交通特征进行分析时，首先要明确城市交通运行评价方法，以便于确定城市现状及未来交通系统的运行状态，制定相应的发展政策，进而缓解交通拥堵，引导城市交通实现一定水平下的供求平衡，促进北京市路网交通优化发展。

3.2 城市道路交通运行评价指标体系

3.2.1 城市道路交通运行评价指标选取原则及目标

为了建立一个可行的城市道路交通运行评价指标体系，首先要明确选取原则，然后依据这一原则合理地选取城市道路交通运行评价指标体系的框架结构和指标内容，最后根据这一框架结构和指标内容确定具体的指标计算方法和数据的获取方式。

城市道路交通运行评价指标体系不是一些指标的简单堆积和随意组合，而是根据某些原则而建立起来并能反映一个城市道路交通运行状况的指标集合。选取城市道路交通运行评价指标体系一般应遵循以下原则。

（1）科学性原则。评价指标体系应建立在科学的基础上，各指标以及涉及的各种交通参数的概念、符号、公式的表达应力求准确无误，达到概念明确、测定方法标准、计算方法规范的要求，能够真实准确地反映城市道路交通运行状况的现状和程度。

（2）完备性原则。交通状态的获取是进行城市道路交通运行状况评价的前提条件，交通管理部门能否通过对交通状态的有效调节，使得交通设施最大程度的有效利用是交通运行状况高低的关键所在。因而，在城市道路交通运行评价指标体系中，微观、中观、宏观不同空间尺度的交通状态都应该得到完整体现，而且应得到同样的重视，相同空间尺度下不同时间尺度的交通状态也应该得到完整体现。这样，才能为交通出行者、规划者、管理者提供完整的交通状态信息。

（3）有效性原则。评价城市道路交通运行的目的在于分析目前交通管理工作的现状，从而发现问题，有针对性地实施科学管理，提高交通设施的使用效率。因此，城市道路交通运行指标体系应当充分反映和体现城市道路交通服务水平的内涵，能够成为交通管理部门采取措施、改善交通状态的依据。

（4）定性与定量相结合原则。城市道路交通运行评价指标体系中的指标应具有可测性和可比性，量化指标有利于进行准确、科学、合理的评价，对于有些难以量化的内容，采用定性的评价指标。定性指标也应有一定的量化手段与之相对应，如采用专家问卷等调查方式。另外，这些指标的计算方法应当明确，不要过于复杂，计算所需数据也应比较容易获得且比较可靠。

（5）实用性原则。实用性原则是指所设计的指标体系要具有良好的适用性、可行性和可操作性。首先，评价指标体系要繁简适中，计算评价方法简便易行，即指标体系不可设计的太繁琐，在保证评价结果的客观性、全面性的条件下，指标体系应尽可能简化。其次，数据要易于获取，无论是定性评价指标还是定量评价指标，其信息来源渠道必须可靠，并且易于取得，否则评价工作难以进行或代价太大。最后，整体操作要规范，各项评价指标及其相应的计算方法，各项数据都要标准化、规范化。

（6）普适性原则。城市道路交通运行评价指标体系不仅应适用于同一个城市不同区域的交通状态的评价，还应适用于不同城市的区域交通状态评价。同时，城市道路交通运行评价指标体系可以进行对同一区域的交通服务水平的纵向比较，交通管理部门可以使用一个一致、相对稳定的视角去观察交通系统，并对交通管理方案进行评价。

3.2.2 城市道路交通运行评价指标选取方法

城市道路交通运行状况评价内容多、涉及面广，因此选取评价指标需要考虑很多因素。本书采用的评价指标方法有目标层次分类展开法和复合法。

（1）目标层次分类展开法。目标层次分类展开法的过程是将道路交通运行服务的目标按逻辑分类向下展开为若干子目标，再将各子目标分别向下展开为分目标或准则，依次类推，直到可定量或可进行定性分析（指标层）位置，如图 3-1 所示。一般总目标层为抽象的目标，分层目标分别为路网交通能力、交通运行质量和基础设施承载力，中间为若干准则层，最后一层为指标层。

在本书中，考虑逐层展开时，避免下层元素隶属于其上层两个不同类别的元素，选用完全的层次结构（所有的下层元素只隶属于上层一个类别）。

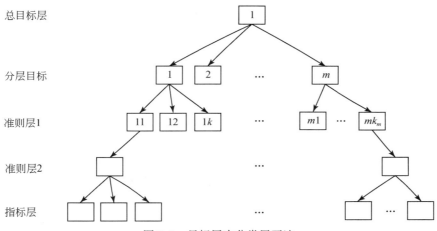

图 3-1　目标层次分类展开法

（2）复合法。单个评价指标能反映问题的某些方面，但是并不完备。复合法是把两种或两种以上的单个评价指标按一定的数学规则组合在一起，加强原有指标各自的优点，全面地反映问题的本质。

本书在选择城市道路交通运行状况评价指标时，参考目标层次分类展开法和复合法的思路，根据交通运行评价的目标，按层次选取合理的指标，建立城市道路交通运行评价指标体系的大致层次，且在指标选取准则的指导下，采用其中合理、科学、可操作性强、描述性好的指标，对不易操作、主观性较强的一些次要指标进行删除，并补充其中缺少的其他与交通运行相关的指标。

3.2.3　城市道路交通运行评价指标

本书在选取城市道路交通运行评价指标时，主要是从系统运行状况评价的角度出发，兼顾对用户有直观意义的评价指标，利用目标层次分类展开法及复合法，将道路交通运行评价指标体系进一步细分为交通需求、交通供给、交通运行状况和交通运行态势四个分目标，针对四个分目标分别提出了评价的指标。

（1）交通需求评价指标，包括路网周转量、交通流量、机动车保有量等。

（2）交通供给评价指标，包括路网密度、道路里程、路网通行能力、人均路网里程等。

（3）交通运行状况评价指标，包括运行速度、空间负合度、拥堵率、拥堵里程比等。

（4）交通运行态势评价指标，包括路网可靠度、拥堵频发路段、拥堵持续时间等。

城市道路交通运行评价指标体系的指标选取过程示意图如图3-2所示。

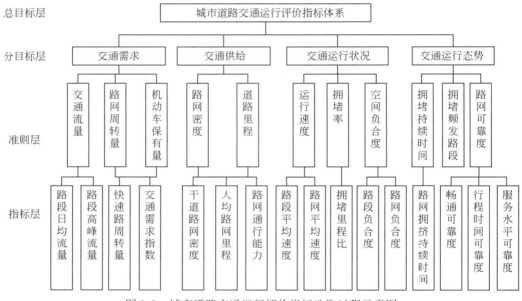

图 3-2　城市道路交通运行评价指标选取过程示意图

3.3　城市路网速度监测

路网平均运行速度（统计时间内通过某一路段所有车辆运行速度的平均值）是用以评价道路的通畅程度，衡量交通运行状态的重要指标。

3.3.1　城市路网速度监测的几种方法

城市路网速度监测方法主要分为三类：一是基于传感器的车速监测技术，如通过安装于道路上或者路侧的环形感应线圈、雷达发射装置、微波发射装置等进行监测；二是基于视频的车速监测技术；三是基于定位技术的车速监测技术，如利用 GPS 或 DCPS 和无线移动通信网络进行移动车辆的速度监测。

1. 基于传感器的车速监测技术

目前，根据传感器的使用和数据采集方式的不同，大致分为以下五类。

（1）环形线圈传感类。环形线圈感应式监测技术，采用环形线圈作为监测传感器，在监测区域中能监测到车辆通过或者存在与否的一种技术。环形线圈感应式检测器由三部分组成：环形线圈车辆传感器、传输馈线、检测处理单元。当车辆经过监测区域时，车轮压到环形线圈使电感发生变化而产生检测信号，环形线圈检测处理单元可以分析线圈的输出信号，从而实现车速等数据的检测。图 3-3 为线圈数据采集示意图。

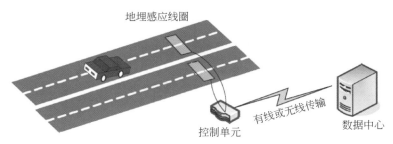

图 3-3　线圈数据采集示意图

（2）红外传感类。红外检测器是利用被检测物对红外线光束的遮挡或反射，通过同步回路电路检测物体的存在。检测中，光电开关将输入电流在发射器上转换为光信号射出，接收器再根据接收到的光线的强弱或有无对目标进行探测。

（3）微波传感类。微波监测是采用雷达技术实时监测和定位区域内车辆及其各种交通数据的系统，通过向路面区域内发射低能量的连续频率调制微波信号，处理回波信号后，可以检测出多达 8 个车道的速度参数，并能够对现场采集的数据进行实时的分析处理，从而实时、有效地获取用于反馈道路交通状态的基本信息。图 3-4 为微波检测器侧向安装监测 8 车道示意图。

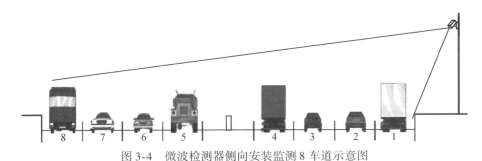

图 3-4　微波检测器侧向安装监测 8 车道示意图

（4）超声波传感类。超声波传感器发射超出人听觉范围频率的声压波，通过测量由路面或车辆表面反射的脉冲超声波的波形，可以确定从传感器到路面或车辆表面的距离，从而将路面行驶车辆的轮廓检测出来。传感器将接收的声信号转换为电信号，由信号处理单元进行分析处理后提供车辆速度等交通数据。

（5）激光类。激光监测技术属于非接触监测技术，是利用激光扫描成像的原理，通过对车辆进行扫描，采集车辆的长度、高度、位置等数据，将这些信息传给计算机后，利用相关软件分析车辆高度和位置变化的坐标来判断车辆的位移，从而得出车速数据。图 3-5 为激光信息采集示意图。

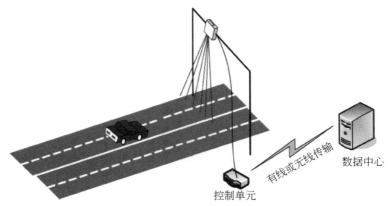

控制单元　　有线或无线传输　　数据中心

图 3-5　激光信息采集示意图

2. 基于视频的车速监测技术

视频采集技术对视频交通图像数据处理及特征提取是实时进行的。视频交通信息采集系统的摄像机对车辆进行拍摄，将拍摄到的图像进行存储并数字化，对图像初步处理，去掉多余信息；随后对图像进行分区并对各分区图像进行处理，提取特征信息；根据特征信息进行车辆记数、分类；最后，根据相邻图片计算车速。

视频交通信息采集技术中图像处理通常有两种算法：一种是将摄像机拍摄的区域分成若干小区域，视频交通信息采集系统对各小区域进行图像处理，小区域可以与车道垂直、平行、斜交，由于视频交通信息采集系统的一个摄像机的检测区域可跨多车道，所以一个视频交通信息采集系统可以代替许多环形圈或其他检测器，对更大区域进行车辆检测；另一种是连续跟踪在摄像机拍摄区域内行驶的车辆，通过对车辆的多次图像信息采集确定车辆后图像不变，随后对车辆图像进行记录并计算其速度和车辆排队长度。图 3-6 为视频检测器工作示意图。

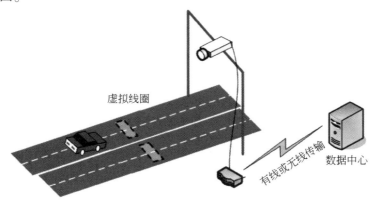

虚拟线圈　　有线或无线传输　　数据中心

图 3-6　视频检测器工作示意图

3. 基于定位技术的车速监测技术

基于空间定位的路网车速监测方法主要有以下两类。

（1）基于 GPS 的实时路网车速监测技术。浮动车（floating vehicles equipped with GPS）也称 GPS 探测车（probe car），是近年来国际智能交通系统中所采用的获取道路交通信息的先进技术手段之一，具有应用方便、经济、覆盖范围广的特点。它自由行驶在实际道路中，借助安装在车辆内的 GPS 接收机，对车辆的位置、速度、行驶方向等信息进行采集，并把采集到的数据通过无线通信回传到后台数据中心。后台处理程序将浮动车数据进行汇总、处理，生成反映实时道路情况的交通信息，如道路平均速度、行程时间等，为交通管理部门和公众提供动态、准确的交通控制、诱导信息。从技术角度上讲，它具有全天候连续工作、可实时提供全路网交通信息等优点；从经济角度上讲，设备和运行费用相对较低廉。

（2）基于移动手机定位的路网车速监测技术。移动手机定位采用的是无线通信系统，对处于待机状态的手机通过基站与手机通信网络保持联系，手机通信网络对手机所处的位置区（location area）信息进行记录。在用户拨打电话和接听电话时根据所记录的位置信息可通过呼叫路由选择找到手机，建立通话连接，位置信息都以数据库的形式存储在来访用户位置寄存器（vistor register，VRL）中。当手机从一个位置区的信号覆盖区域穿越到达另一个位置区时，将发生位置更新（location update），相应的来访用户位置寄存器中所记录的手机位置区数据也要更新成当前位置区的数据。手机在通信网络中位置区的变化间接反映了手机用户在路网中位置的变化，通话过程中，为了保持通话的连续性，当手机的当前服务基站信号强度衰减到一定程度时，手机选择新的基站作为当前服务基站，利用车辆上手机沿路基站发生切换（handover）的信息，可估算出路段的行程车速。

3.3.2 北京市路网速度监测数据分析

根据北京市交通流检测系统获得的 2012 年数据，以各等级道路的流量公里数为权重，进行加权平均，得到工作日和节假日全天的路网速度分析结果如图 3-7 ~ 图 3-10 所示。

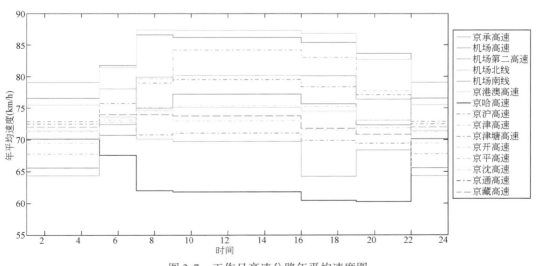

图 3-7　工作日高速公路年平均速度图

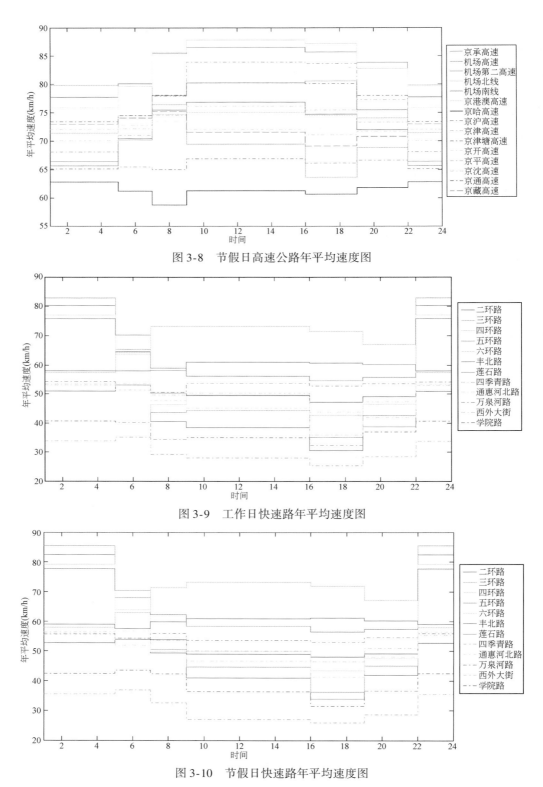

图 3-8　节假日高速公路年平均速度图

图 3-9　工作日快速路年平均速度图

图 3-10　节假日快速路年平均速度图

3.4 城市道路交通运行指数及其测算方法

3.4.1 基于路网监测数据的交通运行指数

道路交通运行状态区分是掌握道路交通运行状况的基础。结合国内外调研情况分析，通常将交通流状态按顺畅和拥挤两种情况来划分。顺畅条件下的交通状态包括自由流状态和交通处于稳定流较好部分的情况。相比顺畅条件下的交通流，拥挤条件下车辆行驶受到的前后及侧向干扰明显增大，车流运行速度、密度等均有显著变化。在国外的研究中，关于交通运行状态的量化，最通用的划分标准就是《美国道路通行能力手册》中提出的道路交通服务水平。

道路交通服务水平是描述车辆之间的运行条件及其驾驶员和乘客主观感觉的一种质量测定标准，分为 A～F 六级，其中 A～D 级交通流处于稳定流范围，E、F 两级交通流处于不稳定流范围。

为了更好地研究北京市交通运行状态，在道路交通服务水平研究成果的基础上，通过分析北京市的路网交通运行实际状况，考虑出行者对交通运行状态的感知程度，重新设计出一套复合实际的城市交通运行指数，科学量化北京市总体交通运行状态及时空演变规律，为制定相应的拥堵治理措施提供有力的支持和保障。

城市道路交通运行指数定义为能够反映全市路网或者特定区域路网的交通运行状态以及交通拥堵程度、范围和趋势的综合指数值。城市道路交通运行指数能够从微观角度反映路段交通运行状况，也能从宏观角度反映路网交通运行状况。

交通运行指数与服务水平对应表见表 3-1。

表 3-1 交通运行指数速度阈值划分 （单位：km/h）

交通运行指数	[0, 1]	(1, 2]	(2, 4]	(4, 6]	(6, 8]	(8, 10]
服务水平等级	非常畅通 (A)	基本畅通 (B)	稳定通行 (C)	缓慢通行 (D)	一般拥堵 (E)	严重拥堵 (F)
	畅通（绿）		缓行（黄）		拥堵（红）	
高速公路	>100	(80, 100]	(50, 80]	(30, 50]	(20, 30]	≤20
快速路	>70	(50, 70]	(35, 50]	(20, 35]	(10, 20]	≤10
主干路	>40	(30, 40]	(20, 30]	(15, 20]	(10, 15]	≤10
次干路	>35	(20, 35]	(15, 20]	(10, 15]	(5, 10]	≤5
支路	>25	(20, 25]	(15, 20]	(10, 15]	(5, 10]	≤5

1. 路段交通运行指数及其测算方法

路段交通运行指数是评价城市交通运行状态的基本单元，是其他各类相关指标的研究基础和研究依托。在借鉴国内外已有研究成果的基础上，本书提出了路段层次交通运行评价指标体系，用于描述单个交叉口、路段的交通运行状态，识别路网运行中的薄弱环节。

准确、实时的交通流数据获取和处理技术是路段交通状态评价的基础。现阶段，城市路网布设了大量的检测设备，包括线圈检测器、微波检测器、红外线传感器以及视频采集设备，能够实时获取交通流量、平均车速、时间占有率等交通流数据，因此路段交通运行评价指标建立在这些实时交通流数据以及由这些数据推导的二次指标基础上。

本书在参考路段交通状态评价指标体系的基础上，用速度指标作为路段交通运行指数的计算变量。

路段交通运行指数分高速公路、快速路、主干路、次干路和支路的交通运行指数，将路段的平均运行速度划分为 6 个等级（表 3-1），A 级表示交通运行最畅通，F 级表示运行状况最差。

2. 道路交通运行指数及其测算方法

道路由若干条前后相连的路段组成，道路交通运行指数应建立在路段交通运行指数的基础上，本书在路段交通运行指数的基础上引入道路的拥堵率，并将其转化成道路交通运行指数。计算过程如下。

（1）计算各等级道路的拥堵率（road congestion rate，RCR），即高速路拥堵率、快速路拥堵率、主干路拥堵率、次干路拥堵率和支路拥堵率，以 15min 为统计间隔，得到各级道路中各路段的平均运行速度。

（2）根据路段平均运行速度等级划分（表 3-1），判断各路段所处服务水平等级。

（3）统计各等级道路中处于 E、F 级运行水平的路段，计算各级道路的拥堵率，计算公式为

$$RCR = \frac{\sum L_i P_i(\beta)}{\sum l_i}$$

$$P_i(\beta) = \begin{cases} 1 & Los(\beta) \in \{E, F\} \\ 0 & Los(\beta)\{A, B, C, D\} \end{cases}$$

(3-1)

式中，RCR 为道路拥堵率；β 为反映路段交通运行状态的度量指标，此处采用路段平均行驶速度；Los（β）为由 β 决定的路段服务水平等级；L_i 为第 i 条路段对应的路段里程数。

（4）将各级道路的拥堵率换算为道路交通运行指数，可表达为

$$L = \begin{cases} \frac{1}{3}RCR & 0 \leqslant RCR \leqslant 3 \\ 1 + \frac{(RCR - 3)}{3} & 3 < RCR \leqslant 6 \\ 2 + \frac{2(RCR - 6)}{3} & 6 < RCR \leqslant 9 \\ 4 + \frac{2(RCR - 9)}{3} & 9 < RCR \leqslant 12 \\ 6 + \frac{2(RCR - 12)}{5} & 12 < RCR \leqslant 17 \\ 8 + \frac{2(RCR - 17)}{9} & 17 < RCR \leqslant 26 \\ 10 & RCR > 26 \end{cases}$$

(3-2)

式中，L 为某等级道路交通运行指数。

道路交通运行指数与道路的拥堵率、服务水平的对应关系见表3-2。

表 3-2　道路的拥堵率与道路交通运行指数阈值划分标准

交通运行指数	[0, 1]	(1, 2]	(2, 4]	(4, 6]	(6, 8]	(8, 10]
服务水平等级	非常畅通 （A）	基本畅通 （B）	稳定通行 （C）	缓慢通行 （D）	一般拥堵 （E）	严重拥堵 （F）
	畅通（绿）		缓行（黄）		拥堵（红）	
拥堵率（%）	[0, 3]	(3, 6]	(6, 9]	(9, 12]	(12, 17]	(17, 26]

3. 路网交通运行指数及其测算方法

路网是指地理空间上某一范围相互连通的路段组成的道路网络，如东城区、五环内等。道路交通运行指数是由道路的路网拥堵率换算而得，在计算路网拥堵率时，主要对处于拥堵状态（E、F级运行水平）的路段进行统计，该指标无法进一步描述拥挤程度（一般拥堵、严重拥堵），为了更好地反映区域交通整体运行状态，在道路交通运行指数计算方法的基础上，引入路网负荷度，由路网负荷度和路网拥堵率共同确定路网交通运行指数。

1）路网负荷度

路网负荷度（以最大密度条件下负荷度计算）表征了道路交通使用效率，负荷度为1表示道路完全阻塞。通过历史数据分析，此时道路行车速度约为接近 0km/h。路网负荷度越低，道路交通条件越好。计算过程如下。

（1）计算路段负荷度：

$$g_i = \frac{O_{cci}}{O_{ccmax}} \tag{3-3}$$

式中，g_i 为某时刻的路段空间负荷度；O_{cci} 为路网中路段 i 的实际时间占有率；O_{ccmax} 为路网中路段 i 的最大时间占有率，一般取90%。

（2）利用路网拓扑结构，计算路网负荷度：

$$G = \sum_{i=1}^{n} q_i g_i \tag{3-4}$$

式中，G 为路网的空间负荷度；g_i 为第 i 条路路段的空间负荷度；q_i 为第 i 条路的权重，即该路段的流量公里数与路网流量公里数的比值。

2）路网拥堵率（道路服务水平等级比例）

对于给定的区域，路网拥堵率指某一个统计时间间隔内处于拥堵等级的所有路网里程数与区域内所有路段里程数的比值。计算过程如下。

（1）按照道路交通运行指数的计算方法统计各等级路段的拥堵率（RCR_j）。

（2）将流量公里数作为权重，加权得到路网拥堵率，计算公式为

$$NCR = \frac{\sum_j p_j RCR_j}{\sum_j p_j} \tag{3-5}$$

$$p_j = q_j s_j$$

式中，NCR 为路网拥堵率；p_j 为第 j 等级道路的流量公里数；q_j 为统计时间间隔内处于拥堵状态的第 j 等级道路的交通量；s_j 为统计时间间隔内处于拥堵状态的第 j 等级道路路段里程总数。

3）路网交通运行指数计算及其分级

为了更详细地展示路网交通状态，有效地描述综合评价指标，在此结合路网拥堵率（服务水平等级比例）和路网负荷度提出路网交通运行指数的概念。

路网交通运行指数在路网层面采用路网拥堵率 x、路网负荷度 y 评价宏观区域服务水平，通过系统标定获得 x 和 y 各自的权重分别为 0.47 和 0.53。这里将综合 x 和 y 得到的 $0.47x+0.53y$ 称为综合评判指标，其值为 0～1。对应于服务水平等级，路网交通运行指数也可分为六级。

当 $0.47x+0.53y<0.09$ 时，路网交通运行指数为一级（非常畅通）；

当 $0.09 \leqslant 0.47x+0.53y<0.18$ 时，路网交通运行指数为二级（基本畅通）；

当 $0.18 \leqslant 0.47x+0.53y<0.31$ 时，路网交通运行指数为三级（稳定通行）；

当 $0.31 \leqslant 0.47x+0.53y<0.49$ 时，路网交通运行指数为四级（慢速通行）；

当 $0.49 \leqslant 0.47x+0.53y<0.67$ 时，路网交通运行指数为五级（一般拥堵）；

当 $0.47x+0.53y \geqslant 0.67$ 时，路网交通运行指数为六级（严重拥堵）（表 3-3）。

表 3-3 路网交通运行指数分级

路网交通运行指数	评价指标（$0.47x+0.53y$）
一级（非常畅通）	$[0, 0.09)$
二级（基本畅通）	$[0.09, 0.18)$
三级（稳定通行）	$[0.18, 0.31)$
四级（慢速通行）	$[0.31, 0.49)$
五级（一般拥堵）	$[0.49, 0.67)$
六级（严重拥堵）	$[0.67, 1)$

将路网交通运行指数从 0～1 的指数范围转换到 0～10 的指数范围，其转换公式如下：

$$L = \begin{cases} \dfrac{x}{0.09 - 0} & 0 \leqslant x < 0.09 \\[2mm] \dfrac{(x - 0.09) \times (2 - 1)}{0.18 - 0.09} + 1 & 0.09 \leqslant x < 0.18 \\[2mm] \dfrac{(x - 0.18) \times (4 - 2)}{0.31 - 0.18} + 2 & 0.18 \leqslant x < 0.31 \\[2mm] \dfrac{(x - 0.31) \times (6 - 4)}{0.49 - 0.31} + 4 & 0.31 \leqslant x < 0.49 \\[2mm] \dfrac{(x - 0.49) \times (8 - 6)}{0.67 - 0.49} + 6 & 0.49 \leqslant x < 0.67 \\[2mm] \dfrac{(x - 0.67) \times (10 - 8)}{1 - 0.67} + 8 & x \geqslant 0.67 \end{cases} \tag{3-6}$$

式中，L 为路网交通运行指数。

在现有检测交通流参数数据的基础上，利用本书提出的交通运行指数测算方法，计算北京市相应道路的交通运行指数，为最终的交通能耗评估提供基础数据。

（1）计算对象，主要包括 15 条高速路和快速路（环路和联络线）。

15 条高速路：京承高速、机场高速、机场第二高速、机场北线、机场南线、京港澳高速、京哈高速、京沪高速、京津高速、京津唐高速、京开高速、京平高速、京沈高速、京通快速、京藏高速。

快速路（环路和联络线）：二环路、三环路、四环路、五环路、六环路、丰北路、莲石路、四季青路、通惠河北路、万泉河路、西外大街、学院路。

（2）计算要求，主要有以下三方面：①按不同日期进行统计，分别按照工作日和非工作日（包括周六日、法定节假日）对道路进行统计，统计时间间隔为 2min，需要输出的是平均数度、服务水平和交通运行指数。统计时间跨度为 2011 年 12 月 31 日～2012 年 12 月 31 日，输出数据值是年平均值。②按不同日期，分别按照工作日和非工作日（包括周六日、法定节假日），统计北京市各型道路处于服务水平的时间区间。③按不同日期，分别按照工作日和非工作日（包括周六日、法定节假日），统计北京市各型道路处于各时间区段的平均速度。

（3）计算结果。全路网交通运行指数计算结果如图 3-11～图 3-13 所示。

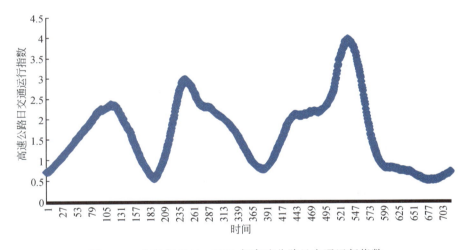

图 3-11　北京市 2011～2012 年高速公路日交通运行指数

3.4.2　基于浮动车的路网运行指数

2011 年，北京市交通委员会提出了交通拥堵指数，作为道路交通运行状况的评价指标。交通拥堵指数（traffic performance index，TPI）是北京市首创的综合反映道路网畅通或拥堵的概念性数值，简称交通指数。交通指数取值范围为 0～10，每 2 个数一等级，分别对应"畅通"、"基本畅通"、"轻度拥堵"、"中度拥堵"、"严重拥堵"五个级别，数值

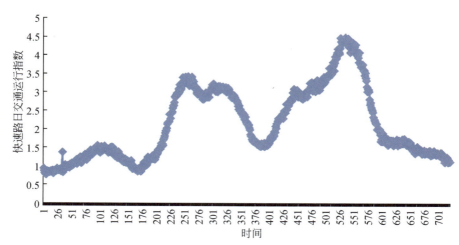

图 3-12 北京市 2011～2012 年快速路日交通运行指数

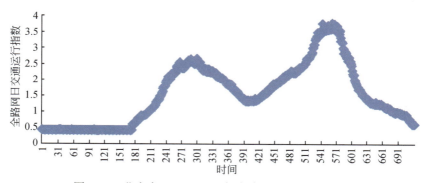

图 3-13 北京市 2011～2012 年全路网日交通运行指数

越高，表明交通拥堵状况越严重（表 3-4 和表 3-5）。

表 3-4 路段交通运行等级划分　　　　　　　　　　　　　　（单位：km/h）

运行等级	畅通	基本畅通	轻度拥堵	中度拥堵	严重拥堵
快速路	$V>65$	$50<V≤65$	$35<V≤50$	$20<V≤35$	$V≤20$
主干路	$V>40$	$30<V≤40$	$20<V≤30$	$15<V≤20$	$V≤15$
次干路、支路	$V>35$	$25<V≤35$	$15<V≤25$	$10<V≤15$	$V≤10$

注：V 表示路段平均行程速度

表 3-5 道路交通运行水平划分

TPI	$0≤TPI≤2$	$2≤TPI≤4$	$4≤TPI≤6$	$6≤TPI≤8$	$8≤TPI≤10$
道路网运行水平	畅通	基本畅通	轻度拥堵	中度拥堵	严重拥堵

交通拥堵指数是对分布在城市大街小巷的动态车辆位置信息（简称浮动车数据）进行深入加工处理获得的，在北京市是通过全市 3 万多辆出租车上的车载 GPS 回传动态数据给数据处理中心（图 3-14 和图 3-15）。北京交通发展研究中心提出的交通拥堵指数的计算方法如下。首先对车辆位置数据进行处理，得到不同功能等级道路的运行速度，然后根据道路功能不同以及流量数据计算该道路在全网中所占的权重，最后通过人对拥堵的感知判断，给出换算到 0 ~ 10 的指数指标值。

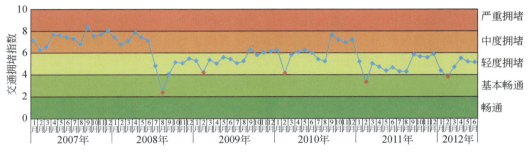

图 3-14 北京市月交通拥堵指数变化规律

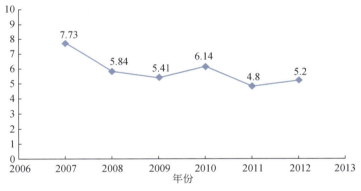

图 3-15 北京市年均交通拥堵指数变化规律

具体计算过程如下。

（1）按照 GB50220—1995 划分的道路等级，以不高于 15min 为统计间隔，计算道路网中各路段的平均行程速度；

（2）分别统计快速路、主干路、次干路和支路中处于严重拥堵运行等级的路段里程比例，进行路段交通运行等级的确定；

（3）对各等级道路拥堵里程比例以 VKT（车公里数）比例作为权重进行加权，计算确定道路网拥堵里程比例；

（4）按照道路网拥堵里程比例与道路交通运行指数的转换关系，计算道路交通运行指数，道路交通运行指数取值区间为 [0，10]。

|第4章| 城市公共交通服务水平评价

曾经有很多专家和学者对于城市公共交通服务水平从不同角度用不同方法进行了研究，但是究竟什么是城市公共交通服务水平，什么样的服务才能称为高质量的城市公共交通服务，如何对目前现有的公共交通系统能够为乘客提供的服务进行度量和评价是一个亟待解决的问题，我国目前还没有一套官方的城市公共交通的服务水平标准。从实际运行的情况来看，国家公共交通运行体系服务质量标准的空缺使得城市公共交通的服务质量难以得到有效评价。

在以往的城市公共交通服务质量评价过程中通常采取问卷调查的方式来征取乘客和专家的意见，以主观感受为主，用以定性评价城市交通服务水平的高低。这种方法简单易行但存在明显缺陷，难以提出有效可行的措施来提高轨道交通的服务水平。因此亟须建立一套定量的、客观科学的城市公共交通服务水平评价方法。

本书从城市公共交通服务水平评价的角度出发，通过研究城市公共交通系统的分类，逐一找出其影响因素，并对城市公共交通系统可能产生影响的因素从定性和定量的角度定义，以此为依据再对城市公共交通系统运行进行分析，通过对历年数据的分析，及时了解城市公共交通系统的运行情况及服务水平，揭示城市交通系统运行过程中存在的问题，实现城市道路交通发展不良状态的总结分析，对未来城市低碳交通建设提出参考依据，促进城市绿色低碳发展。

4.1 城市公共交通系统及服务分析

4.1.1 城市公共交通系统概述

城市公共交通（urban pubic transit）是城市中供公众使用的经济型、方便型的各种客运交通方式的总称，究其要素构成来看，城市公共交通系统是由人（乘客）—车（公共交通车辆）—路（运行道路）三方面有机结合的总和系统，因而可将城市公共交通系统狭义定义为：为了完成乘客短途位移，按照固定线路、固定费率和固定收发车时刻表而投入运营的客运服务系统。但是由于城市化进程的推进和出行者交通需求的加强，出租车出行等交通方式也是不可或缺的一种公共交通方式，它虽然不是按照固定线路运行，但是服务对象却是公众，因而其以一种特殊的公共交通方式存在于城市公共交通系统中，因而城市公共交通系统是由公共汽车和公共电车组成的常规地面公共交通系统，城市轻轨、地铁等组成的轨道交通系统以及出租车等辅助交通系统共同构成，并且三者属于平级地位（图4-1）。

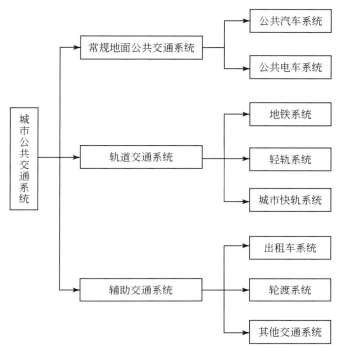

图 4-1   城市公共交通系统构成图

与此同时，一个复杂系统在存在以及发展的过程中，难免会受到外界环境对它的影响，这种影响一般分为促进系统发展和阻碍发展两种，单就抵御阻碍发展这种影响来讲，这就需要系统内部具有抵抗这种阻碍和损害的分子。城市公共交通系统属于一种复杂系统，也符合这一系统规律，当外界对城市公共交通做出损害和阻碍动作时，就需要这些"抵抗分子"发挥相应作用，这些"抵抗分子"就是维系城市公共交通系统运营的公交运营企业。鉴于我国的经济体制等因素影响，目前我国现存的公共交通运营公司一般分为国有交通企业、集体交通企业、私营交通企业和合资交通企业等。因而也可以说这些企业共同组成了我国城市公共交通系统（图4-2）。

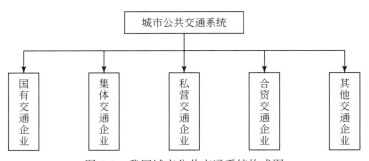

图 4-2   我国城市公共交通系统构成图

经济不断发展促使人们出于各种目的的交通出行需求越来越高，对城市发展公共交通提出了更高的要求，在国家政府相关部门的引导下，城市公共交通也呈现出了一些新的发展趋势。

（1）城市公共交通空间的立体化。也可以说这是城市公共交通的一种多元化，城市公共交通最早只是局限于地面上的交通工具的运行，不过随着科学技术的发展，轨道交通，特别是地铁的运行使城市公共交通实现了在空间上的立体化和交通工具的多元化。

（2）乘客换乘的一体化。由于在过去人们出行需求相对现在来讲要低很多，因而在交通供给上的要求也较低，对于城市内有换乘需求的乘客来讲，换乘常常需要在两个目标线路的车站以步行等方式完成换乘的准备，换乘车站的集成化较低。这种情况对于目前高速发展的社会来讲显然不适应。当代的车站设计人员越发注重车站的换乘功能，乘客常常可以在一个车站内完成多条线路的换乘，甚至在一些车站内可以完成常规地面公共交通、轨道交通、出租车等多种交通方式的换乘，乘客换乘一体化明显提高。

（3）城市公共交通的运营与管理智能化。计算机的出现对社会的发展有显著的提速作用，作为社会的重要组成部分，城市公共交通的运营与管理的智能化也在情理之中。目前在很多城市都实现了公交非现金出行，公交 IC 卡甚至与其他的一些社会活动联网，极大地方便了乘客的生活。出租车的 GPS 极大地提高了出租车的安全性，轨道交通的智能化管理为乘客提供了明确的车次信息。在一些公交企业上线了各种网络管理平台，不仅极大地节省了人力、物力，在提高工作效率的同时也为乘客提供了高质量的服务。

（4）城市公共交通的人性化。城市公共交通的本质是隶属于服务业的，其本质目的是为乘客提供交通服务。为了提高服务质量，扩大企业效益，目前有很多包括手机需求软件（application software，APP）在内的工具为乘客出行提供预约服务，因而如何提高城市公共交通的人性化是未来公共交通行业的一个新的发展方向，也可能是一个新的利润源泉。

4.1.2　城市常规地面公共交通系统分析

目前，国内的公共交通系统还是以公共汽车和公共电车为主，考虑到轨道交通的建造成本、运营维护成本较高和城市公共交通实际需求情况等，因而其仅在北京、上海等大型城市存在，所以城市常规地面公共交通系统不包括轨道交通。出租车交通虽然是为了满足公共出行所运营的交通系统，但是其运行线路不固定，随意性很强，所以出租车系统也不包括在城市常规公共交通系统内。因而城市常规地面公共交通系统是指满足上述定义的公共汽车和公共电车所组成的交通系统。

城市常规地面公共交通系统通常包括以下几个构成成分和要素。

1）公共交通路网

公共交通路网是公共交通运行的基础，没有公共交通路网，公共交通就不能运行。公共交通路网是一个复杂网络，它是由站点和连接站点的线路组成的，由于各站点的乘客出行特点不同，因而由各节点发散的路网也不尽相同；同时，不同于道路网络的是，公共交通在运行过程中有上下行之分，一些线路的上下行线是不同的，因而公共交通也是一个有向路网。

2）运营车辆

运营车辆是城市公共交通存在和运转的最基本条件之一，它是公共交通运行的工具，目前常用的运营车辆包括公共汽车、有轨公共电车和无轨公共电车。

由于公共交通车辆长期处于一种使用状态，相对于其他用途的车辆，其使用的频率更高，这常常会加大公共交通车辆损坏的概率，所以要注重公共交通车辆的维修、保养和检查工作，对于一些老旧车辆，不能满足城市环境保护要求的车辆要及时更新和报废。另外，在公共交通车辆上要加大智能化的配置，如车辆安全自检系统、GPS、全球移动通信系统（GSM）等。此外一旦车辆出现事故造成了乘客受伤、被迫停运，公共交通车辆上一定要有应急措施，以降低人员、车辆等损失。

3）公共交通车站

这里所说的公共交通车站包括公共交通线路的起始站、终点站、中间站及换乘站。由于车站所处地理位置的不同，乘客的出行各有特点等原因，车站间距一般不是相同的，有的甚至出现相对较大的波动。在人员流动性较大地点的车站，可以适当缩短车站间的距离，以便乘客乘坐；在乘客相对较少地点的车站，车站间距可以适当调整，以便降低运营成本，缩短单程运营时间。另外，车站的选址和建设要注意与其他一些生活和工作设施的链接，如和购物中心、停车场、写字楼等的链接。

4）运营管理系统

相对于公共交通路网、运营车辆和车站，运营管理系统是城市常规地面公共交通系统的"软要素"，但是它极大地影响着公共交通的服务质量。可以说，没有一个好的运营管理系统作为支撑，就不会有高质量的常规地面公共交通服务。

虽然目前各地政府及相关部门已经认识到了常规地面公共交通在城市管理中的重要性，也相应加大了对城市常规地面公共交通的建设力度，相继出台了一些优先公交发展的政策，但是城市常规地面公共交通在实际运行中还是存在一些问题。

1）公交专用道名存实亡

公交专用道是为了给城市常规地面公共交通线路的运行提供便利条件所设计和建造的，但是目前一些城市公交专用道的建设明显达不到要求，无论是公交专用道里程还是公交专用道面积都亟待提高；此外对于已经建成的公交专用道在管理方面存在问题，一些城市的公交专用道并不是常规地面公共交通专用的，交通监管部门对一些其他社会车辆使用公交专用道的行为没有给予治理和惩罚，这就使得在某种意义上说，公交专用道"名存实亡"。

2）公共交通车辆条件参差不齐

造成公共交通车辆条件参差不齐的原因有很多，这其中包括地方经济差异等客观因素，但这也是城市常规地面公共交通的一个问题。一些经济相对落后的城市较经济发达的城市公共交通车辆条件相差较大，国家应该通过一些补贴政策等方法尽量缩小这种差距。另外，同一个城市内也常常会发生这种情况，一些交通企业为了增加创收，提高公共交通车辆条件，这本是正确的发展方向，但在一定程度上也改变了乘客的出行选择，造成了一些交通问题。

3）公交优先政策的推进缓慢

公交优先政策就是为了优化常规地面公共交通运行环境而推出的政策，但是这种政策在一些城市的推进速度缓慢，力度不够，这就造成了很多常规地面公共交通的基础设施建设跟不上现代需求，公交专用道不成体系，公交专用道数量不足，高峰时段私人汽车对于公交专用道占用现象明显，这些都直接导致了公交优先很难实现。

4）运营水平较低

城市常规地面公共交通系统是与其他地面交通系统共存的系统，都是以城市路网为运营基础，在城市路网上运行，在运行过程中难免会受到其他交通车辆的影响，为了保证常规地面公共交通的服务水平，这就需要提高城市常规地面公共交通的运营水平，但在一些城市和地区，这种运营水平较低，很多现代化设施的建设力度不足，管理混乱，极大地削弱了常规地面公共交通对乘客的吸引力。

5）乘客对公共交通的态度较差

乘客及非常规地面公共交通的出行者对地面公共交通的保护意识模糊给常规地面公交的正常运营造成了很大的影响。例如，在早晚高峰时段，常规地面公共交通乘客对车辆内位置的移动缓慢、态度不积极，常常造成其他乘客上车的时间延迟，行车准点率较低，影响服务质量；一些非地面公共交通的出行者也对常规地面公共交通的运行造成了一些负面影响，由于行人横穿马路而造成的地面常规公共交通车辆减慢速度的现象屡见不鲜，私人汽车与地面常规公共交通车辆抢路的现象也时有发生。治理这些问题需要交通管理部门和公共交通运营部门共同加大宣传力度，让人们形成"为公交让路"的意识，以减少外界环境对常规地面公共交通的不利影响。

4.2 城市常规地面公共交通系统影响因素分析

城市常规地面公共交通系统作为一个既独立又与社会其他系统相互作用相互影响的系统存在于整个社会系统中，因而城市常规地面公共交通系统的稳定性常常会受到外界环境的影响，这些影响有的是正向积极的，而有的却是负向消极的。对城市常规地面公共交通系统影响较大的有如下三个方面。

1）社会人口

城市常规地面公共交通系统是一种以满足人的出行需求为出发点，以完成人的位移为本质目的的系统，是一种以人为出发点并且以人为结束点的"循环系统"。因而人对于整个常规地面公共交通系统的影响巨大。据相关数据显示，2006年北京市的常住人口是1601.0万人，外来人口为403.4万人；2010年这两项指标分别增长到1961.9万人和704.7万人，"十一五"期间增幅分别达到了22.5%和74.7%，由于我国人口的基数较大，这就给常规地面公共交通造成巨大压力；此外，2011年外地来京的旅游人数达到了惊人的20 884.0万人，比2010年增加了近3000万人，增长幅度为16.7%，并且以旅游为目的的外来人口在时间和空间上具有一定的集聚性，特别是寒暑假、"五一"、"十一"等国家法定假日，外来人口经常达到峰值，且这些外来人口在京的基本交通方式即为包括常规地面公共交通系统在内的城市公共交通系统，这使得北京市公共交通必须要有充足的运力来满足出行者的交通需求。

2）政府的态度及政策

政府作为整个城市系统的一个独立主体存在，它对整个城市系统及内部子系统的影响巨大，政府对某个子系统未来发展的态度直接影响着该子系统的未来规划，换句话说政府的态度直接决定着某个子系统今后发展的轨迹，政府态度的直接表现形式即为政府出台的对该子系统的一系列政策。近年来，我国政府为了更好地促进城市常规地面公共交通的发展相继出台了很多政策，从宏观上"十二五"规划中关于公共交通优先发展战略到微观上某些城市的"尾号限行"等都为各地方发展常规地面公共交通提供了有利条件。正是政府这种对发展公共交通的支持态度，也决定了未来国家和相关部门会投入大量的人力、物力和财力以加强城市公共交通的基础设施建设，这也为城市常规地面公共交通的发展奠定了良好基础。

3）常规地面公共交通运营企业

运营企业也是决定城市常规地面公共交通系统发展的重要影响因素，如4.1.1节所述我国常规地面公共交通的运营企业包括多种所有制形式，所以各运营企业的出发点也不尽相同，运营企业的技术水平高低，运营企业对常规地面公共交通未来发展方向的把握及运营企业的根本出发点成为未来城市常规地面公共交通发展的"胜负手"。

4.3 城市常规地面公共交通服务质量

4.3.1 城市常规地面公共交通服务质量特点

从"服务"这一词的本意上分析，服务是指为集体（或别人的）利益或为某种事业而工作。服务是一种无形的活动（而非有形的"物"）或过程，是在服务提供者和服务接受者（服务对象）之间的互动过程中完成的，是服务过程和服务结果的结合体。在此过程中，服务接受者获得一种满足或利益，或者说是达到某种既定的目的，而服务提供者则在此过程中也获得利益，创造财富，取得竞争力。目前我国对于城市常规地面公共交通系统服务质量尚无官方明确定义，本书认为城市常规地面公共交通系统的服务即为城市常规地面公共交通系统所能为乘客提供的满足其完成出行需求的工作，城市常规地面公共交通服务与其他服务一样，具有如下特点。

（1）无形性。城市常规地面公共交通服务是一种动态过程，而非以"物"的形态存在。

（2）生产和消费的同时性。服务的生产过程也是服务的消费和使用过程，二者在时间和空间上具有不可分割性。

（3）服务的差异性。对于被服务对象，该对象成千上万，每个被服务对象有不同的特征和属性，每个被服务对象都是"唯一"存在的，不可能找到两个完全相同的被服务对象；对于服务提供者，每个服务人员也不尽相同，即使在相同的时间地点，相同的工具所能提供的服务也是千差万别。

（4）服务的不可储存性。城市常规地面公共交通服务是一种时间上不可逆的动态过程且生产与消费具有同时性，所以这种服务在时间上是不可存储的。

4.3.2 城市常规地面公共交通服务质量内涵

城市常规地面公共交通提供的服务也可以说是以道路和公共电汽车等硬件设施为依托来满足乘客完成准时、安全、方便、经济的位移要求的动态过程。这种服务的内涵主要体现在以下三个方面。

（1）高水平的城市常规地面公共交通服务是现代城市公用事业体系的重要组成部分。城市常规地面公共交通运行服务水平的高低是现代城市发展水平的直接体现，它与城市居民的日常生活息息相关，决定着整个城市系统是否能正常、高效的运转。

（2）城市常规地面公共交通服务是城市的"名片"。城市公共交通也是城市文明程度的直接反映，常规地面公共交通对于轨道交通等其他交通方式，更易出现在外来人员视野内，城市常规地面公共交通车辆的整洁与否，运行是否正常，服务质量高低常常可以影响外来人员对一个城市的整体印象。

（3）城市常规地面公共交通服务的正面放大作用。城市常规地面公共交通的运行线路较为固定，运行时间也较为明确，因而城市常规地面公共交通从业人员的工作相对于其他行业更为乏味和单调，这易造成从业人员产生厌烦和疲倦心理，从而影响服务质量，但是在众多的从业人员中，也不乏李素丽等兢兢业业、任劳任怨工作在劳动第一线，几十年如一日的劳动模范，他们在平凡的工作岗位上所做的平凡的服务却得到了全社会的认可，他们的典型事迹常也成为全社会的学习模范。

4.4 城市常规地面公共交通服务水平影响因素分析

为了进一步提高我国人民的生活质量水平，国家加大了对城市及乡村的基础设施建设，这其中就包括与人们日常生活最为紧密的交通方面，为此国家也加大了对交通方面的建设力度。"十一五"期间，陕西省对交通方面建设的投资超过2000亿元，根据《中国交通报》发布的高速公路拉动内需、带动经济数据，2009年陕西省仅高速公路建设就可带动社会总产值1000多亿元，可创造直接和间接就业岗位近150万个，这足以显示国家对交通方面的重视，同时交通也是"保增长、保民生、保稳定"最有效的方式之一。但是国家付出了如此之大的代价来改善交通，完善人们日常出行的服务体系，效果如何，人们真正能从中得到的实惠又有多少，这就亟须一套完善的交通运行服务水平评价体系来进行评价，为此本章有针对性地建立了城市常规地面公共交通服务水平评价体系以对目前现有的城市常规地面公共交通运行方式的服务水平进行评价，目的是达到对已经投入使用的基础设施等项目的实用性、人们日常出行的便利性进行反馈。

4.4.1 城市常规地面公共交通系统与外部环境之间的作用机理分析

为了有针对性地建立城市常规地面公共交通系统的评价体系，本书将城市常规地面公共交通系统独立出来，从系统科学的角度讨论城市常规地面公共交通系统以及系统运输能力、系统基础设施承载力和系统运输服务质量三个方面与该系统所处外部环境之间的作用关系（图4-3）。

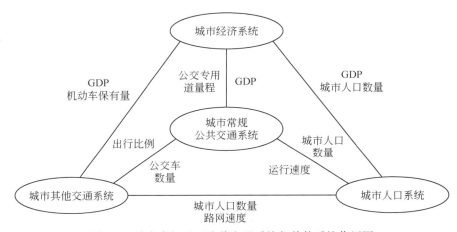

图 4-3   城市常规地面公共交通系统与其他系统作用图

4.4.2 系统成分分析

由图4-3可知，城市常规公共交通系统的外部环境主要分为三个系统，即城市经济系统、城市人口系统和城市其他交通系统。对于这三个系统的具体解释如下。

城市经济系统：经济系统是指一定范围内，如国家或区域内，组织生产活动与生产关系系统的总称。作为两个独立而又相互作用的系统，经济的发展自然少不了城市常规地面公共交通的助推作用，同时经济发展为城市公共交通的进一步发展奠定了基础，二者呈现盘旋上升的趋势；但是如果两个系统耦合程度不好时，就会出现相互阻碍发展的作用。城市经济系统的发展，一个最为直接的体现即为GDP，这里采用GDP作为变量以讨论城市公共交通系统与其之间的关系。

城市人口系统：人是整个社会的操控者，是整个社会系统的主体，正是因为人的各种活动才引发人的流动，社会的发展归根结底是人的正向作用大于负向影响，同时城市常规地面公共交通对社会的影响根本上是对人的生活和活动的影响，且各种各样交通问题的出现也是由人的活动影响的。近年来，我国交通设施的机动化程度大幅上升，人口呈现爆炸式增长，二者作为社会大系统中的两个子系统，自然而然地会相互作用、相互影响。因此，城市常规地面公共交通系统与城市人口系统有密切关系，这里选取常住人口为城市人口系统的代表指标进行研究其与城市常规地面公共交通系统之间的关系。

城市其他交通系统：城市其他交通系统指的是城市非常规地面公共交通系统，包括轨道交通、出租车交通、自行车等多种交通出行方式共同组成的交通系统，这样区分的目的就是为了将城市常规地面公共交通系统从城市交通系统中分离出来，为下面的分析建立前提。

4.4.3 系统作用机理分析

城市常规地面公共交通系统与其他系统作用机理如图 4-4 所示。

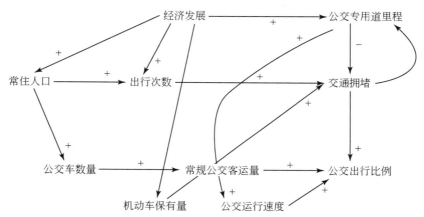

图 4-4 城市常规地面公共交通系统与其他系统作用机理图

注：图中"+"为增加、提高、促进；"–"为降低、减少

1）经济发展 ─+→ 常住人口 ─+→ 公交车数量 ─+→ 常规公交客运量

经济发展与常住人口数量的变化二者之间有直接作用关系，经济的不断发展自然会吸引大量的外来人口，因而致使城市的常住人口数量大幅增加，随之而来的是人的活动频率和次数的增加，在政府和相关部门财力可控范围内会增加公交车数量，对公交车客运量有极大的促进作用，对乘客乘公交出行有良好的导向作用，并在一定程度上促进了城市的经济发展（表4-1 和表4-2）。

表 4-1 2005~2009 年北京市 GDP 与常住人口数据表

年份	2005	2006	2007	2008	2009
GDP（亿元）	6 969.5	8 117.8	9 846.8	11 115.0	12 153.0
常住人口（万人）	1 538.0	1 601.0	1 676.0	1 771.0	1 860.0

表 4-2 2005~2009 年北京市常规公交车数量与客运量数据表

年份	2005	2006	2007	2008	2009
常规公交车数量（辆）	18 503	19 522	19 395	21 507	21 716
客运量（亿人次）	45.0	39.8	42.3	47.1	51.7

数据来源：北京市交通委员会运输管理局统计平台及北京市统计年鉴

图 4-5～图 4-7 分别为北京市 GDP 与常住人口、常住人口与常规公交车数量、常规公交车数量与客运量拟合图。

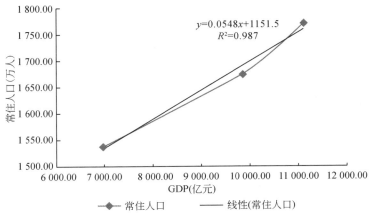

图 4-5　北京市 GDP 与常住人口拟合图

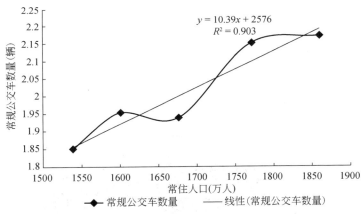

图 4-6　北京市常住人口与常规公交车数量拟合图

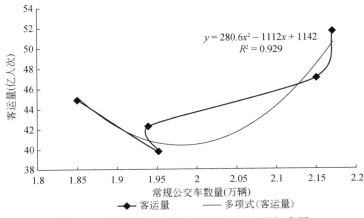

图 4-7　北京市常规公交车数量与客运量拟合图

可以发现经过数据拟合，预测值与实际值间的偏差比基本在10%以内，因而可以基本证实各变量之间的作用关系（表4-3）。

表4-3　预测值与实际值对比表

项目	关系	耦合度	预测值	实际值	偏差比（%）
GDP—常住人口	$y=0.0548x+1151.5$	$R^2=0.987$	1 817.5	1 860.0	−2.28
常住人口—常规公交车数量	$y=10.39x+2576$	$R^2=0.903$	21 901.4	21 716.0	0.85
常规公交车数量—客运量	$y=280.6x^2-1112x+1142$	$R^2=0.929$	50.4	51.7	−2.51

2）经济发展 $\xrightarrow{+}$ 出行次数 $\xrightarrow{+}$ 交通拥堵 $\xrightarrow{+}$ 公交专用道里程 $\xrightarrow{+}$ 常规公交出行比例

经济发展的一个直接表象即为城市居民出行频数的增加，出于各种目的的社会活动更加频繁，鉴于城市规模的扩大，人们出行对于机动化交通工具的依赖更加明显，这就造成了城市交通的拥堵，而且拥堵的程度愈演愈烈。为了缓解这种情况，提高路网运行速度，一个较为有效的措施就是发展公共交通，对于地面公共交通，加大常规地面公共交通承载力是必然选择，从而增加交通出行的人次，有效调整出行结构。

图4-8是2010年北京市六环内居民出行入户调查得到的出行目的结构图。基本出行（上班、上学出行）仍是居民最主要的日常出行目的，上班、上学出行占全部出行量的43.33%。生活类出行达到19.07%，包括购物8.96%，健身休闲娱乐4.44%，个人事务（银行/就医等）3.05%，探亲访友1.95%。可以看出出行者的出行目的较为复杂，这也是社会化程度提高的表现。

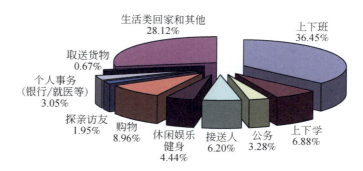

图4-8　2010年北京市六环内居民出行入户调查得到的出行目的结构图

这里以2010年为例进行分析，2005～2010年城市居民乘坐常规地面公共交通、轨道交通和出租车的载客见表4-4。

表4-4　2005～2010年常规地面公共交通、轨道交通和出租车的载客量

年份	2005	2006	2007	2008	2009	2010
载客量（亿人次）	59.0	54.2	55.2	66.2	72.7	75.9

居民出行频率和次数的明显增高给城市交通基础设施承载力造成巨大压力，拥堵随之产生，并有愈演愈烈的趋势。据北京市交通发展研究中心数据显示根据路网运行状况将拥

堵程度划分为五级，分别为畅通、基本畅通、轻度拥堵、中度拥堵和严重拥堵（表4-5）。2010 年，工作日道路网平均日交通指数为 6.14，处于"中度拥堵"等级，比 2009 年（工作日道路网平均日交通指数为 5.41）增加了 13.6%。

表 4-5 拥堵指数标准表

颜色				
拥堵级别	畅通	基本畅通	轻度拥堵	中度拥堵	严重拥堵
拥堵指数	[0, 2]	(2, 4]	(4, 6]	(6, 8]	(8, 10]

图 4-9 为 2010 年与 2009 年北京市交通拥堵指数月变化图。

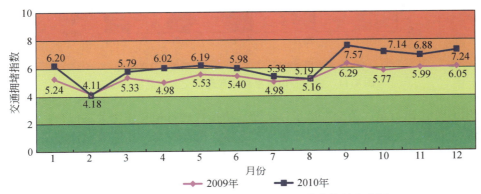

图 4-9 2010 年与 2009 年北京市交通拥堵指数月变化图

在拥堵持续时间方面，2010 年较 2009 年同期增加了 55min，其中严重拥堵和中度拥堵持续时间分别增加了 30min 和 25min。

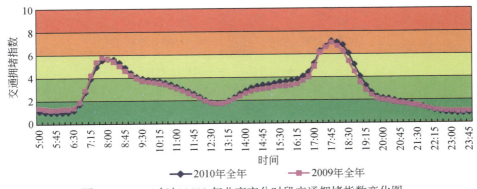

图 4-10 2010 年与 2009 年北京市分时段交通拥堵指数变化图

为了缓解交通拥堵，北京市加大了对于公交专用道的力度，不断增加公交专用道里程。这在一定程度上增加了乘客出行时对公共交通出行的选择偏好，因而公交客运量随着公交专用道里程增加也同时增加，且二者增长趋势线斜率相近，可以证明二者之间的正向作用关系。

图 4-10 为 2010 年与 2009 年北京市分时段交通拥堵指数变化图。

图 4-11 为公交专用道里程及常规公交客运量拟合图。

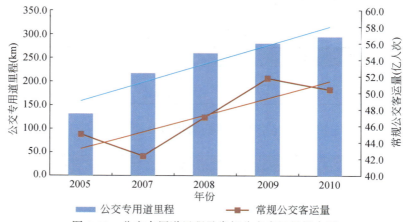

图 4-11　公交专用道里程及常规公交客运量拟合图

利用 GDP、出行量、公交客运量、交通拥堵指数进行相互作用关系拟合，由于拥堵指数受外界干扰较大，因而导致预测数据与实际数据相差较大，其他数据预测与实际值偏差较小，证明存在作用关系（图 4-12 ~ 图 4-14，表 4-6）。

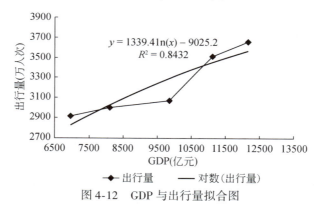

图 4-12　GDP 与出行量拟合图

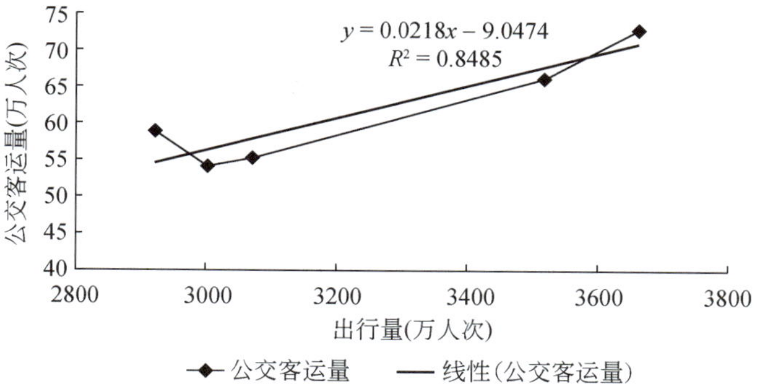

$$y = 1339.4\ln(x) - 9025.2$$
$$R^2 = 0.8432$$

$$y = 0.0218x - 9.0474$$
$$R^2 = 0.8485$$

图 4-13　出行量与公交客运量拟合图

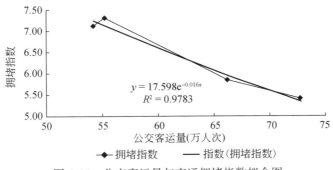

图 4-14　公交客运量与交通拥堵指数拟合图

表 4-6　预测值与实际值对比表

	关系	耦合度	预测值	实际值	偏差比
GDP—出行量	$y = 1339.4\ln(x) - 9025.2$	$R^2 = 0.843$	3772.6	4130.0	-8.65%
出行量—公交客运量	$y = 0.0218x - 9.0474$	$R^2 = 0.849$	81.0	75.9	6.70%
公交客运量—拥堵指数	$y = 17.598e^{-0.016x}$	$R^2 = 0.978$	5.22	6.14	-14.9%

3）经济发展 $\xrightarrow{+}$ 机动车保有量 $\xrightarrow{+}$ 交通拥堵 $\xrightarrow{+}$ 公交运行速度 $\xrightarrow{+}$ 公交运行出行比例

近年来，北京市机动车保有量无论是增长幅度还是增长速度都呈现出大幅增长，这就直接造成了交通的拥堵，但是在这种不利局面下，公共交通行驶速度较为稳定、快速的特点就体现的越发明显，特别是近年来北京市对于公共交通的建设以"公交优先"为大前提，趋于多元化、数字化管理，在其他交通方式运行速度下降的趋势下，公共交通运行速度稳中有升，因而居民在出于各种目的的出行中更愿意选择公交出行，公交出行比例越来越高，运送人次增加明显。

4.5　常规地面公共交通服务水平评价指标体系

在我国，常规地面公共交通是人们日常生活中接触最为频繁的一种交通方式，同时相对于轨道交通来讲，它存在的时间更为久远，运量更大；相对于私人汽车和公务车等交通方式，受益人群规模也更大。可以这样说，一个国家，一个城市的常规地面公共交通系统建设的好坏及运行服务水平的高低决定了这个国家和城市人民的生活质量。因而，针对常规地面公共交通运行服务水平的评价是城市交通运行服务水平评价体系中最为重要的部分之一。为此，本书专门对可能影响常规地面公共交通运行服务水平的影响因素进行归纳和总结，并分为三类影响因素，分别是常规地面公共交通路网交通运输能力方面的影响因素、常规地面公共交通运行质量方面的影响因素和常规地面公共交通基础设施承载力方面的影响因素。

通过上述分析可以看出城市常规地面公共交通系统通过交通基础设施承载力、运输能力和运行质量进行系统内部作用并进行相互反馈，同时也正是这三方面的变化引起城市常规地面公共交通系统与城市经济系统、城市人口系统和城市环境系统等外界环境相互作用、相互影响，因而可以说这三个内部子系统是城市常规地面公共交通系统的最重要组成部分，也是核心成分，因而本书从这三个方面建立评价体系（图 4-15）。

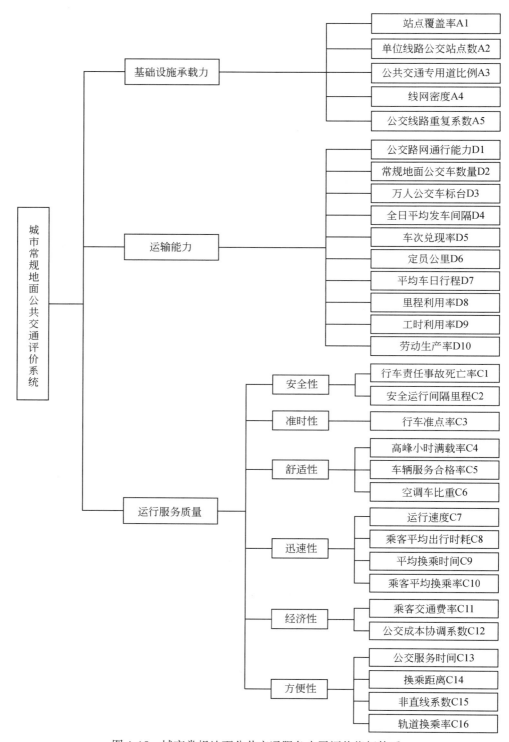

图 4-15　城市常规地面公共交通服务水平评价指标体系

4.6 城市常规地面公共交通服务水平指数

4.6.1 城市常规地面公共交通服务水平评价模型

对公共交通系统服务质量评价是一项涉及面很广的工作。由于公共交通问题与社会、经济、人口、资源和技术等方面有着密切的联系，所以公共交通问题涉及的学科颇多，因此对公共交通运营效果问题进行定量和定性的分析评价，单一的指标是不行的。需要一个结构合理、代表全面、表述科学、简明易行的综合评价指标体系。

对多指标系统中的不同对象，通过各项指标的评价准则可以直接比较其优劣。但评价事物本身是复杂的，尤其是当单指标比较多，有的处于优势，有的处于劣势时，需通过全面系统的评价，才能取得较为合理的分析评价结果。常用的几种简单综合评价方法有：综合指数法、功效评分法、TOPSIS 法和最优权法。随着科学技术的不断发展，形成了层次分析法、主成分分析法、数据包络分析法、模糊综合评判等多种综合评价方法。

根据灰色聚类法和模糊综合评价法的基本原理，为使得评价结果尽量准确，避免评价过程中可能出现的信息不明确，信息不足等问题，本书拟构建灰色聚类—模糊综合评价模型，对常规地面公共交通服务水平进行评价，该模型采用二级综合评价方法。

第一级评价采用基于白化权函数的灰色聚类评价，具体步骤如下。

（1）将选取指标的取值范围划分为 h 个灰类；

（2）根据式（4-1）~ 式（4-3）求出各指标对各灰类的白化函数；

上限测度白化权函数为

$$f_j^k(x) = \begin{cases} 1 & x \in [x_{jk}, \ \infty] \\ \dfrac{x - x_{jk}(1)}{x_{jk} - x_{jk}(1)} & x \in [x_{jk}(1), \ x_{jk}] \\ 0 & x \notin [x_{jk}(1), \ \infty] \end{cases} \tag{4-1}$$

适中测度白化权函数为

$$f_j^k(x) = \begin{cases} \dfrac{x - x_{jk}(1)}{x_{jk} - x_{jk}(1)} & x \in [x_{jk}(1), \ x_{jk}] \\ 1 - \dfrac{x_{jk}(2) - x}{x_{jk}(2) - x_{jk}} & x \in [x_{jk}, \ x_{jk}(2)] \\ 0 & x \notin [x_{jk}(1), \ x_{jk}(2)] \end{cases} \tag{4-2}$$

（3）根据式（4-4）和式（4-5）求指标 i 关于灰类 k 的聚类系数 a_{ik}。

下限测度白化权函数为

$$f_j^k(x) = \begin{cases} 1 & x \in \left[0, x_{jk}\right] \\ 1 - \dfrac{x_{jk}(2) - x}{x_{jk}(2) - x_{jk}} & x \in \left[x_{jk}, x_{jk}(2)\right] \\ 0 & x \notin \left[0, x_{jk}(2)\right] \end{cases} \tag{4-3}$$

各指标在各类别中的权重 ρ_{jk}：

$$\rho_{jk} = \frac{x_{jk}}{\sum\limits_{j=1}^{m} x_{jk}} \tag{4-4}$$

$$a_{jk} = \sum_{j=1}^{m} f_j^k(x)\rho_{jk} \tag{4-5}$$

第二级评价采用模糊综合评价，具体步骤如下。

（1）构成因素集 $U = \{u_1, u_2, \cdots, u_m\}$，构成评价集 $V = \{v_1, v_2, \cdots, v_n\}$；

（2）确定指标权重 $A = \{A_1, A_2, \cdots, A_m\}$；

（3）构成模糊评判矩阵。聚类系数 a_{ik} 代表了该指标在不同评价集的隶属度值，得到隶属度矩阵 R_a，利用 $B_a = A_a \cdot R_a$ 对每一层次进行模糊综合评价；

（4）由因素集的权重集 $A = \{A_1, A_2, \cdots A_m\}$ 和评判矩阵，计算评价结果 $B = A \cdot R$，归一化得 $B = \{b_1, b_2, \cdots, b_n\}$。按照最高隶属度原则确定评价等级。

评价指标的权重是指标重要性的一种表现方式，常用的指标权重确定方法有两种，即主观赋权法和客观赋权法，主观赋权法相对可以较好地反映评价指标在参评者心中的重要性，客观评价法可以通过数学关系转换反映指标之间的客观关系，本书采用主客观结合赋权法以确定指标权重，对主观赋权法确定的权重与客观赋权法确定的权重二者加权平均，以达到能真实客观地反映权重的目的，为此后的评价打下基础。

4.6.2　城市常规地面公共交通服务水平指数构建

在此构建城市常规地面公共交通服务水平指数以实现城市常规地面公共交通服务水平的直观化和简单化，并且最后作为标准对评价结果进行验证。该指数取值范围为 0～10 的闭区间，以 2.5 为标度，共分为四个等级。

1. 城市常规公共交通服务水平综合指标的分级

本书将城市常规公共交通服务水平综合指标 TY 值作为随机变量 X，显然 X 为离散型变量，因此其概率分布函数是以公共交通运行指标值为自变量的分段函数。对于 n 个公共交通运行综合指标构成的集合 $X = \{x_1, x_2, \cdots, x_n\}$，其中 $x_1 < x_2 < \cdots x_n$，以 5% 作为分位数区间间隔，对这些运行综合指标进行统计，得出每个分位数点对应的运行综合指标值（即为 α 分位数，α 取值 5%，10%，$\cdots$，100%）。为了将公共交通运行综合指数分为四级，需要在 0 分位数与 100% 分位数间找出三个分位数。本书将公共交通运行综合指标的 75% 分位数、50% 分位数与 25% 分位数作为分级的端点值或参考值。75% 分位数与 25%

分位数之差反映了服务质量波动的幅度，服务质量高于 75% 分位数值或低于 25% 分位数值被认为是服务质量中的两个"极端"现象，即服务质量优或差。公共交通运行综合指标的 25% 分位数与 50% 分位数区间和 50% 分位数与 75% 分位数区间内对应的公共交通运行综合指标则分别代表常规地面公共交通服务质量良好与公共交通运行状况中等两种情况。由随机变量常规地面公共交通服务综合指标值的 75% 位分位数、50% 分位数、25% 分位数将常规地面公共交通服务质量从好到差依次被分为了运行优、良、中、差四级。

2. 城市常规地面公共交通服务水平综合指数的建立

在完成了对城市常规公共交通运行综合指标进行统计与分级之后，需要对城市常规地面公共交通运行服务综合指标进行函数变换处理，形成城市常规地面公共交通服务综合指数，本书以 TY 表示。设城市常规地面公共交通服务综合指标值的 25% 分位数、50% 分位数、75% 分位数、100% 分位数分别取值为 $x_{25\%}$，$x_{50\%}$，$x_{75\%}$ 和 $x_{100\%}$，利用式（4-1），可将城市常规地面公共交通服务综合指标转换为对应的常规公共交通运行综合指数，且运行综合指数的取值范围限定在 0 ~ 10 的闭区间，并以 2.5 为间隔分为四级。

$$TY = \begin{cases} 2\dfrac{2 \times SI}{x_{25\%}} & SI \in [0,\ x_{25\%}] \\[2mm] \dfrac{2.5 + SI - x_{25\%}}{x_{50\%} - x_{25\%}} & SI \in [x_{25\%},\ x_{50\%}] \\[2mm] \dfrac{5 + SI - x_{50\%}}{x_{75\%} - x_{50\%}} & SI \in [x_{50\%},\ x_{75\%}] \\[2mm] \dfrac{7.5 + SI - x_{75\%}}{x_{100\%} - x_{75\%}} & SI \in [x_{75\%},\ x_{100\%}] \end{cases} \tag{4-6}$$

4.7 北京市 2010 年常规地面公共交通服务质量评价

经专家建议，结合当前数据可获得性以及一些指标难以量化，最终确定 16 个指标作为最终的评价体系指标（表4-7）。

表 4-7　常规地面公共交通服务水平评价体系表

目标层	上准则层	下准则层	指标层
常规地面公共交通评价体系	基础设施	基础设施承载力	线网密度 C1
			人均公交道路面积 C2
		运输能力	万人公交车标台数 C3
			公交分担率 C4
			平均车日行程 C5

续表

目标层	上准则层	下准则层	指标层
常规地面公共交通评价体系	服务质量	安全性	安全间隔里程 C6
			万车事故率 C7
		准时性	行车准点率 C8
			居民年乘车次数 C9
		舒适性	空调车比例 C10
			高峰满载率 C11
		迅速性	运行速度 C12
			出行时间 C13
		经济性	交通费率 C14
			里程利用率 C15
		方便性	换乘系数 C16

根据北京市第四次综合交通调查报告数据以及相关科研数据，得知北京市常规地面公共交通 2010 年各指标的实际值见表4-8。

表4-8　2010 年各评价指标实际值汇总表

指标名称	C1	C2	C3	C4	C5	C6	C7	C8
实际值	2.27	4.79	16.70	28.20	179.27	1010.31	64.99	91
指标名称	C9	C10	C11	C12	C13	C14	C15	C16
实际值	215.61	64	94	23.40	65.40	0，63	75	1.41

4.7.1　权重的确定

1）专家打分法

本书邀请了多位专家对该指标体系提出建议并打分，在此按照专家打分法进行权重估算。以服务质量为例，步骤如下。

（1）按照专家打分建立最初矩阵 B_2。

$$B_2 = \begin{bmatrix} 1 & 3 & 3 & 4 & 4 & 5 \\ \frac{1}{3} & 1 & 3 & 3 & 3 & 4 \\ \frac{1}{3} & \frac{1}{3} & 1 & 3 & 3 & 3 \\ \frac{1}{4} & \frac{1}{3} & \frac{1}{3} & 1 & 2 & 2 \\ \frac{1}{4} & \frac{1}{3} & \frac{1}{3} & \frac{1}{2} & 1 & 1 \\ \frac{1}{5} & \frac{1}{4} & \frac{1}{3} & \frac{1}{2} & 1 & 1 \end{bmatrix}$$

（2）对矩阵进行列归一化得到矩阵 $\overline{B}_2$

$$\overline{B}_2 = \begin{bmatrix} 0.4225 & 0.5714 & 0.3750 & 0.3333 & 0.2857 & 0.3125 \\ 0.1408 & 0.1905 & 0.3750 & 0.2500 & 0.2143 & 0.2500 \\ 0.1408 & 0.0635 & 0.1250 & 0.2500 & 0.2143 & 0.1875 \\ 0.1056 & 0.0635 & 0.0417 & 0.0833 & 0.1429 & 0.1250 \\ 0.1056 & 0.0635 & 0.0417 & 0.0417 & 0.0714 & 0.0625 \\ 0.0854 & 0.0476 & 0.0417 & 0.0417 & 0.0714 & 0.0625 \end{bmatrix}$$

（3）对判断矩阵 $\overline{B}_2$ 按行相加得向量 $\overline{W}_2$

$$\overline{W}_2 = \begin{bmatrix} 2.3004 \\ 1.4206 \\ 0.9811 \\ 0.5620 \\ 0.3864 \\ 0.3494 \end{bmatrix}$$

（4）对向量 $\overline{W}_2$ 归一化即得权重向量。

$$W_2 = \begin{bmatrix} 0.3834, & 0.2386, & 0.1635, & 0.0937, & 0.0644, & 0.0582 \end{bmatrix}^T$$

（5）由计算得知该矩阵最大特征根为 6.3002，进行一致性检验，用 CI 来表示一致性指标。

$$CI = \frac{6.3002 - 6}{6 - 1} = 0.06004$$

考虑到一致性偏差还有可能是随机原因造成的，必须查找相应 n 的平均值随机一致性指标 RI（random index）。由表 4-9 得知，当 $n = 6$ 时，RI = 1.24，计算最终一致性指标为

$$CR = \frac{CI}{RI} = \frac{0.06004}{1.24} = 0.0484 < 0.1$$

表 4-9 RI 标度说明

n	1	2	3	4	5	6	7	8	9
RI	0	0	0.58	0.96	1.12	1.24	1.32	1.41	1.45

因而可以确定安全性、准时性、舒适性、迅速性、经济性和方面性相对于服务质量的权重分别为 0.3834，0.2386，0.1635，0.0937，0.0644 和 0.0582。

具体权重确定情况见表 4-10，具体指标层名称后括号内数字分别表示相对于上一层的权重和专家打分法的最终权重。

表 4-10　专家打分法权重表

目标层	上准则层	下准则层	指标层
常规地面公共交通评价体系	基础设施 (0.5，0.5)	基础设施承载力 (0.667，0.1666)	线网密度 C1 (0.5，0.0833)
			人均公交道路面积 C2 (0.5，0.0833)
		运输能力 (0.333，0.3324)	万人公交车标台数 C3 (0.2395，0.0789)
			公交分担率 C4 (0.1373，0.0458)
			平均车日行程 C5 (0.6232，0.2077)
	服务质量 (0.5，0.5)	安全性 (0.3834，0.1918)	安全间隔里程 C6 (0.5，0.0959)
			万车事故率 C7 (0.5，0.0959)
		准时性 (0.2368，0.1184)	行车准点率 C8 (0.8，0.0947)
			居民年乘车次数 C9 (0.2，0.0237)
		舒适性 (0.1635，0.0827)	空调车比例 C10 (0.167，0.0138)
			高峰满载率 C11 (0.833，0.0689)
		迅速性 (0.0937，0.0486)	运行速度 C12 (0.2，0.0097)
			出行时间 C13 (0.8，0.0389)
		经济性 (0.0644，0.0322)	交通费率 C14 (0.667，0.0215)
			里程利用率 C15 (0.333，0.0107)
		方便性 (0.0582，0.0291)	换乘系数 C16 (1，0.0291)

2）熵权法

根据上述指标的量化分析，参考相关研究资料数据，并对部分指标数值进行了估算，选取 2007 年、2008 年、2009 年三年的指标值构成决策矩阵，依据熵权法原理计算求得指标的权重。

（1）确定所选指标的实际值，见表 4-11。

表 4-11　不同年份指标的实际值

指标	C1	C2	C3	C4	C5	C6	C7	C8
2007 年	2.10	4.55	16.0	27.50	180.81	589.30	112.57	88
2008 年	2.16	5.05	17.7	28.80	173.25	823.02	79.79	86
2009 年	2.21	4.93	17.1	28.90	177.27	903.93	74.56	90

指标	C9	C10	C11	C12	C13	C14	C15	C16
2007 年	252.39	32	80	22.4	63.1	0.67	74	1.36
2008 年	265.95	54	94	23.6	63.4	0.62	75	1.39
2009 年	277.96	59	92	24.8	64.7	0.63	75	1.39

（2）根据指标性质不同，按成本型指标和效益型指标分别进行变换，其中成本型指标包括：C7，C11，C13，C14，C15；效益型指标包括：C1，C2，C3，C4，C5，C6，C8，C9，C10，C12和C15，结果见表4-12。

表4-12　同向矩阵

指标	C1	C2	C3	C4	C5	C6	C7	C8
2007 年	0.9502	0.9010	0.9040	0.9516	1.0000	0.6519	0.6623	0.9778
2008 年	0.9774	1.0000	1.0000	0.9965	0.9582	0.9105	0.9345	0.9556
2009 年	1.0000	0.9762	0.9661	1.0000	0.9804	1.0000	1.0000	1.0000
指标	C9	C10	C11	C12	C13	C14	C15	C16
2007 年	0.9080	0.5424	1.0000	0.9032	1.0000	0.9254	0.9867	1.0000
2008 年	0.9568	0.9153	0.8511	0.9516	0.9953	1.0000	1.0000	0.9784
2009 年	1.0000	1.0000	0.8696	1.0000	0.9753	0.9841	1.0000	0.9784

（3）对表4-12中的数据进行归一化处理，见表4-13。

表4-13　归一化矩阵

指标	C1	C2	C3	C4	C5	C6	C7	C8
2007 年	0.0736	0.0710	0.0710	0.0738	0.0764	0.0556	0.0562	0.0826
2008 年	0.0751	0.0840	0.0840	0.0840	0.0814	0.0785	0.0800	0.0814
2009 年	0.0764	0.0826	0.0820	0.0840	0.0828	0.0840	0.0840	0.0840
指标	C9	C10	C11	C12	C13	C14	C15	C16
2007 年	0.0712	0.0531	0.0840	0.0779	0.0840	0.0794	0.0831	0.0840
2008 年	0.0741	0.0788	0.0747	0.0811	0.0837	0.0840	0.0840	0.0828
2009 年	0.0764	0.0840	0.0759	0.0840	0.0826	0.0831	0.0840	0.0828

（4）根据式（4-7）确定各指标的熵值，见表4-14。

$$H(x_j) = -k \sum_{i=1}^{n} Z_{ij} \ln Z_{ij} \qquad j = 1, 2, \cdots, m \qquad (4\text{-}7)$$

式中，k 为调节系数，$k = 1/\ln n$；Z_{ij} 为第 i 个评价单元第 j 个指标、标准化值。

表4-14　各指标熵值

指标名称	C1	C2	C3	C4	C5	C6	C7	C8
熵值	0.2252	0.2375	0.2369	0.2418	0.2407	0.2181	0.2201	0.2405
指标名称	C9	C10	C11	C12	C13	C14	C15	C16
熵值	0.2218	0.2159	0.2346	0.2430	0.2502	0.2465	0.2511	0.2496

（5）根据式（4-8）最后求出各指标的权重值，见表4-15。

$$d_j = \frac{1 - H(x_j)}{m - \sum\limits_{j=1}^{m} H(x_j)} \qquad j = 1, 2, \cdots, m \qquad (4-8)$$

式中，$0 \leqslant d_j \leqslant 1$，$\sum\limits_{j=1}^{m} d_j = 1$。

表4-15　各指标权重值

指标名称	C1	C2	C3	C4	C5	C6	C7	C8
权重	0.0634	0.0624	0.0624	0.0620	0.0621	0.0640	0.0638	0.0621
指标名称	C9	C10	C11	C12	C13	C14	C15	C16
权重	0.0636	0.0641	0.0626	0.0619	0.0613	0.0616	0.0613	0.0614

3）确定权重

综合专家打分法和熵权法，对二者取平均，以求权重客观准确，具体见表4-16。

表4-16　各指标的最终权重值

指标名称	C1	C2	C3	C4	C5	C6	C7	C8
权重1	0.0833	0.0833	0.0789	0.0458	0.2077	0.0959	0.0959	0.0947
权重2	0.0634	0.0624	0.0624	0.0620	0.0621	0.0640	0.0638	0.0621
最终权重	0.0733	0.0728	0.0711	0.0538	0.1348	0.0799	0.0798	0.0783
指标名称	C9	C10	C11	C12	C13	C14	C15	C16
权重1	0.0237	0.0138	0.0689	0.0097	0.0389	0.0215	0.0107	0.0291
权重2	0.0636	0.0641	0.0626	0.0619	0.0613	0.0616	0.0613	0.0614
最终权重	0.0435	0.0388	0.0656	0.0357	0.0501	0.0414	0.0359	0.0452

注：权重1为专家打分法计算得出，权重2为熵权法计算得出

4.7.2　北京市常规地面公共交通系统运行综合指数的确定

这里将运行指数的等级分为优、良、中、差四个等级，分别对应指数值为［90，100］，［75，90］，［60，75］，［0，60］。根据2010年北京市常规地面公共交通系统运行服务系统的实际数据，进行无量纲化处理，并根据权重，得出综合指数。计算方法如下：

$$Q = \sum_{i=1}^{n} a_i \times p_i \qquad (4-9)$$

式中，a_i为指标的无量纲化值；p_i为i指标的最终权重。

表4-17为北京市2010年常规地面公共交通运行服务质量综合指数。

表4-17　北京市2010年常规地面公共交通运行服务质量综合指数

指标名称	指标值	无量纲化值	权重	得分
线网密度 C1（km/km²）	2.27	72.7	0.0733	
人均道路面积 C2（m²/人）	4.79	73.43	0.0728	
万人公交车标台数 C3（辆/万人）	16.7	100	0.0711	
公交分担率 C4（%）	28.2	100	0.0538	
平均车日行程 C5（km/车日）	179.2	21.5	0.1348	
安全间隔里程 C6（km）	1010.3	100	0.0799	
万车事故率 C7（次/万车）	64.99	35.01	0.0798	
行车准点率 C8（%）	91	84	0.0783	63.66
居民年乘车次数 C9（次/人·年）	215.61	51.7	0.0435	
空调车比例 C10（%）	64	64	0.0388	
高峰满载率 C11（%）	94	24	0.0656	
运行速度 C12（km/h）	23.4	87	0.0357	
出行时间 C13（min）	65.4	36.9	0.0501	
交通费率 C14（%）	0.63	100	0.0414	
里程利用率 C15	75	56.25	0.0359	
换乘系数 C16	1.41	62.7	0.0452	

经过计算得知，北京市常规地面公共交通系统的运行水平的分值为63.66，处于60～75，综合指数为2.744，说明该系统在2010年的运行水平等级为中等。

4.7.3　北京市2010年常规公共交通系统运行水平综合评价

根据灰色聚类法将常规地面公共交通系统服务品质评价指标划分为四个等级：A（优）、B（良）、C（中）、D（差）。具体分级评定标准见表4-18。

表4-18　指标分级评定标准

指标名称	等级			
	A（优）	B（良）	C（中）	D（差）
线网密度 C1（km/km²）	>3.5	2.5～3.5	1.0～2.5	<1.0
人均道路面积 C2（m²/人）	>10	5～10	3～5	<3
万人公交车标台数 C3（辆/万人）	>15	10～15	6～10	<6
公交分担率 C4（%）	>22	15～22	10～15	<10
平均车日行程 C5（km/车日）	>2000	1000～2000	500～1000	<500
安全间隔里程 C6（km）	>125	85～125	50～85	<50
万车事故率 C7（次/万车）	<10	10～20	20～40	>40

指标名称	等级			
	A（优）	B（良）	C（中）	D（差）
行车准点率 C8（%）	>95	85～95	50～85	<50
居民年乘车次数 C9（次／人·年）	>400	320～400	250～320	<250
空调车比例 C10（%）	>90	80～90	60～80	<60
高峰满载率 C11（%）	<70	70～80	80～100	>100
运行速度 C12（km/h）	>25	18～25	10～18	<10
出行时间 C13（min）	<25	25～35	35～50	>50
交通费率 C14（%）	<1	1～3	3～5	>5
里程利用率 C15	>95	85～95	65～85	<65
换乘系数 C16	<0.5	0.5～1	1～1.5	>1.5

1）灰色聚类评价

根据实际值，首先按照灰色聚类评价原理对北京市 2010 年常规地面公共交通服务品质进行评价。

（1）聚类的白化数矩阵，可表达为

$$d_{ij} = \{2.27,\ 7.49,\ 16.7,\ 28.2,\ 179.2,\ 1010.3,\ 64.99,\ 91,\ 215.61,$$
$$64,\ 94,\ 23.4,\ 65.4,\ 0.63,\ 75,\ 1.41\}$$

（2）对数据进行量纲化，见表 4-19。

表 4-19 量纲化后的指标值

指标名称	实际值	A（高）	B（较高）			C（中）			D（低）
			下限	中值	上限	下限	中值	上限	
线网密度 C1	0.649	>1	0.714	0.857	1	0.286	0.5	0.714	<0.286
人均道路面积 C2	0.479	>1	0.5	0.75	1	0.3	0.4	0.5	<0.3
万人公交车标台数 C3	0.835	>0.75	0.5	0.625	0.75	0.3	0.4	0.5	<0.3
公交分担率 C4	0.94	>0.733	0.5	0.6	0.733	0.33	0.4	0.5	<0.33
平均车日行程 C5	0.09	>1	0.5	0.75	1	0.25	0.375	0.5	<0.25
安全间隔里程 C6	0.808	>0.1	0.068	0.08	0.1	0.04	0.056	0.068	<0.04
万车事故率 C7	0.928	<0.143	0.143	0.214	0.286	0.286	0.429	0.571	>0.571
行车准点率 C8	0.91	>0.95	0.85	0.9	0.95	0.5	0.7	0.85	<0.5
居民年乘车次数 C9	0.539	>1	0.8	0.9	1	0.625	0.7	0.8	<0.625
空调车比例 C10	0.711	>1	0.889	0.9445	1	0.667	0.788	0.889	<0.667
高峰满载率 C11	0.94	<0.7	0.7	0.75	0.8	0.8	0.9	1	>1
运行速度 C12	0.936	>1	0.72	0.86	1	0.4	0.56	0.72	<0.4
出行时间 C13	0.934	<0.357	0.357	0.429	0.5	0.5	0.607	0.714	>0.714
交通费率 C14	0.126	<0.2	0.2	0.4	0.6	0.6	0.8	1	>1
里程利用率 C15	0.75	>0.95	0.85	0.9	0.95	0.65	0.75	0.85	<0.65
换乘系数 C16	0.94	<0.333	0.333	0.5	0.667	0.667	0.8335	1	>1

（3）确定白化函数，见表 4-20。

表 4-20　各指标的白化函数值

等级	C1	C2	C3	C4	C5	C6	C7	C8
A（优）	0	0	1	1	0	1	0	0.2
B（良）	0	0	0	0	0	0	0	0.8
C（中）	0.6963	0.79	0	0	0	0	0	0
D（差）	0.3037	0.21	0	0	1	0	1	0
等级	C9	C10	C11	C12	C13	C14	C15	C16
A（优）	0	0	0	0.4571	0	1	0	0
B（良）	0	0	0	0.5429	0	0	0	0
C（中）	0	0.3636	1	0	1	0	0	0.6396
D（差）	1	0	0	0	0	0	1	0.3604

（4）各指标的权重值，见表 4-21。

表 4-21　各指标的权重值

等级	C1	C2	C3	C4	C5	C6	C7	C8
A（优）	0.0908	0.0908	0.0681	0.0665	0.0908	0.0091	0.0130	0.0862
B（良）	0.0835	0.0731	0.0609	0.0585	0.0731	0.0078	0.0209	0.0877
C（中）	0.0548	0.0439	0.0439	0.0439	0.0411	0.0061	0.0470	0.0768
D（差）	0.0331	0.0348	0.0348	0.0382	0.0290	0.0046	0.0661	0.0579
等级	C9	C10	C11	C12	C13	C14	C15	C16
A（优）	0.0908	0.0908	0.0454	0.0908	0.0324	0.0182	0.0862	0.0302
B（良）	0.0877	0.0921	0.0536	0.0838	0.0418	0.0390	0.0877	0.0487
C（中）	0.0768	0.0864	0.0823	0.0614	0.0666	0.0877	0.0899	0.0914
D（差）	0.0724	0.0773	0.0985	0.0463	0.0827	0.1158	0.0927	0.1158

（5）求出各指标对应各等级的聚类系数，见表 4-22。

表 4-22　聚类系数

等级	C1	C2	C3	C4	C5	C6	C7	C8
A（优）	0	0	0.0682	0.0665	0	0.0091	0	0.0172
B（良）	0	0	0	0	0	0	0	0.0703
C（中）	0.0382	0.0347	0	0	0	0	0	0
D（差）	0.0102	0.0073	0	0	0.0290	0	0.0661	0
等级	C9	C10	C11	C12	C13	C14	C15	C16
A（优）	0	0	0	0.0415	0	0.0182	0	0
B（良）	0	0	0	0.0455	0	0	0	0
C（中）	0	0.0315	0.0985	0	0.0827	0	0	0.0585
D（差）	0.0724	0	0	0	0	0	0.0927	0.0417

根据式（4-10）求出各指标对应各等级的聚类系数分别为：$a_{11} = 0.2207$，$a_{12} = 0.1158$，$a_{13} = 0.3441$，$a_{14} = 0.3194$。而得出聚类向量 $a_1 = \{0.2207, 0.1158, 0.3441, 0.3194\}$，由聚类向量知，最大的聚类系数为 0.3441，因而得出结论：北京市 2010 年常规地面公共交通系统运行服务品质处于中等水平。

$$a_{jk} = \sum_{j=1}^{m} f_j^k(x)\rho_{jk} \tag{4-10}$$

式中，a_{jk} 为聚类系数；ρ_{jk} 为指标在各类别中的权重；$f_j^k(x)$ 为白化权函数，相应的聚类向量为 $a_i = \{a_{i1}, a_{i2}, \cdots, a_{in}\}$。

2）灰色聚类—模糊综合评价

依据灰色聚类原理，将所选指标分成不同的灰类，进而可求出指标对于各个灰类的聚类系数，这是灰色聚类—模糊综合评价模型的基础。在此基础上，利用模糊综合评价模型，得出评价结果。具体步骤如下：

〔1〕根据灰色聚类方法，将指标分成 A（优）、B（良）、C（中）、D（差）四个等级，取聚类灰类 $s=4$，评价集 $v = \{优，良，中，差\}$。

（2）给出实际值，利用灰色聚类评价原理，依次求出白化函数值、指标权重和聚类系数。

（3）将求出的聚类系数作为各指标对应各分类的隶属度值，求出各指标的综合权重值为

$$A = [0.0733, 0.0728, 0.0711, 0.0538, 0.1348, 0.0799, 0.0798, 0.0783,$$
$$0.0435, 0.0388, 0.0656, 0.0357, 0.0501, 0.0414, 0.0359, 0.0452]$$

其中

$$R = \begin{bmatrix} 0 & 0 & 0.0382 & 0.0102 \\ 0 & 0 & 0.0347 & 0.0073 \\ 0.0682 & 0 & 0 & 0 \\ 0.0664 & 0 & 0 & 0 \\ 0 & 0 & 0 & 0.0290 \\ 0.0091 & 0 & 0 & 0 \\ 0 & 0 & 0 & 0.0661 \\ 0.0172 & 0.0703 & 0 & 0 \\ 0 & 0 & 0 & 0.0724 \\ 0 & 0 & 0.0315 & 0 \\ 0 & 0 & 0.0985 & 0 \\ 0.0415 & 0.0455 & 0 & 0 \\ 0 & 0 & 0.0827 & 0 \\ 0.0182 & 0 & 0 & 0 \\ 0 & 0 & 0 & 0.0927 \\ 0 & 0 & 0.0585 & 0.0417 \end{bmatrix}$$

计算综合评判向量：

$$B = A \cdot R = [0.0127, \ 0.0071, \ 0.0198, \ 0.0188]$$

经过归一化处理后，最终结果为 $B = [0.2175, \ 0.1216, \ 0.3390, \ 0.3219]$，得到的评价结果为：北京市 2010 年常规地面公共交通运行服务水平处于中等水平，同灰色聚类评价，运行指数计算得到的结果相同。由此可以认为灰色聚类—模糊综合评价模型结果基本准确，以其为基础的北京市常规地面公共交通运行服务品质的评价是可以信赖的。

利用综合评价公式 $B_\partial = A_\partial \cdot R_\partial$ 和指标权重及隶属度函数值，具体计算分析如下：

（1）基础设施（用下标 a 区分），可表示为

$$B_a = A_a \cdot R_a = [0.0733, \ 0.0728, \ 0.0711, \ 0.0538, \ 0.1348] \cdot \begin{bmatrix} 0 & 0 & 0.0382 & 0.0102 \\ 0 & 0 & 0.0347 & 0.0073 \\ 0.0682 & 0 & 0 & 0 \\ 0.0665 & 0 & 0 & 0 \\ 0 & 0 & 0 & 0 \end{bmatrix}$$

$$= [0.0084, \ 0, \ 0.0053, \ 0.0012]$$

归一化后 $B_a = [0.5638, \ 0.3557, \ 0.0805]$。

由最大隶属度原则，基础设施的等级为优。

（2）运行质量（用下标 b 区分），可表达为

$$B_b = A_b \cdot R_b = [0.0799, \ 0.0798, \ 0.0783, \ 0.0435, \ 0.0388, \ 0.0656,$$

$$0.0357, \ 0.0501, \ 0.0414, \ 0.0359, \ 0.0452] \cdot \begin{bmatrix} 0.0091 & 0 & 0 & 0 \\ 0 & 0 & 0 & 0.0661 \\ 0.0172 & 0.0703 & 0 & 0 \\ 0 & 0 & 0 & 0.0724 \\ 0 & 0 & 0.0315 & 0 \\ 0 & 0 & 0.0985 & 0 \\ 0.0415 & 0.0455 & 0 & 0 \\ 0 & 0 & 0.0827 & 0 \\ 0.0182 & 0 & 0 & 0 \\ 0 & 0 & 0 & 0.0927 \\ 0 & 0 & 0.0585 & 0.0417 \end{bmatrix}$$

$$= [0.0043, \ 0.0071, \ 0.0145, \ 0.0136]$$

归一化后 $B_b = [0.1089, \ 01797, \ 0.3662, \ 0.3442]$。故运行质量等级为中。

（3）基础设施承载力（用下标 c 区分），可表达为

$$B_c = A_c \cdot R_c = [0.0733, \ 0, \ 0728] \cdot \begin{bmatrix} 0 & 0 & 0.0382 & 0.0102 \\ 0 & 0 & 0.0347 & 0.0073 \end{bmatrix} = [0, \ 0, \ 0.0053, \ 0.0012]$$

归一化后 $B_c = [0, \ 0, \ 0.8154, \ 0.1846]$。

故基础设施承载力等级为中。

（4）运输能力（用下标 d 区分），可表达为

$$B_d = A_d \cdot R_d = [0.0711, 0.0538, 0.1348] \cdot \begin{bmatrix} 0.0682 & 0 & 0 & 0 \\ 0.0655 & 0 & 0 & 0 \\ 0 & 0 & 0 & 0 \end{bmatrix} = [0.0084, 0, 0, 0]$$

归一化后 $B_d = [1, 0, 0, 0]$。

故运输能力等级为优。

（5）安全性（用下标 e 区分），可表达为

$$B_e = A_e \cdot R_e = [0.079, 0.0798] \cdot \begin{bmatrix} 0.0091 & 0 & 0 & 0.0661 \\ 0 & 0 & 0 & 0 \end{bmatrix} = [0.0007, 0, 0, 0.0053]$$

归一化后 $B_e = [0.1167, 0, 0, 0.8883]$。

故安全性等级为差。

（6）准时性（用下标 f 区分），可表达为

$$B_f = A_f \cdot R_f = [0.0783, 0.0435] \cdot \begin{bmatrix} 0.0172 & 0.0703 & 0 & 0.0704 \\ 0 & 0 & 0.0315 & 0 \end{bmatrix}$$
$$= [0.0013, 0.0055, 0.0012, 0.0031]$$

归一化后 $B_f = [0.1171, 0.4955, 0.1081, 0.2793]$。

故准时性等级为良。

（7）舒适性（用下标 g 区分），可表达为

$$B_g = A_g \cdot R_g = [0.0388, 0.0656] \cdot \begin{bmatrix} 0 & 0 & 0.0985 & 0 \\ 0 & 0 & 0 & 0 \end{bmatrix} = [0, 0, 0.0065, 0]$$

归一化后 $B_g = [0, 0, 1, 0]$。

故舒适性等级为中。

（8）迅速性（用下标 h 区分），可表达为

$$B_h = A_h \cdot R_h = [0.0357, 0.0501] \cdot \begin{bmatrix} 0.0415 & 0.0455 & 0 & 0 \\ 0 & 0 & 0.0827 & 0 \end{bmatrix}$$
$$= [0.0015, 0.0016, 0.0041, 0]$$

归一化后 $B_h = [0.2083, 0.2222, 0.5695, 0]$。

故迅速性等级为中。

（9）经济性（用下标 i 区分），可表达为

$$B_i = A_i \cdot R = [0.0414, 0.0359] \cdot \begin{bmatrix} 0.0182 & 0 & 0 & 0 \\ 0 & 0 & 0 & 0.0927 \end{bmatrix}$$
$$= [0.0008, 0, 0, 0.0033]$$

归一化后 $B_i = [0.1951, 0, 0, 0.8049]$。

故经济性等级为差。

（10）方便性（用下标 j 区分），可表达为

$$B_j = A_j \cdot R_j = (0.0452) \cdot [0, 0, 0.0585, 0.0417]$$
$$= [0, 0, 0.0026, 0.0019]$$

归一化后 $B_j = [0, 0, 0.5778, 0.4222]$。

故方便性等级为中。

4.7.4　评价结果分析

从总体上说，利用构建的灰色聚类—模糊综合评价模型对北京市 2010 年常规地面公共交通运行服务质量进行评价得出结论为北京市常规地面公共交通服务品质处于中等水平。用运行综合指数和灰色聚类评价模型计算结果验证可知，本书构建的灰色聚类—模糊综合评价模型评价结果与实际情况吻合，可以信赖，符合实际发展情况。

1）基础设施方面

经过上述计算结果显示，北京市常规地面公共交通的基础设置比较好，这与近年来北京市不断加大城市道路建设和地面公共交通系统硬件设施有很大关系。内部具体分析如下：

（1）基础设施承载力。在基础设施承载力方面，北京市公交线网密度和人均道路面积处于中等水平，这与城市人口巨大、面积有限有很大关系，虽然北京市近年来在不断扩大城市面积，也通过各种方法改进城市道路结构，但是鉴于城市人口的数量基础大且人口增长速度大于道路面积增长的速度。因而，基础设施承载力是北京市常规地面公共交通系统需要进一步研究和解决的问题之一。

（2）运输能力。北京市的运输能力属于优秀等级，万人公交车标台数和公交分担率都超过了评价规范优秀等级的标准值，一方面是由于北京市财政能力相对于其他城市有一定优势，加之政府相关部门比较注重城市常规地面公共交通的发展，因而公交车标台数指标值较高；另一方面也是迫于北京市汽车道路交通拥堵程度较高，在采用机动化非公交方式出行时，时间成本和经济成本较高，因而大多数出行者在出行方式选择上更加理性化，这就使得北京市的公交分担率较高。此外，运输能力方面也存在问题——车日行程较低，这说明目前北京市对于现有公交车利用不够充分。

2）运行质量方面

从总体上来看，目前北京市常规地面公共交通运行质量还有很多需要提高的地方。

（1）安全性。北京市 2010 年常规地面公共交通的安全间隔里程指标值较高，说明车辆在正常运行时安全性较高，安全可靠性较强，但是万车事故率指标值却未能达标，这说明车辆在日常维护方面较差，这也从另外一个方面说明，运行车辆与总体车辆比值较低，车辆利用率不高，运行车辆与总体车辆比值较低。

（2）准时性。从 4.7.3 节的计算结果可以显示出，北京市常规地面公共交通行车准点率属于优秀等级，这与道路运行状况稳定，公共交通调度保障力强有很大关系；居民年乘车次数指标值也显示出出行者对车辆准点的信心。

（3）舒适性。在这方面，4.7.3 节的计算结果显示空调车比例和高峰满载率明显低于应达标准，空调车比例低，使得乘客在夏季和冬季这种相对极端的季节中感到不适，这很有可能改变出行者的出行方式，流失客源；高峰满载率不达标受城市人口数量等客观因素影响，但作为舒适性考察的主要方面，需要管理部门尽快找到解决此问题的办法。

（4）迅速性。目前北京市常规地面公共交通的迅速性总体不高，尽管运行速度处于良好状态，但是由于出行者出行目的的多样化和复杂性较以前明显加强，加之北京市的面积较大，致使乘客的出行距离普遍较长，这就造成了乘客的公交出行时间较长。

（5）经济性。鉴于北京市财政的大力补贴，使得北京市常规地面公共交通票价相对于全国绝大多数城市来讲较低，这是北京市的优势，但是如果这种优势不能有效利用就会滋生浪费的现象，车辆里程利用率较低就能充分说明这个问题。

（6）方便性。北京市的常规地面公共交通换乘系数较高，这也与城市客观因素有很大关系，但也说明公共交通直达性有待加强。

4.7.5　评价结果建议

虽然北京市轨道交通有了飞速的发展，为北京市公共交通分担了一定客流量，但是常规公共交通在公共交通中仍然占主体地位，承载着城市客流工作的重担。为了实现公共交通线网、设施、管理、服务水平全面提升的发展目标，针对评价结果分析，北京市公共交通发展现状以及规划目标，本书提出以下三点建议。

1）优化公交路网结构，加强公交专用道建设和监管力度

城市公交路网是一个庞大系统，既要考虑总体环境，也要考虑内部组成成分。对于总体，需要加强城市公交路网的总体建设，加大城市公交路网密度，加大城市常规地面公共交通的覆盖率，增强可达性；对于内部，可以借鉴物流领域中"最后一公里"的理念，在一些交通出行量较大的交通小区增设摆渡公交车辆，为公交下游乘客提供专门公共运送车辆，将公交系统分成不同层面，逐步解决问题。

截至2011年年底，北京市的公交专用道总数为315条，共计324.5km，这两项数据较2010年分别增长10.5%和10.4%，但是对城市总体道路来讲，这两项指标的比值还是偏低。鉴于城市公共交通的可持续发展和城市人口、出行者数量的持续增长，需要进一步加强公交专用道的建设力度；对于已经建成的公交专用道需要加强监管力度，随意占用公交专用道迫使公交速度明显下降、乘客乘车时间明显增加等一系列恶性连锁反应。对于占用公交专用道的行为要加大处罚力度，为常规公交的顺畅运行提供有力保障。

2）着眼城市常规地面公共交通发展，强化与其他交通方式相结合

城市常规地面公共交通是城市公共交通的主要组成成分，城市公共交通系统也是城市交通系统必不可缺的部分。因而在考虑常规地面公交的建设问题上不能孤立来看，鉴于美国等发达国家的建设理念，需要加强在公交站点与其他交通方式的结合。例如，在常规地面公交站点附近增建停车场，设置换乘轨道交通的专用换乘通道，出租车换乘岗以及自行车停放、租赁的服务站，目前北京市在西直门等公交枢纽已经完成了常规地面公共交通与其他交通方式结合的部分工作，但是还有待加强与完善。

3）坚持"以人为本"，强化公众"公交"意识

城市常规地面公共交通系统和其他交通系统相同，都是以人为中心进行运转和存在的，可以说，城市常规地面公共交通系统是一个以人开始，最终以人为结束的系统。同时，"以人为本"也是常规公交的核心原则。

对于城市出行者，相关部门应该加大对于公交出行利处的宣传力度，引导出行者在出行选择过程中逐步向城市公交转变，诱导城市出行者的出行合理化；对于有意愿选择其他交通方式的出行者，应加强"为公交让路"的宣传，避免由于外界人为因素而造成的公交运行效率降低的现象；对于公交从业人员，需要强化为公交乘客最满意服务的意识，只有服务质量尽量贴近公交出行者的心理预期才会加强乘客对公交的认同感，从而合理改变城市出行结构。

4.8 北京地面公交运行速度测算方法及结果分析

地面公共运行速度是地面公交系统运行服务质量的重要指标之一。

4.8.1 基于 GPS 的公交全日分时段速度测算与分析

1. 全日分时段速度测算思路

由于在道路上临时设立数据采集点采集公交速度难以开展，工作量巨大，短时间内无法完成。因此，作者基于 GPS 数据的特点，分别选取了在快速路上和非快速路上运行的典型公交线路进行分析。

由于 300 路快线内环公交车的整条线路都在三环快速路主路上运行，是在快速路上运行的公交线路的典型代表，根据该线路测得的运行速度能反映快速路的公交运行速度特征。因此，本书将以 300 路快线内环为基础进行全日分时段速度的测算。具体步骤如下：

（1）选取在三环快速路主路上运行 300 路快线内环的 GPS 数据作为数据样本，数据采集时间为某个正常的工作日。按线路来处理以上速度分布图。

（2）在 300 路快线内环全长中，即在三环路全长中选定 12 个采集点，数据采集点按三环路经纬度选取。

（3）根据经纬度，匹配 GPS 数据中公交车在此经纬度上的瞬时速度值。

（4）每个数据采集点，将时间以 10min 为一段划分，该段时间内的速度平均值作为该时间段中点的速度值。该值即为此时该采集点的快速路速度。

（5）12 个样本数据中去掉最大最小点，剩余 10 个样本加权求均值作为全市快速路上此刻公交车的均值。一共获得 24×6 = 144 个样本点。

（6）绘制该样本日 24h 速度分布图。

（7）全年均匀选择 12 个样本日，重复（3）~（6）过程，一共绘制 10 张 24h 速度分布图。

同理，可得非快速路的全日分时段公交运行速度。

2. 数据采集设备

实验数据来源于北京市公交 GPS 车辆监控系统，该系统由 GPS 卫星定位系统和地面移动控制系统构成。而地面移动控制系统又可分为 GPS 车载设备、通用分组无线服务技术（GPRS）移动通信网络、转发中心服务器、地理信息系统（GIS）监控终端等组成。它以 GPS 卫星为数据源，以地理信息系统为基础，借助公交内部网进行信息汇总，集监控、定位及报警等功能于一体。系统总体结构如图 4-16 所示，公交车辆车载 GPS 设备如图 4-17 所示。

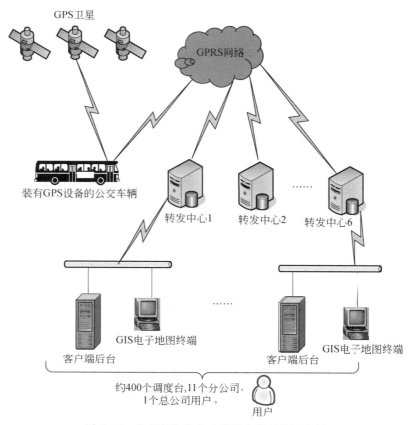

图 4-16　北京市公交自动车辆定位系统原理图

(a)主机　　　　　　　　　　　(b)显屏

图 4-17　GPS 车载设备

3. GPS 数据格式和传输协议

公交车辆 GPS 车载设备通过 GPRS 无线通信网络，按照设计协议，将车辆的经纬度坐标、速度以及调度指令等信息传送至转发中心后，通过客户端的数据采集系统可记录车辆的历史轨迹行驶资料，历史行驶资料以 txt 文本形式存储在客户端的硬盘上，用于之后的查询和调用。协议中有汉字的部分及中英文混排部分采用 unicode16（高字节在前）编解码，协议中未指明编解码方式的部分均采用 ASCII 码，所有逗号分隔符均为英文半角逗号。传输的定位信息的协议明文格式见表 4-23。

示例：〔400002（ONE, 190303A3953. 9821N11630. 2461E013. 8150210016001）〕。

表 4-23　GPS 车载设备信息明文解析

信息内容	字段值	类型	长度（字节）	说明
起始标识符	〔	字符	1	固定值
信息传输方向	34H	字符串	3	表明信息的传输方向
信息序号	2	字符串	5	对应下发指令的信息序号
信息内容起始标志	（	字符	1	
信息类型	ONE	字符串	不定	
分隔符	,	字符	1	
格林尼治时间	190 303	字符串	6	
定位状态	A	字符	1	A：定位状态 V：非定位状态
纬度	39. 539821°N	字符串	10	
经度	116. 302461°E	字符串	10	
速度（km/h）	13. 8	字符串	5	
日期（日–月–年）	15-02-10	字符串	6	
线路号	1 600	字符串	6	
上下行标记	1	字符	1	
信息内容结束标志符	）	字符	1	固定值
结束标识符	〕	字符	1	固定值

根据所设计的协议格式，设计车辆 GPS 数据采集系统，数据采集流程使用统一建模语言 UML 设计，流程设计如图 4-18 所示，系统界面和采集到的公交车辆 GPS 信息文件格式如图 4-19 所示。

4. 数据采集与处理

快速线路选择 300 快公交线路作为研究对象，普通线路选择 13 路快线内环公交线路作为研究对象。

因为在数据库中，每一天的 GPS 数据作为一个独立的文件夹存在，其中包含该数据库所统计的所有车辆在该天的数据。所以，首先要从数据库中随机调出某个月一天的数据，

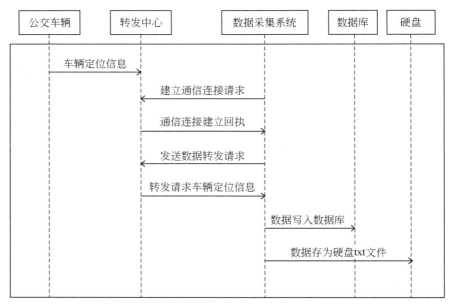

图 4-18　数据采集系统 UML 顺序图

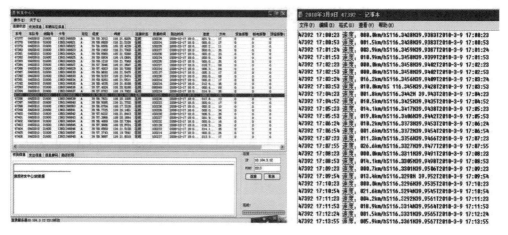

图 4-19　数据采集系统界图和采集文件格式

然后再从数据库中分别筛选出 300 路快线内环和 13 路快线内环两条路线在该天的数据。

下面以 300 快路线 4 月 19 日的数据为例来说明处理过程和处理结果。

将筛选出的储存于 txt 文本中的数据汇总统计到一张 Excel 表中，其中，每个 txt 文档储存一辆车该天的 GPS 数据。统计后如图 4-20 所示。

（1）由 GPS 数据格式和传输协议的数据格式可知，车辆的速度、经纬度坐标、时间等行驶信息存在于数据的明文中，所以，提取明文数据所在的行，并将其按时间排序。结果如图 4-21 所示。

	A	B	C	D	E
	5:23:56				
1	23:55.6	139102492	1400D01：	字节码：	5b343030303031284f4e452c3231313334365630303030302e303030304e30303030302e3030303045303
2					
3	23:55.7	139102492	1400D01：	明文：	[400001(ONE,211346V0000.0000N00000.0000E000.00018041200000300571)]
4	--				
5					
6	23:57.3	139102492	1400D01：	字节码：	5b343030303032284f4e452c3231313531365630303030302e303030304e30303030302e3030303045303
7					
8	23:57.3	139102492	1400D01：	明文：	[400002(ONE,211516V0000.0000N00000.0000E000.00018041200000300571)]
9	--				
10					
11	23:57.3	139102492	1400D01：	字节码：	5b343030303033284f4e452c3231313534365630303030302e303030304e30303030302e3030303045303
12					
13	23:57.3	139102492	1400D01：	明文：	[400003(ONE,211546V0000.0000N00000.0000E000.00018041200000300571)]
14	--				
15					
16	23:57.3	139102492	1400D01：	字节码：	5b343030303034284f4e452c3231313631365630303030302e303030304e30303030302e3030303045303
17					
18	23:57.3	139102492	1400D01：	明文：	[400004(ONE,211616V0000.0000N00000.0000E000.00018041200000300571)]
19	--				
20					
21	24:00.6	139102492	1400D01：	字节码：	5b343030303035284f4e452c3231313634365630303030302e303030304e30303030302e3030303045303
22					
23	24:00.6	139102492	1400D01：	明文：	[400005(ONE,211646V0000.0000N00000.0000E000.00018041200000300571)]
24	--				
25					
26	24:00.6	139102492	1400D01：	字节码：	5b343030303036284f4e452c3231313731365630303030302e303030304e30303030302e3030303045303
27					

图 4-20　一辆车全天 GPS 数据截图

	A	B	C	D	
1	0:00:01	159102667	1400D01：	明文：	[402460(ONE,155957V0000.0000N00000.0000E000.00019041200000300571)]
2	0:00:01	159102647	1400D01：	明文：	[402478(ONE,155958A3958.0851N11624.8806E000.00019041200000300571)]
3	0:00:03	139102492	1400D01：	明文：	[402490(ONE,160000A3958.0402N11624.8469E000.00019041200000300571)]
4	0:00:04	135011701	1400D01：	明文：	[402459(ONE,160001V0000.0000N00000.0000E000.00019041200000000000)]
5	0:00:06	159102647	1400D01：	明文：	[402488(ONE,160003A3951.9575N11627.0263E000.00019041200000300571)]
6	0:00:14	139102492	1400D01：	明文：	[402488(ONE,160012A3958.0410N11624.8305E000.00019041200000300571)]
7	0:00:15	139102492	1400D01：	明文：	[402503(ONE,160013V0000.0000N00000.0000E000.00019041200000300571)]
8	0:00:19	159102649	1400D01：	明文：	[402473(ONE,160015A3951.9568N11627.0446E000.00019041200000300571)]
9	0:00:20	159102649	1400D01：	明文：	[402498(ONE,160017A3958.0675N11624.8406E000.00019041200000300571)]
10	0:00:23	159102658	1400D01：	明文：	[402498(ONE,160019A3958.0835N11624.9437E000.00019041200000300571)]
11	0:00:25	139102495	1400D01：	明文：	[402059(ONE,160022A3958.1046N11624.9633E000.00019041200000300571)]
12	0:00:27	139102492	1400D01：	明文：	[402491(ONE,160025A3958.0986N11624.8580E000.00019041200000300571)]
13	0:00:27	139102492	1400D01：	明文：	[402453(ONE,160023V0000.0000N00000.0000E000.00019041200000300571)]
14	0:00:29	159102648	1400D01：	明文：	[402468(ONE,160013A3951.9507N11627.0261E000.00019041200000300571)]
15	0:00:29	159102667	1400D01：	明文：	[402461(ONE,160027V0000.0000N00000.0000E000.00019041200000300571)]
16	0:00:29	159102640	1400D01：	明文：	[402482(ONE,160027A3958.1130N11624.9365E000.00019041200000300571)]
17	0:00:30	159102644	1400D01：	明文：	[402497(ONE,160027A4001.3719N11624.6185E000.00019041200000300571)]
18	0:00:30	159102647	1400D01：	明文：	[402479(ONE,160028A3958.1307N11624.8559E000.00019041200000300571)]
19	0:00:33	159102658	1400D01：	明文：	[402491(ONE,160025A3951.9587N11627.0166E000.00019041200000300572)]
20	0:00:34	139102492	1400D01：	明文：	[402491(ONE,160030A3958.0402N11624.8469E000.00019041200000300571)]
21	0:00:35	135011701	1400D01：	明文：	[402460(ONE,160032V0000.0000N00000.0000E000.00019041200000000000)]
22	0:00:39	159102647	1400D01：	明文：	[402489(ONE,160033A3951.9575N11627.0263E000.00019041200000300571)]
23	0:00:45	139102492	1400D01：	明文：	[402489(ONE,160042A3958.0410N11624.8305E000.00019041200000300571)]
24	0:00:46	159102648	1400D01：	明文：	[402469(ONE,160043A3951.9507N11627.0261E000.00019041200000300571)]
25	0:00:46	139102492	1400D01：	明文：	[402504(ONE,160043V0000.0000N00000.0000E000.00019041200000300571)]
26	0:00:49	159102649	1400D01：	明文：	[402499(ONE,160047A3958.0675N11624.8406E000.00019041200000300571)]

图 4-21　车辆信息明文数据截图

(2) 选取需要的时间段内的数据，根据表 4-23 所示的传输协议可以得到每条数据中的速度和经纬度坐标，然后剔除无效点，结果如图 4-22 所示。

(3) 在 300 路快线内环公交路线上标定 12 个点，由于实际使用的 GPS 接收机设备的测量精度误差范围为 5～8m，综合考虑误差范围和需要的数据量以后，确定 12 个点的经纬度坐标范围见表 4-24。

	A	B	C	D	E	F	G	H
1	时间				明文	经度	纬度	速度
2	5:00:09	1391024921	400D01:	明文:	[400245(ONE,210007A3958.	24.866	58.065	3
3	5:00:50	1391024961	400D01:	明文:	[400250(ONE,210047A3958.	24.865	58.082	2.9
4	5:00:59	1591026491	400D01:	明文:	[400237(ONE,210057A3958.	24.882	58.078	2.7
5	5:01:05	1391024961	400D01:	明文:	[400238(ONE,210103A3958.	24.882	58.09	10.1
6	5:01:16	1591026667	400D01:	明文:	[400238(ONE,210110A3958.	24.956	58.099	2.6
7	5:01:34	1591026481	400D01:	明文:	[400240(ONE,210130A3958.	27.022	51.955	2
8	5:01:36	1591026491	400D01:	明文:	[400240(ONE,210134A3958.	24.869	58.058	2.3
9	5:01:37	1391024921	400D01:	明文:	[400248(ONE,210134A3958.	24.924	58.182	2.4
10	5:02:07	1391024961	400D01:	明文:	[400240(ONE,210204A3958.	24.89	58.074	3.2
11	5:02:18	1591026581	400D01:	明文:	[400238(ONE,210216A3951.	27.04	51.965	2
12	5:02:20	1391024961	400D01:	明文:	[400253(ONE,210218A3958.	24.865	58.082	2.6
13	5:02:26	1591026491	400D01:	明文:	[400240(ONE,210223A3951.	27.04	51.965	3.4
14	5:02:38	1391024921	400D01:	明文:	[400244(ONE,210236A3958.	24.962	58.069	3.3
15	5:02:49	1591026711	400D01:	明文:	[400243(ONE,210243A3958.	24.88	58.102	5.2
16	5:02:55	1591026471	400D01:	明文:	[400242(ONE,210249A3951.	27.041	51.955	4.4
17	5:03:01	1591026491	400D01:	明文:	[400241(ONE,210258A3958.	24.88	58.075	3.3
18	5:03:10	1391024961	400D01:	明文:	[400246(ONE,210305A3958.	24.832	58.089	2.5
19	5:03:29	1591026491	400D01:	明文:	[400242(ONE,210324A3951.	27.04	51.965	2.8
20	5:03:30	1591026491	400D01:	明文:	[400242(ONE,210328A3958.	24.883	58.072	2.5
21	5:03:38	1591026491	400D01:	明文:	[400244(ONE,210336A3958.	24.885	58.05	5.3
22	5:03:53	1591026471	400D01:	明文:	[400244(ONE,210349A3951.	27.041	51.955	5
23	5:03:57	1591026491	400D01:	明文:	[400243(ONE,210354A3951.	27.04	51.965	2.5
24	5:04:07	1391024921	400D01:	明文:	[400245(ONE,210405A3958.	24.877	58.101	2.9
25	5:04:08	1391024921	400D01:	明文:	[400253(ONE,210406A3958.	24.921	58.126	3.3
26	5:04:26	1591026491	400D01:	明文:	[400244(ONE,210424A3951.	27.04	51.965	3

图 4-22　车辆经纬度及速度情况

表 4-24　经纬度坐标范围

纬度范围（39°N）	经度范围（116°E）
51.75′~52.04′	18.35′~18.44′
54.65′~54.94′	18.25′~18.34′
56.05′~56.34′	18.20′~18.29′
57.95′~58.04′	19.75′~20.04′
57.95′~58.04′	22.45′~22.74′
58.00′~58.09′	24.15′~24.44′
58.00′~58.09′	25.65′~25.94′
54.45′~54.74′	27.30′~7.39′
52.45′~52.74′	27.25′~27.34′
51.35′~51.44′	25.05′~25.34′
51.30′~51.39′	22.45′~22.74′
50.85′~50.94′	19.45′~19.74

注:

（4）在（3）中筛选出的数据中进一步筛选出在标定的 12 个区域内的数据，结果如图 4-23 所示。

将时间以 10min 为一段划分，该段时间内的速度平均值作为该时间段中点的速度值。

	A	B	C	D	E	F	G	H
1	时间			明文	明文	经度	纬度	速度
2	7:05:13	1391024921400D01:	明文:	[400124(ONE,221720A3951.9832N11618.3960E000.00007051	18.396	51.983	15.9
3	7:05:13	1391024921400D01:	明文:	[400125(ONE,221750A3952.0177N11618.3881E015.93407051	18.388	52.017	25.6
4	7:10:50	1391024951400D01:	明文:	[400114(ONE,231047A3951.9765N11618.3978E004.33507051	18.397	51.976	25.6
5	7:11:22	1391024951400D01:	明文:	[400115(ONE,231117A3952.0021N11618.3952E015.53507051	18.395	52.002	20.6
6	9:20:13	1391024921400D01:	明文:	[400757(ONE,011956A3951.9803N11618.3994E000.00008051	18.399	51.980	25.4
7	9:20:20	1391024921400D01:	明文:	[400159(ONE,222235A3951.7764N11618.4123E027.83507051	18.412	51.776	9
8	9:20:21	1391024921400D01:	明文:	[400453(ONE,224716A3951.7710N11618.4161E028.53507051	18.416	51.771	3.6
9	9:20:29	1391024921400D01:	明文:	[400456(ONE,224846A3951.9750N11618.3992E007.83507051	18.399	51.975	28.1
10	9:20:39	1391024951400D01:	明文:	[400144(ONE,231500A3951.9560N11618.4015E000.00007051	18.401	51.956	23.9
11	9:20:40	1391024951400D01:	明文:	[400146(ONE,231600A3951.9772N11618.3986E000.00007051	18.398	51.977	2.7
12	9:20:40	1391024951400D01:	明文:	[400147(ONE,231630A3952.0283N11618.3876E002.73407051	18.387	52.028	5.7
13	9:20:43	1391024921400D01:	明文:	[400129(ONE,224742A3951.8472N11618.4037E026.73507051	18.403	51.847	26.8
14	9:20:45	1391024921400D01:	明文:	[400361(ONE,005217A3951.7812N11618.4163E000.00008051	18.416	51.781	9.3
15	9:20:45	1391024921400D01:	明文:	[400364(ONE,005347A3951.7812N11618.4163E000.00008051	18.416	51.781	13.4
16	9:20:46	1391024921400D01:	明文:	[400129(ONE,222759A3951.9792N11618.3977E000.00007051	18.397	51.979	30.4
17	9:20:50	1391024921400D01:	明文:	[400758(ONE,012027A3952.0351N11618.3857E005.03408051	18.385	52.035	13.1
18	9:20:51	1391024921400D01:	明文:	[400367(ONE,005518A3951.8353N11618.4083E000.00008051	18.408	51.835	4.6
19	9:20:51	1391024921400D01:	明文:	[400369(ONE,005618A3951.8721N11618.4048E000.00008051	18.404	51.872	4.5
20	9:20:51	1391024921400D01:	明文:	[400370(ONE,005649A3951.8958N11618.4027E004.53508051	18.402	51.895	26.3
21	9:20:53	1391024921400D01:	明文:	[400372(ONE,005750A3951.9512N11618.4035E000.00008051	18.403	51.951	6
22	9:20:54	1391024921400D01:	明文:	[400131(ONE,224843A3951.9804N11618.3993E006.23507051	18.399	51.980	29.8
23	9:21:04	1391024961400D01:	明文:	[400375(ONE,005921A3952.0146N11618.3944E008.73408051	18.394	52.014	28.5
24	9:21:05	1391024961400D01:	明文:	[400376(ONE,005951A3952.0480N11618.3855E010.13508051	18.385	52.048	3.4
25	9:21:09	1391024961400D01:	明文:	[400713(ONE,010442A3951.8821N11618.4003E003.43508051	18.400	51.882	9.4
26	9:21:09	1391024961400D01:	明文:	[400716(ONE,010612A3952.0074N11618.3913E015.33408051	18.391	52.007	4.4

Sheet1 / Sheet2 / Sheet3 / Sheet4 / Sheet5 / Sheet6 / Sheet7 / Sheet8 / Sheet9 / Sheet10 / Sheet11 / Sheet12 /

图 4-23　12 个区域内车辆数据

根据上述测算结果可以画出该日的速度分布图。

5. 根据公交速度采集数据的分析过程

1）公交车月平均速度的计算分析过程

（1）速度数据分区。由于一天内每个数据点提取速度的时间没有规律，因此首先要将每个数据点的速度按时间分区。从 5：00：00 开始间隔 15min 为一个区间，到 23：59：59 共分 76 个区间。

（2）计算每个时间区间的平均速度。平均速度的计算采用调和平均数，即一组数据的倒数和除以数据的项数的倒数。对每条线路 12 个数据点，在每个时间区间内的 n 个速度数据计算调和平均值，作为该区间末时刻的速度。公式为

$$\bar{v} = \frac{n}{\dfrac{1}{v_1} + \dfrac{1}{v_2} + \cdots \dfrac{1}{v_n}} \tag{4-11}$$

得到某线路某天 12 个数据点在 76 个时刻的速度。

（3）对每个观察点计算一天的平均速度。为便于计算，此处假设 12 个观察点将一条线路平均分成 12 段。计算出每一段在一天中的平均速度。此处仍为调和平均数，计算公式为式（4-11）。

（4）计算该线路的平均数据。对 12 个观察点的速度计算调和平均数，此即为该路公交车的月份平均速度。

综上，公交车平均速度的分析方法为：先对每条线路的每个观察点（共 12 个）计算一天的平均速度，再计算 12 个观察点的平均速度。

2） 平均速度缺失处理方法

（1） 数据现状。13 路快线内环有 1 月、4 月、5 月、6 月、7 月、8 月、10 月、11 月数据，300 路快线内环有 1 月、4 月、5 月、6 月、7 月、8 月、9 月、10 月、11 月数据。300 路快线内环比 13 路快线内环多出个 9 月的数据。

（2） 估计 13 路快线内环的 9 月缺失数据。由于 300 路快线内环有 9 月数据，该数据包含可反映 9 月的综合影响因素，如天气、路况等。对 300 路快线内环和 13 路快线内环的 1 月、4 月、5 月、6 月、7 月、8 月、10 月、11 月的 8 个数据进行拟合，300 快内为横坐标，13 路快线内环为纵坐标，得到拟合曲线：$y=0.065x^2-1.693x+19.06$。

x 取 300 路快线内环 9 月数据，y 即为 13 路快线内环 9 月数据。

（3） 计算 13 路快线内环的缺失数据。对 13 路快线内环和 300 快内的 1 月、4 月、5 月、6 月、7 月、8 月、9 月、10 月、11 月的九个数据分别进行拟合，其中 13 路快线内环的 R 平方（相关系数）值较大。所以，用 13 路快线内环的拟合曲线计算 13 路快线内环的缺失数据（2 月、3 月、12 月）。

（4） 计算 300 路快线内环的缺失数据。再对 13 路快线内环和 300 快内的 1 月、4 月、5 月、6 月、7 月、8 月、9 月、10 月、11 月的 9 个数据进行拟合，300 快内为纵坐标，13 路快线内环为横坐标，得到拟合曲线：$y=4.394x^2-69.41x+285$。将 13 路快线内环的 2 月、3 月、12 月数据代入，得到 300 路快线内环的 2 月、3 月、12 月数据。

3） 计算公交车的年平均速度

对 13 路快线内环和 300 路快线内环 12 个月的数据分别计算调和平均数，得到年平均速度。

6. 地面公交运行速度分析结果

1） 13 路快线内环和 300 路快线内环公交车月/年平均速度测算结果分析

表 4-25 为 13 路快线内环和 300 路快线内环公交车的月/年平均速度测算结果。图 4-24 为 13 路快线内环和 300 路快线内环公交车月/年平均速度折线图。由图可知，300 路快线内环的平均速度整体上高于 13 路快线内环，这与两路公交车不同的路况相关，300 路快线内环是环北京三环的公交线路，没有红绿灯，路况较通畅；而 13 路快线内环起自西城三里河，穿过城区到和平东桥南终，路况复杂，红绿灯和行人等对公交车速均有影响。

表 4-25　公交车月/年平均速度测算表　　　　　　（单位：km/h）

月份	1	2	3	4	5	6	7	8	9	10	11	12	全年
300 路快线内环	15.792	13.617	12.809	9.788	11.860	16.331	16.980	13.835	12.117	13.759	12.078	11.362	13.047
13 路快线内环	8.721	8.686	8.559	8.630	8.503	8.989	8.984	7.051	8.089	8.741	8.139	8.226	8.410

纵观 1～12 月平均速度，300 路快线内环的月均速度波动较大，第一季度月均速度持续降低，至 4 月月均速度达到最低为 9.788km/h；第二季度速度回升，至 7 月达到最高月均速度 16.98km/h；此后又再下降，10 月平均速度微有回升。对比而言，13 路快线内环的月均速度波动小得多，仅在八月有向下的波动，月均速度降到 7.051km/h，其余月份均保持在

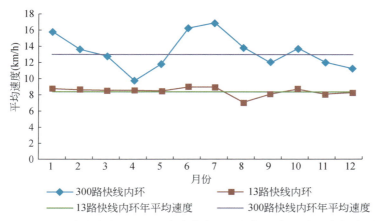

图 4-24　13 路快线内环和 300 路快线内环公交车月/年平均速度折线图

8.41km/h 左右，分析原因，8 月为学生放暑假的月份，相比冬季寒假，在夏季人们更喜欢户外活动，因此北京城区的行人和车辆势必增多，是影响 13 路快线内环月均速度的一个重要因素。

2）13 路快线内环和 300 路快线内环公交车速度分布直方图分析

（1）13 路快线内环公交车速度直方图分析。图 4-24 为 13 路快线内环公交车 1 月、4 月、5 月、6 月、7 月、8 月、10 月、11 月中某一代表日所测试的速度直方图。基础数据为 13 路快线内环在这 8 个月中某一天的速度采集数据，从 5：00：00 开始间隔 15min 为一个区间，到 23：59：59 共分 76 个区间；在每个时间区间内的 n 个速度数据计算调和平均值，作为该区间末时刻的速度，每天共 76 个速度数据。根据所选取的数据，13 路快线内环公交车的行驶速度为 5~19km/h，据此对 13 路快线内环 8 天的速度数据做直方图分析如图 4-25~图 4-32 所示。

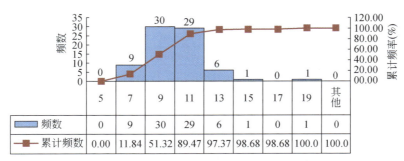

	5	7	9	11	13	15	17	19	其他
频数	0	9	30	29	6	1	0	1	0
累计频数	0.00	11.84	51.32	89.47	97.37	98.68	98.68	100.0	100.0

图 4-25　13 路快线内环 2013-01-15 日速度直方图

通过以上的速度直方图可以清楚地看到 13 路快线内环公交车每天的速度分布情况。其中，4 月、7 月、8 月选取日的速度较集中，有 92% 以上的时间保持在 7~11km/h，其余 5 个月的选取日的速度分布稍微分散，但也有 77%~88% 的时间保持在 7~11km/h。

总体来说，13 路快线内环公交车每天的速度较稳定和集中，且速度较低，一天大多数时间速度保持在 7~11km/h，并且速度在 7~9km/h 的时间多于 9~11km/h 的时间。

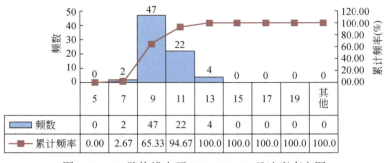

	5	7	9	11	13	15	17	19	其他
频数	0	2	47	22	4	0	0	0	0
累计频率	0.00	2.67	65.33	94.67	100.0	100.0	100.0	100.0	100.0

图 4-26　13 路快线内环 2012-04-19 日速度直方图

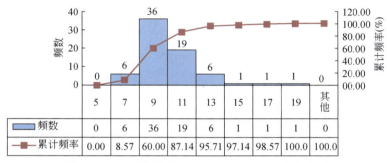

	5	7	9	11	13	15	17	19	其他
频数	0	6	36	19	6	1	1	1	0
累计频率	0.00	8.57	60.00	87.14	95.71	97.14	98.57	100.0	100.0

图 4-27　13 路快线内环 2012-05-08 日速度直方图

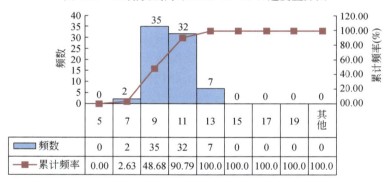

	5	7	9	11	13	15	17	19	其他
频数	0	2	35	32	7	0	0	0	0
累计频率	0.00	2.63	48.68	90.79	100.0	100.0	100.0	100.0	100.0

图 4-28　13 路快线内环 2012-06-11 日速度直方图

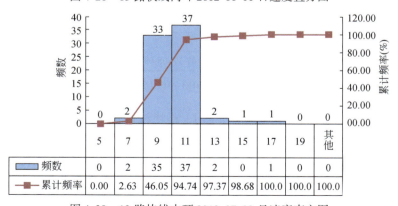

	5	7	9	11	13	15	17	19	其他
频数	0	2	35	37	2	0	1	0	0
累计频率	0.00	2.63	46.05	94.74	97.37	98.68	100.0	100.0	100.0

图 4-29　13 路快线内环 2012-07-08 日速度直方图

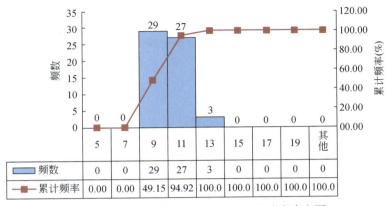

图 4-30   13 路快线内环 2012-08-13 日速度直方图

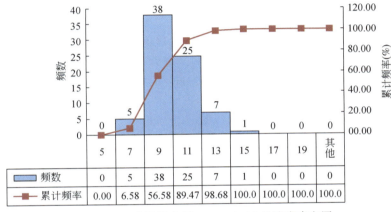

图 4-31   13 路快线内环 2012-10-15 日速度直方图

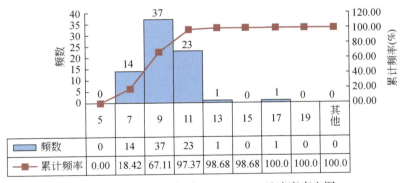

图 4-32   13 路快线内环 2012-11-10 日速度直方图

图 4-33 为 13 路快线内环 8 个月平均速度直方图。

（2）300 路快线内环公交车速度分布直方图分析。图 4-34 为 300 路快线内环公交车 1 月、4 月、5 月、6 月、7 月、8 月、9 月、10 月、11 月中某一代表日所测试的速度直方图。基础数据为 300 路快线内环在这 9 个月中某一天的速度采集数据，从 5：00：00 开始

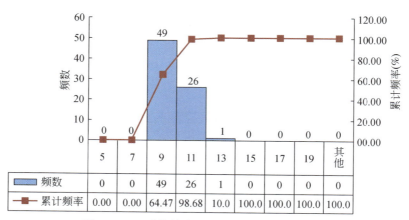

图 4-33 13 路快线内环 8 个月平均速度直方图

间隔 15min 为一个区间，到 23：59：59 共分 76 个区间；在每个时间区间内的 n 个速度数据计算调和平均值，作为该区间末时刻的速度，每天共 76 个速度数据。根据所选取的数据，300 路快线内环公交车的行驶速度为 3～29km/h，据此对 300 路快线内环 9 天的速度数据做直方图分析如图 4-34～图 4-42 所示。

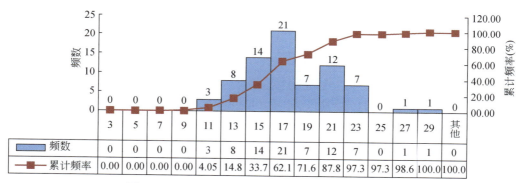

图 4-34 300 路快线内环 2013-01-15 日速度直方图

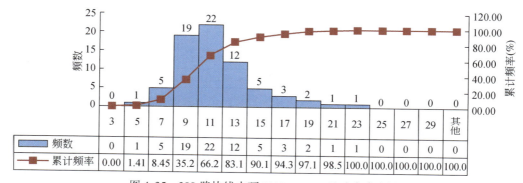

图 4-35 300 路快线内环 2012-04-19 日速度直方图

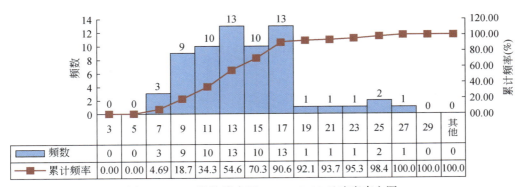

	3	5	7	9	11	13	15	17	19	21	23	25	27	29	其他
频数	0	0	3	9	10	13	10	13	1	1	1	2	1	0	0
累计频率	0.00	0.00	4.69	18.7	34.3	54.6	70.3	90.6	92.1	93.7	95.3	98.4	100.0	100.0	100.0

图 4-36　300 路快线内环 2012-05-08 日速度直方图

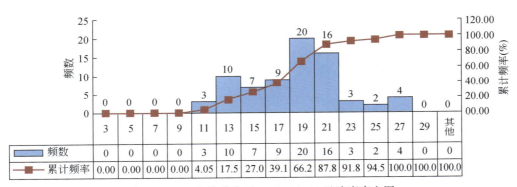

	3	5	7	9	11	13	15	17	19	21	23	25	27	29	其他
频数	0	0	0	0	3	10	7	9	20	16	3	2	4	0	0
累计频率	0.00	0.00	0.00	0.00	4.05	17.5	27.0	39.1	66.2	87.8	91.8	94.5	100.0	100.0	100.0

图 4-37　300 路快线内环 2012-06-11 日速度直方图

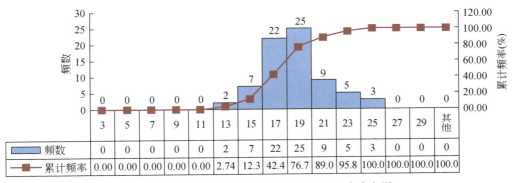

	3	5	7	9	11	13	15	17	19	21	23	25	27	29	其他
频数	0	0	0	0	0	2	7	22	25	9	5	3	0	0	0
累计频率	0.00	0.00	0.00	0.00	0.00	2.74	12.3	42.4	76.7	89.0	95.8	100.0	100.0	100.0	100.0

图 4-38　300 路快线内环 2012-07-08 日速度直方图

通过以上的速度直方图可以清楚地看到 300 路快线内环公交车每天的速度分布情况。300 路快线内环每天的速度情况并不相同，其中 1 月、6 月、7 月选取日的速度集中在较高的速度上，每天 80% 左右的时间保持在 13～23km/h；4 月、8 月选取日的速度则集中在较低的速度上，每天约 80% 左右的时间保持在 7～17km/h；5 月、9 月、10 月、11 月选取日的速度则集中在平均速度左右，每天的速度大多保持在 11～19km/h。

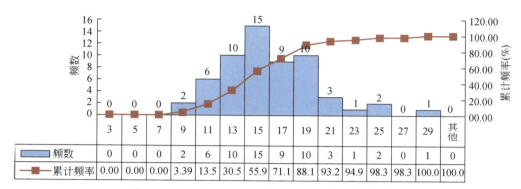

图 4-39　300 路快线内环 2012-08-13 日速度直方图

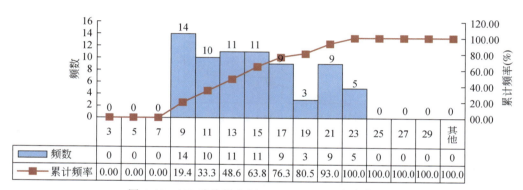

图 4-40　300 路快线内环 2012-09-15 日速度直方图

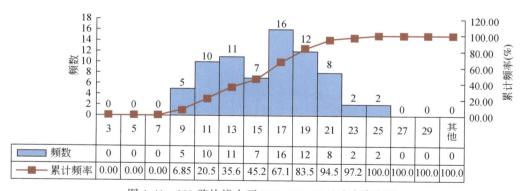

图 4-41　300 路快线内环 2012-10-15 日速度直方图

　　总体来说，300 路快线内环每天的速度较为分散且不稳定，且速度较高，87% 左右的时间为 9 ~ 17km/h。

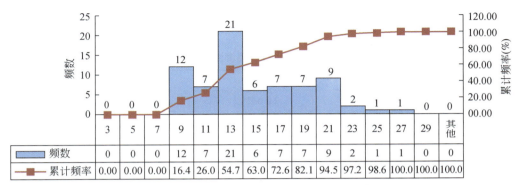

图 4-42　300 路快线内环 2011–01–01 日速度直方图

图 4-43 为 300 路快线内环 9 个月平均速度直方图。

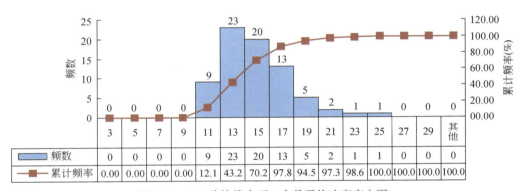

图 4-43　300 路快线内环 9 个月平均速度直方图

4.8.2　基于运营调度系统的公交年平均速度测算研究

地面公交车辆平均运行速度测算的另一种方法是利用公交调度系统的数据，根据线路里程和全线路行程时间计算公交车的行程平均速度。

现有的北京公交集团公交调度系统的数据从 2009 年开始，共有 2009 年、2010 年、2011 年、2012 年 4 年。其中，2009 年有 2 月、3 月、9 月、10 月 4 个月的数据；2010 年有 4 月、5 月、6 月、7 月、8 月、9 月、10 月、11 月共 8 个月的数据；2011 年有 3 月、4 月、5 月、10 月、11 月 5 个月份的数据；2012 年有全年的数据。原始数据形式同 4.8.1 节中的数据形式相同。

数据处理方法如下：

首先，在这些数据中，每年每个月随机选出 7 天的数据，然后在每天的数据中，随机选出 4 辆车的数据进行计算。

数据统计也和 4.8.1 节中的数据统计方式相同，将一天中 4 辆车的数据统计到一个 Excel 表中，从数据的明文中提取 4 辆车全天在各点的速度，然后筛选出要求时间段内的数据，并剔除无效数据，将得到的速度数据取平均值，作为该天所有车的平均速度，将每个月 7 天的平均速度再取平均值，作为该月公交的平均速度。统计结果见表 4-26。

表 4-26　公交车月行程速度监测统计数据　　（单位：km/h）

年份	2009	2010	2011	2012
1 月	12.9929	11.6125	14.1828	13.9311
2 月	14.1204	12.6202	15.4136	14.1985
3 月	14.7204	14.3831	14.0457	15.1717
4 月	14.3510	19.3105	14.1004	14.7910
5 月	16.2013	14.7515	13.9579	16.6980
6 月	16.3530	14.7923	14.0454	16.8544
7 月	17.6423	16.1487	15.2372	18.1832
8 月	17.0743	14.6057	14.2925	17.5978
9 月	14.9718	16.6163	14.4992	16.0529
10 月	16.3775	14.6375	17.8774	17.5601
11 月	15.9363	14.4596	14.8149	17.0870
12 月	12.1700	11.0423	11.3137	13.0488
全年平均	15.2426	14.5817	14.4817	15.9312

注：阴影部分数据为估算数据

图 4-44 为公交车月行程速度图。

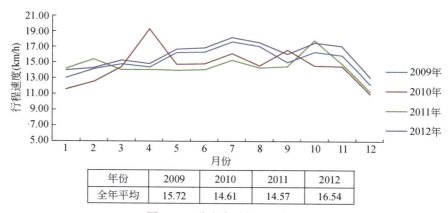

年份	2009	2010	2011	2012
全年平均	15.72	14.61	14.57	16.54

图 4-44　公交车月行程速度图

从同比数据来看，2 月公交平均速度数据较为稳定，4 月平均速度在 2010 年最高，达到 19.3105km/h，在 2011 和 2012 均在 14km/h 左右。除 2 月和 4 月外，其他各月环比数据均有波动，且总体为上升趋势，如 2011 年 3 月公交平均速度比 2009 年同期下降了 0.6747km/h，而 2012 年 3 月速度又上涨到较高的速度 15.1717km/h。10 月有 4 年数据，可以看到 2009 年 10 月公交平均速度较高，到 2010 年降低了 1.74km/h，而在 2011 和 2012

年又回升到 17.5km/h 以上。总地来说，同比数据显示：公交平均速度在 2009～2012 年的 4 年中略有波动，总体呈上升趋势。

从环比数据来看，2009 年 4 个月的数据均呈上升趋势。2010 年 8 个连续月份的数据则呈不规律波动，除 4 月、7 月、9 月 3 个月份高于 16km/h 外，其余 5 个月的平均速度都保持在 14.65km/h 左右。2011 年 10 月公交平均速度明显较高，达到 17.8774km/h，但其余 4 个月速度并没有显著改变，平均在 14.23km/h。与之前 3 年不同，2012 年公交平均速度明显整体提高了，有 6 个月平均速度在 16.69km/h 以上，最高达到 18.1832km/h。总体来看，2009～2012 年公交平均速度在逐年提高，其中 2012 年提高的最为显著，显示出北京市公交系统的服务水平在不断提高。

4.9　本 章 小 结

"十二五"时期，是我国经济发展，人民生活质量提高的重要时期。在这五年间，我国将就社会各个方面进行调整和建设，对符合人民实际生活需求的方面，会加大建设力度；对违背人民意愿的方面，会降低投入，甚至转型。城市公共交通系统，特别是城市常规地面公共交通显然属于前者。就目前现有的城市常规地面公共交通系统，仍然存在一定问题，这就需要一套完善科学的评价体系，对现有的城市常规地面公共交通系统服务水平进行评估，对未来发展指出方向，以助于产业结构调整，有针对性地加大新技术、新产品的投入，引导人民出行趋于合理化，提高运行服务水平，推进城市交通更好更快的发展，完成人民生活水平的提升。

本章就城市常规地面公共交通系统运行服务水平进行分析，给出了评价内容，建立了评价体系，并给出计算过程和结果。主要表现如下：

（1）首先研究分析了城市常规地面公共交通系统与城市其他系统之间的作用机理，明确作用关系，并以此为依据确立评价体系的构建思路。

（2）根据分析，从硬件基础设施和服务质量两个方面展开，硬件基础设施包括路面承载力和运输能力两个目标层，服务质量包括安全性、准时性、舒适性、迅速性、经济性和方面性六个目标层，再逐次展开定性和定量地给出各个评价指标的定义、评价方法和评价标准。

（3）根据城市常规地面公共交通系统运行属性特点，对各种评价方法进行比较，选出最适合的评价方法，构建了灰色聚类—模糊综合评价模型，克服了模糊综合评价模型中隶属函数难以确定的缺点，优化了模糊综合评价模型。在权重确定方面采用主客观结合的方法，以确保权重的合理性和准确性。尝试建立了城市常规地面公共交通系统运行服务综合指数，对评价结果进行检验。

（4）根据北京市常规地面公共交通实际情况，对运行质量进行评价及结果分析，并给出相应的改进意见。

第5章 城市交通系统仿真分析模型构建

伴随着我国经济的不断发展，交通基础设施和交通机动化程度也在不断改善提高，交通在经济生活中发挥的作用越来越大，与此同时，交通引发的负面作用也逐渐凸显，城市交通问题，特别是大城市的交通问题已经成为制约我国经济发展和人民生活水平提高的瓶颈之一。交通拥堵、交通污染、交通安全是主要的三个问题，严重影响城市发展。合理的城市交通规划和交通政策是解决这三个问题的有效方法，制定交通规划和交通政策可以看作是一个基于复杂系统的决策过程。在复杂系统中，人们的决定既不是最优的，也不是非理性的，人们的决定受限于有限的认知和所处系统的复杂结构。如果假定决策制定者不具有完美的知识结构，不具有解决问题的最优算法，不具有解决问题所需要的所有知识，那么在这种情境下通过定量化的模型展示各种政策情境下相关变量的变化情况，对帮助决策者更加理性判断非常必要。

使用模型模拟现实和未来的情境是研究人员分析城市交通情况的常用手段，通过模型的构建和运行，研究人员可以设定特征细节在实验室中完成测试，这种方法避免了实验室理论研究的局限和实证调查研究的繁复。系统动力学模型经常被用于在复杂系统环境下的决策模拟，可以帮助我们确定系统中的关键影响因素，找出合理的决策路径，使人们能更加理性地进行决策。欧洲开发了一些大型的系统动力学模型用于交通政策的辅助决策，如ASTRA模型就是关于交通的涵盖欧洲29个国家的大型系统动力学模型，该模型为欧洲交通运输政策的战略提供了长期评估工具。我国关于交通的系统动力学模型主要存在于学术探讨层面，如科研论文以及项目报告，大型的系统动力学模型比较欠缺，很多有关交通模型的研究并没有清楚地讨论模型与真实情景的关系，模型的结果只是在特定实验的环境下具有可信度，陆锡明（2007）认为：尽管近几十年来交通模型理论技术已经有了长足进步，预测精度有了较大的提高，但是，与人们的要求相比还有一定差距。因此构建适合自身国情和政策需要的交通模型非常必要，通过对国内外相关文献进行综述研究从而构建我国城市交通模型的框架具有非常重要的意义。

5.1 城市交通系统仿真分析模型的基本框架

5.1.1 模型的研究方法说明

本书的研究目的在于为今后的模型构建提供依据和帮助，因此我们主要从模型设计角度对研究的文献进行梳理。鉴于模型的真实性是模型是否具有政策价值的重要依据，本书的研究逻辑如下：第一，需要研究主流模型的基本结构以及边界，确保模型在设计思路上的真实性。第二，需要研究现有文献中主要子模块的基本结构和基本逻辑关系，这样做主要基于两个原因，①通过参考已有研究，确保在今后模型设计中模型关键变量确实是影响结果的关键因素；②通过参考已有研究，确保在今后模型设计中模型变量中主要逻辑关系的真实客观。第三，需要在现有研究基础上提出对于今后模型的改进和创新。

在实际的模型构建中，文献研究只是其中的一部分，为了确保以上逻辑的正确客观，还需要与相关领域的专家进行反复的商讨，也需要对相关的问题进行社会调查。而基于文献的研究成果是这两项工作开展的前提，专家需要在此基础上提出意见，社会调查也需要根据特定的问题框架开展。

5.1.2 模型的基本结构介绍

虽然很多交通模型设计的出发点不尽相同，但有很多基本模块是基本一致的。ASTRA是一个较为综合的交通模型，包括人口模块、宏观经济模块、交通模块、区域经济模块、基础设施模块、车流模块、环境模块、国际交通模块（Schade，2005）。ESCOT 模型用于描述德国交通系统可持续发展路径，并评估这种路径的经济性影响，包括宏观经济模块、交通模块、区域经济模块、环境模块、政策模块（Schade and Schade，2005）。MARS 模型用于描述人口迁移、土地使用和交通系统的关系，包括客运模块、家庭发展模块、家庭迁移模块、工作迁移模块、污染物排放模块（Pfaffenbichler et al.，2008）。Stave 等建立的系统动力学模型将人口、交通系统设施、土地使用、空气污染等子模块相互关联起来（Dwyer and Stave，2005；Stave and Dwyer，2006）。如果单从论文的角度看，相比较国外的交通模型，国内的模型关注点较为微观，主要集中于对城市居民交通需求、道路资源、交通能耗等变量的预测分析，人口、经济等变量外生输入或经过简单处理后得到（靳玫，2007；王继峰等，2008；刘慧等，2010）。

事实上，人口、经济的政策变化，都会导致交通结构的变化，反之亦然。以北京市为例，对外来人口的限制政策会直接影响到人口总数以及人口结构（年龄、收入等），这些都会对人们的出行方式、车辆购置等产生影响，如果将人口模块简单处理，这些政策影响在模型中就得不到充分的体现。

虽然交通模型与人口、经济等因素有着密切的联系，但是从系统建模的角度，模型是一个相对封闭的系统，模型的构建必须考虑到边界的问题，因此需要通过一个框架对模型的边界进行约束。通过对文献的总结，本书将今后模型的主要结构及各模块之间的关系通过图 5-1 展示出来。

人口模块主要提供人口变化情况，包括人口的总量、性别、年龄等信息，王雯静和干宏程（2010）的研究表明：人口的年龄、性别对人们的出行方式产生影响。宏观经济模块提供主要的经济框架，可以按照需求选择一些主要的部门进行研究，部门的发展情况产生了货物运输的需求也产生了一定程度的客运需求，Salini 和 Karsky（2002）通过对 7 个部门的分析（农业、能源、化工、冶金等），利用模型确定了法国货运的需求。区域经济模

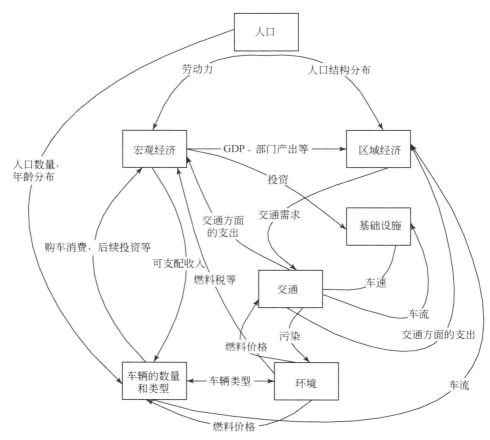

图 5-1　主要模块之间的相互关系

块主要分析货运和客运在空间上的分布，如客运需求可以分为工作需求、个人需求、娱乐需求等。基础设施模块提供了针对不同交通需求的道路承载能力。基础设施投资取决于宏观经济模块的发展情况以及政府的投资政策，使用交通通行速度来反映目前基础设施的运行情况。交通模块使用交通成本和交通时间来评价交通效率，效率是决定人们选择出行方式的重要影响因素。车辆的数量和类型模块描述车辆的数量、燃油方式、排放标准等信息，这些决定了购车消费以及后续消费（影响宏观经济模块和区域经济模块），也决定了车辆的排放情况（影响环境模块）。环境模块计算出总的排放情况以及燃油消费情况，这些数值影响了政府是否制定更加严格的排放标准以及是否提高燃油税。

根据这个框架，我们可以对子模块展开更加详细的研究，同时也使得我们更有目的的研究相关的文献资料。本书选取了其中的三个模块（将宏观经济模块和区域经济模块放在一起），主要通过一些主要的关系结构图来展示这些模块的主要变量和基本逻辑。

5.1.3 主要子模块的基本结构介绍

1. 经济模块

经济模块包含宏观经济模块和区域经济模块，其主要功能如图 5-2 所示。

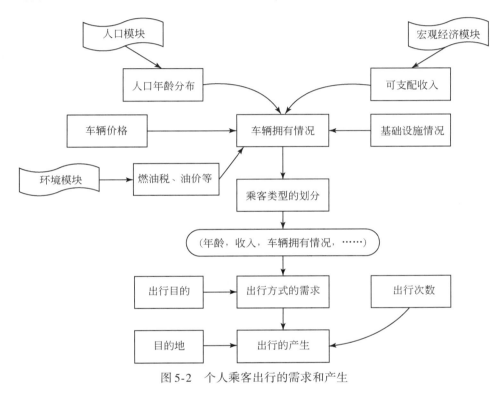

图 5-2 个人乘客出行的需求和产生

宏观经济模块的主要作用是模拟一个宏观经济环境，这个环境可以为其他模块提供所需要的输入变量。对于经济模块的构建，可以参考现有比较成熟的经济学理论，如在经济合作与发展组织（Organization for Economic Co-operation and Development, OECD）的环境可持续交通项目中，ESCOT 模型的宏观经济模块采用了凯恩斯模型（Keynesian Model）。在供给端，统计数据中生产资料的供给为模块提供支持；在需求端，各种需求通过发展情况反推出来；投入产出表可以为部门之间的交流情况提供支持。

供给端的基本思路也是基于较为成熟的经济学理论，如中国科学技术信息研究所与美国千年研究所联合开发的 T21 中国可持续发展模型，其经济模块采用柯布-道格拉斯函数的变形。根据柯布-道格拉斯生产模型，影响生产的主要因素为劳动力、资本、自然资源，以及技术发展（佟贺丰等，2010）。

需求端的总需求由消费、投资、政府支出、出口决定。交通模块和环境模块为消费和投资提供部分变量输入，政府的支出根据 GDP 的情况得到。需求端的情况可以导致居民可支配收入变化，从而对消费产生影响。中国希望居民收入的增长不低于 GDP 的增长（目前居民收入的增长低于 GDP 的增长），我们希望能通过模型看到这种变化对交通等很多方面可能会产生的影响。

区域经济模块的主要作用是描述各区域的经济发展情况和人口密度情况，从而为后面交通模型中各区域间的交通行为产生提供输入数据。因为区域经济模块更多的牵扯到所分析的目标（主要关注城市间的交通还是城市内部区域间的交通）和所分析的重点（货运还是客运），因此需要灵活制定，这里不再进一步说明。

2. 交通模块

交通模块的主要目的之一是描述交通需求和产生，在具体分析时，将其看作是在哪里，要做什么，有什么要求的问题。我们可以通过出发点、目的点和对交通要求三方面来描述这种机制，即①人员所在的位置；②满足人们需求的场所的位置（如商店、学校、市场等）；③所需要的交通要求特征（如舒适、快速还是省钱）。这样，通过对这三个方面进行分类，然后统一进行组合，就可以详细地描述出交通的需求和交通的产生。出行次数、出行距离、出行方式、出行使用的工具也可以由这三个方面推算出来。

对于交通的需求和交通的产生，基于 OD 矩阵的研究是较为成熟的方法之一，但将 OD 矩阵与系统动力学建模结合起来的研究并不多，其中 ASTRA 模型的构建具有参考意义。该模型通过以下五个维度分析乘客的行为：①乘客所在区域；②乘客特征；③出行目的；④出行距离；⑤目的地区域（表 5-1）。而 Leitham 等（1999）在构建 STREAMS 模型时，给出将出行目的、出行距离、目的地结合起来进行考虑的想法。

表 5-1　乘客行为的分析维度

分析维度	乘客
乘客所在区域	商业区、高中低密度居住区
乘客特征	年龄、收入情况、私车情况的组合
出行目的	上班、个人、旅游
出行距离	<3.2km，3.2~8km，8~40km，40~160km，>160km
目的地区域	商业区、高中低密度居住区

以个人乘客的出行为例，先使用基本的人口特征进行分类，如人口的年龄分布、人口所在的区域、人口的收入情况、人口拥有汽车的情况，通过这些条件的组合可以将人口分成很多类型，然后对每一类型人出行的特征进行分析（如对属于高收入，30~40 岁，城郊低密度居住区，SUV 型车辆出行类别的人出行方式、出行距离、出行次数的描述）。最后结合出行目的，就可以模拟出个人乘客每日的出行情况。

交通模块的主要目的之二是模拟交通方式划分（model split），即各区域间各种出行方式的比例和大小。由于交通的需求和产生可以由上面提供的框架描述，下面要考虑的问题是，在出行产生后，人们对于交通方式的选择问题。有很多研究通过各种方式研究了人们交通方式的选择，从研究方式看，有基于统计数据的研究，有基于调查数据的研究，有基于模型仿真最后与实际统计和调查数据对比的研究。从研究角度看，对交通方式的选择主要考虑时间成本和金钱成本。为了更好地吸收各种研究的优点，可以考虑以下方式：第一，采用专家座谈和头脑风暴法确定影响交通方式的主要变量，这样做的好处是，①设定的变量对后期的情景分析和政策模拟具有现实意义；②设定的变量能客观体现时间成本和金钱成本。第二，采用社会调查和权威统计结果方法为这些变量提供事实型数据。第三，将模拟结果与历史数据进行比较以验证其真实性。

3. 环境模块

环境模块可以帮助我们准确了解交通对于环境的资源消耗、污染物排放以及各种交通政策对于减排的影响，如王炜等（2002）研究了交通系统对环境的影响，蔡闻佳等研究了交通系统的 CO_2 排放和减排潜力（蔡闻佳等，2007；赵敏等，2009）。环境模块还可以为其他模块提供输入变量，如环境污染情况会导致政府采取更严厉的排放标准和更高的燃油税，这会影响居民的购车成本和出行成本，从而影响到居民的出行方式，居民出行方式最终又影响到环境（Krail，2005）；环境状况也会影响经济模块中政府对新能源交通工具的投资，从而影响交通模块中居民的车辆购置和后期运行成本，这些最终也会影响到环境（Ballardin，2005；Monson，2008）。将这些文章归纳总结，结合其他的模块，可以构建出环境模块的主要结构，如图 5-3 所示。

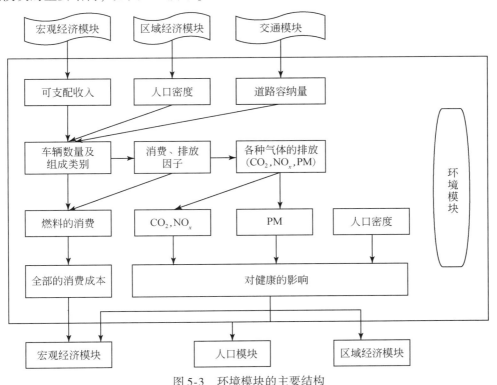

图 5-3　环境模块的主要结构

5.1.4　城市交通系统仿真分析模型研究意义

1. 理论意义

从研究思路和研究方法看，本书具有以下理论意义。

（1）现有的政策分析缺乏从信息分析的维度进行研究，传统的信息分析方法与复杂系统理论结合从而应用于政策分析的研究更少，本书采用传统信息分析方法，通过对大量历史数据的分析，得到变量之间的相互关系，再结合复杂系统理论将这些变量有机结合，最后通过系统动力学的方法工具实现。这种研究方法具有很好的理论意义。

（2）现有的系统动力学模型研究多是基于理论探讨和框架构建，所采用的模型数据也大多基于实验室数据，很少采用事实性数据。基于事实性数据的研究大多结构简单，并且研究范围有限，模型结果比较单一，只有较少的结果能与历史真实数据进行比较从而得到验证。本书的目的是研究城市交通可持续发展模式，提供政策模拟，但考虑到交通与人口、经济、环境的密切关系，构建了包括多个模块的复杂系统，体现了城市交通问题的复杂性，模型产生的大量结果均可以与历史数据进行比较。从而在系统动力学建模应用于政策模拟的理论上有了新的突破。

（3）现有的关于机动车保有量的研究主要是基于 GDP 和居民平均收入，但是存在一定问题：①GDP 不能完全反映居民的收入情况；②居民的平均收入不能反映收入不均带来的购买力的变化。本书从收入分布曲线的角度构建了基于此的私人机动车模型，在一定程度上改进了相关的理论。

2. 现实意义

本书以系统动力学建模为切入点，构建涵盖人口、经济、环境与交通的城市交通组织方式模型，并在此基础上开展基于模型的政策模拟与评价，势必能为相关政策的制定奠定必要的科学基础。

（1）模拟多部门政策制定后对交通系统的影响。交通是城市的血液，很多部门的决策都会对城市交通产生影响，城市交通的变化又会反过来影响到许多部门。本书希望通过定量化模型的方法揭示这种复杂的相互影响的关系。在政策研究中，实现一定程度上的方法创新和理论创新。

（2）推测城市未来的总体交通需求。交通需求是指人们由于某种目的所产生的出行行为。本书构建的模型通过对居住人口、就业、经济发展等交通系统以外的条件来构建反馈，用以预测城市产生交通需求的总量。

（3）预测居民选择的出行方式。有了交通需求，人们总是结合自身条件（年龄、收入、出行目的等）采用最便利的手段到达想去的地方，由于现代都市提供了多种交通方式，人们必须从中进行选择，本书构建的模型充分考虑到以上各种因素，结合现有的出行方式选择模型并对居民出行方式的选择进行预测。

（4）对现有交通服务水平进行评估。在预测出行量和出行选择的基础上，结合城市基础设施建设和公共交通系统建设，可以得出城市的交通服务质量。

（5）对城市交通对于环境的污染以及能源的消耗进行模拟。通过对城市中各种类型的车辆按照大小、燃油方式、出行距离等指标的模拟，结合现有的测量数据，对车辆尾气排放中的主要指标和燃油消耗进行模拟。

5.2 北京市交通系统车辆的模型构建及政策模拟分析

北京市的交通问题由于车辆的快速增长受到世界瞩目。根据北京市交通委员会的数据显示，2010 年上半年，北京市每天净增 1900 辆机动车，增速惊人。机动车数量的快速增长产生了一些问题，如交通拥堵和尾气污染。2010 年 12 月，北京市出台了《北京市人民政府关于进一步推进首都交通科学发展加大力度解决交通拥堵工作的意见》，为交通问题的解决进行了合理的规划。2011 年，北京市全年实行《北京市小客车数量调控暂行规定》，严格控制小客车的数量。但是，除去行政干预汽车购买的方式外，是否还有其他合理的控制方式，如提高停车费、提高燃油附加费、提高上牌照费用等，这些方式会产生怎样的效果？北京市未来的老旧汽车的数量变化如何？在现有政策力度下，未来老旧汽车的淘汰会怎样增长？如果能够建立相关的模型对情景进行模拟，就可以较为直观地看到效果的变化，从而对决策部门提供有益帮助。图 5-4 为北京市的机动车数量及增长率。

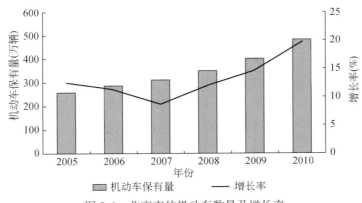

图 5-4 北京市的机动车数量及增长率

北京市"十二五"规划纲要指出："把人口、交通、环境和社会公共服务作为城市战略的重点，使城市的发展更好地服务于生活。"这需要将人口、交通、环境三者统筹管理，综合考虑。因此，开发包括人口、交通、环境等模块相互作用的模型对于决策规划非常必要。在前期的研究工作中，中国科学技术信息研究所与美国千年研究所联合开发了中国可持续发展模型（T21 模型），由社会、环境和经济三大模块组成，包括 39 个模块，1500 多个方程，也建立了北京市经济社会可持续发展模型，这些模型在事实数据的基础上，对人口、经济、能源等情景进行模拟分析，在政策咨询建议方面取得了良好的效果。图 5-5 ~ 图 5-7 分别为 T21 模型的主要模块、主要子模块、子模块之间的反馈示意图。

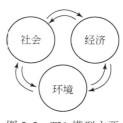

图 5-5　T21 模型主要
模块示意图

图 5-5～图 5-7 显示了前期模型的基本结构，在此基础上，我们开始构建北京市交通组织方式模型，将此模型作为子模型接入到 T21 模型和北京市经济社会可持续发展模型中，用来预测和模拟中国和北京市的交通运行状态、能源消耗，以及污染物排放量的测算。这首先需要掌握居民交通出行方式及结构、城市机动车保有量、车辆类型结构与空间布局等影响因素。本书展示了研究的部分成果，即北京市私人载客小型和微型汽车（简称私人载客小汽车）的仿真模型以及相关政策对私人载客小汽车的影响，希望能将交通与社会、经济、环境整体考虑，从而为中国和北京市可持续发展的政策制定提供有益的参考依据。

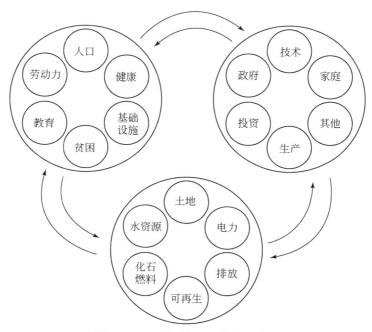

图 5-6　T21 模型主要子模块示意图

5.2.1　北京市交通系统车辆模型的研究对象和研究方法概述

根据公共安全行业标准《机动车类型 术语和定义》，本书主要研究北京市私人载客小汽车的基本情况，图 5-8 和图 5-9 显示出，私人小汽车占机动车总量比重较大，而私人载客小汽车又占私人小汽车的较大比重，因此将私人载客小汽车的变化情况作为研究对象具有很好的现实意义。

对汽车保有量的研究及相关的预测一直是国内外学者研究的热点之一，Dargay 等（2007）建立的模型从收入增长的角度研究了世界范围内在 1960～2030 年的汽车保有量变

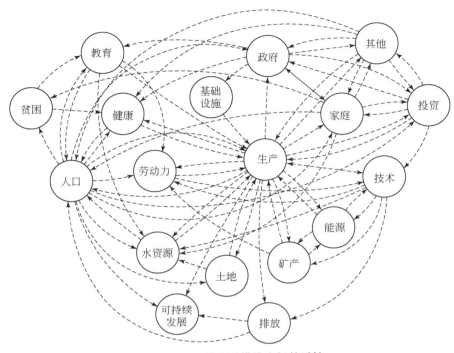

图 5-7　T21 模型子模块之间的反馈

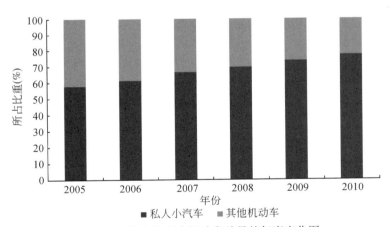

图 5-8　私人汽车占机动车总量的年度变化图

资料来源：北京市统计局，2012；中国汽车技术研究中心和中国汽车工业协会，2011

化情况；沈中元（2006）利用收入分布曲线预测了中国汽车的保有量；徐建国（2000）研究了收入分布与耐用消费品的增长模式。以上的研究表明收入分布对汽车拥有量有着显著的影响，但是也有一定的局限性，Deng（2007）在研究中指出私人汽车的使用成本也会影响车辆的拥有量。所以，单纯从收入的角度预测车辆的保有量会产生一定问题。

从复杂系统的角度考虑多重因素对汽车保有量的影响是一种较好的方法，通过模型的

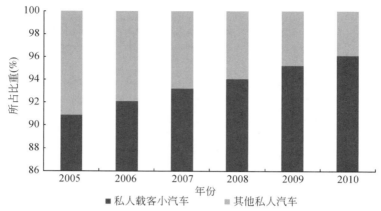

图 5-9　私人载客小汽车占私人汽车总量的年度变化图

资料来源：中国汽车技术研究中心和中国汽车工业协会，2011

构建和运行，研究者可以设定特征细节在实验室中完成测试，这种方法避免了实验室理论研究的局限和实证调查研究的繁复。系统动力学模型经常被用于在复杂系统环境下的决策模拟，用以帮助我们确定系统中的关键影响因素，找出合理的决策路径，使我们更加理性地进行决策。

在已有成果方面，欧洲开发了一些大型的系统动力学模型用于交通政策的辅助决策，如 ASTRA 模型就是涵盖欧洲 29 个国家的大型系统动力学交通模型，该模型为欧洲交通运输政策的战略提供了长期评估工具。但是国外的模型由于国情的限制并不能直接反映我国的情况。我国学者也建立了一些系统动力学模型预测城市的汽车情况。樊洁等（2009）建立了系统动力学模型预测北京市私人汽车总量。靳玫（2007）建立了系统动力学模型预测北京市的交通结构变化，但这些模型都有一些不足：①模型的结构较为简单，政策变量较少，缺乏政策指导意义；②仅仅利用 GDP 增长和平均收入来预测，与利用收入分布预测的方法相比略显粗糙；③对于车辆的定义过于宽泛，如私人汽车的概念并没有严格的定义，客运车辆与货运车辆没有区分；④车辆的年龄没有在模型中得到考虑。

综上所述，本书采用系统动力学的方法，同时对以上的研究进行了改进，以期取得更好的实际效果。主要的改进措施包括：①模型将收入分布与车辆的使用成本综合考虑；②模型将车辆类型根据国家标准进行了严格界定，只包括私人载客小汽车；③在模型中考虑了汽车的年龄；④通过设定的政策变量，可以比较采取不同政策后模型中各个变量的变化情况，提高了模型的实用性。

本书分析所用的数据主要来自三个模型：人口模型、经济模型、私人载客小汽车模型，其中人口模型和经济模型来自前期建立的北京市经济社会可持续发展模型，主要用来提供相应的输入变量计算北京市的收入分布、私人载客小汽车模型产生的变量，如能源的消耗和污染物的排放等，为北京市经济社会可持续发展模型的其他子模型提供输入变量，本书暂不讨论。图 5-10 为私人客运小汽车模型的基本结构。

车辆需求的计算主要基于微观层面的收入情况和汽车的购买及使用成本，包括收入分

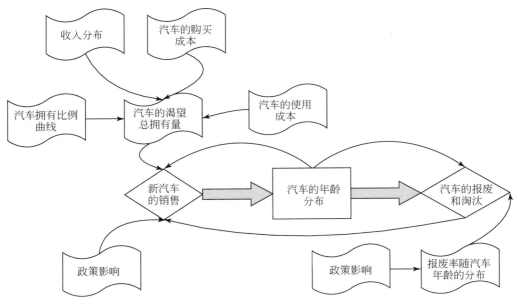

图 5-10　私人载客小汽车模型的基本结构

布曲线以及每个收入等级拥有汽车的情况等。

　　模型将年可支配收入级别以 200 元为单位分成 1000 个单位，如第一级别为可支配收入在 0 ~ 200 元的人，第二级别为 201 ~ 400 元的人，以此类推，为了保证可比性，模型采用 2000 年人民币不变价计算。

　　首先计算出每一个收入级别的人数，考虑到没有统计数据能够随着时间连续地统计每个细小收入级别的人数变化情况，因此在模型中采用对数正态分布曲线进行拟合计算。图 5-11 展示了模型中 2010 年北京市的收入分布曲线，随着人均可支配收入的不断增长，曲线会向右方移动，随着贫富差距的变大，曲线将会变得更加扁平。

　　通过收入分布，可以获得人口在不同收入层次的分布情况，随着收入的增加，人们拥有汽车的可能性随之增加，这也是大多数通过收入分布预测汽车拥有量所采用的方法，本书采用车辆年度使用费用与可支配收入的比值来预测拥有汽车的概率。车辆的年度使用费=汽车的购买成本（汽车的价格年度折旧、税费、保险等）+汽车的年度运营成本（汽油成本、停车成本）。车辆的年度使用费通过模型内生得到，车辆年度使用费用与可支配收入的比值与汽车拥有量的关系通过统计年鉴中不同收入等级拥有汽车的比率得到。图 5-12 显示出随着汽车消费在居民可支配收入比例的下降，汽车拥有率不断上升，由于模型采用了中级轿车捷达的价格作为标准，所以当车辆年度使用费用与可支配收入的比值大于 1 时，居民也有购买车的可能性，因为有价格更低的微型车可以选择。

　　通过收入分布情况、车辆的购买和使用成本，以及汽车拥有率曲线，可以计算出不同等级收入群体拥有汽车的情况。将不同收入等级拥有汽车的情况相加，可以得到居民渴望的汽车总拥有量。

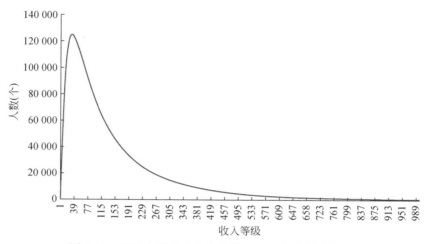

图 5-11　2010 年的收入分布曲线（2000 年人民币标准）

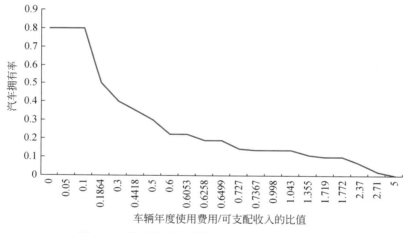

图 5-12　汽车拥有率曲线（2000 年人民币标准）

这样，可以方便地计算出新汽车的销售情况：新销售汽车等于居民渴望的汽车总拥有量与前一年汽车实际拥有量的差值加上前一年报废和淘汰的汽车。

新汽车的销售（T）=居民渴望的汽车总拥有量（T）-汽车总的拥有量（T-1）+报废和淘汰的汽车（T-1），T 为年份。

随着 2011 年开始执行指标控制，新销售汽车的情况随之产生变化：新销售汽车的情况（T）=211 200+报废和淘汰的汽车（T-1）。

知道了每一年的新车，然后随着时间的推移，可以方便地计算出汽车的车龄随着时间的变化。模型中使用下标变量（subscript）将车辆按年龄段区分，每一年，除最后一个年龄段（age over 20）外，该年龄段内未报废和淘汰的汽车都会移动到第二个年龄段中。例如，在新买来那一年，我们设为 new car，第二年这辆汽车变为 age 2，第二年变为 age 3，以此类推，直到被报废和淘汰。

汽车报废和淘汰的计算通过各个年龄的汽车数量×汽车不同年龄对应的淘汰和报废率计算出来，汽车的年龄越大，淘汰和报废的概率越高，报废率根据政策的变化而改变。

模型具有边界性，因此不能完全模拟真实情况，为了在控制误差的前提下保证模型不会过于复杂，对模型进行合理的假设非常必要，本书的假设包括以下六方面。

（1）该模块没有考虑到汽车生产厂商供给不足的因素，假定生产厂商始终能够满足用户的需求。

（2）私人载客小汽车模块中，车辆的拥有情况只考虑了收入分布和车辆的购买和使用成本，没有考虑人口的年龄和性别因素。

（3）交通拥堵和公共交通设施的完善主要影响车辆的使用情况（如出行次数和出行里程），对汽车拥有的影响较小。

（4）车辆的报废和尾气超标车辆的淘汰只与车辆的年龄有关，车辆年龄越大，越有可能被报废和淘汰。

（5）在模型中，对于不同年龄段的车辆，按照生命的发展阶段前进。每个年度，1 岁的车变成 2 岁，2 岁变 3 岁，以此类推。不同的年龄段有不同的报废率和淘汰率。通过这种方式计算这个年龄的车辆存量。所有的新车都在年初产生，年底变为 1 岁的车。

（6）设定北京市汽车的增加全部来自新车的销售，减少全部来自报废和以旧换新、淘汰 "黄标车"。二手车没有算在新车里，其年龄继续增加。

本书采用 Vensim DSS（Ventana Simulation Enviroment）作为编程基础，并利用其验证系统的稳定性和真实性，确定模型的变量和约束，并对该系统模型检验已有的数据，监测模型在模拟中的变化过程，判断模型的合理性与真实性，实现结构或参数的调整。美国麻省理工学院的 Vensim 软件，是由 Ventana 公司开发，在全球和国内是最广泛使用的系统动力学建模软件。它具有图形化的建模方法，除具有一般的模型模拟功能外，还具有复合模拟、数组变量、真实性检验、灵敏性测试、模型最优化等强大功能。

本书研究的时间限定在 2000～2020 年，2011 年以前的数据可以与历史数据相比较以检验模型的真实性，2011 年以后的数据通过不同情境下的预测分析得出。

5.2.2 私人载客小汽车的数量、车龄、销量、报废与淘汰分析

1. 私人载客小汽车的数量分析

模拟结果显示，北京市私人载客小汽车的增长在 2010 年以前非常迅速，特别是 2008～2009 年，随着 2011 年指标的控制，私人载客小汽车增幅明显降低，除去报废和淘汰的汽车可以自动获得指标外，每年只有 211 200 个指标（240 000×0.88）。但随着北京市加快淘汰 "黄标车" 和加大以旧换新政策的力度，北京市的私人载客小汽车的保有量还会产生相应的变化。图 5-13 为私人载客小汽车的数量，表 5-2 为 2004～2010 年私人载客小汽车模拟数值与历史数据的比较。

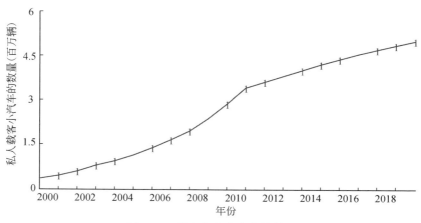

图 5-13　私人载客小汽车的数量

表 5-2　2004~2010 年私人载客小汽车模拟数值与历史数据的比较

年份	2004	2005	2006	2007	2008	2009	2010
模拟值（辆）	112 700 0	136 500 0	163 200 0	194 100 0	234 600 0	285 400 0	338 800 0
真实值（辆）	110 712 6	134 307 7	161 167 5	192 792 2	228 883 9	281 793 8	356 566 1
误差（%）	1.795	1.632	1.261	0.678	2.497	1.28	4.98

资料来源：中国汽车技术研究中心和中国汽车工业协会，2011

2. 私人载客小汽车的车龄分析

图 5-14 和图 5-15 的模拟结果显示：由于北京市私人载客小汽车增长非常迅猛，汽车的年龄结构在 2009 年年底时比较年轻，但是随着时间的推移，由于摇号政策对新车增长的抑制作用，汽车的年龄结构逐步发生变化，在 2019 年年底，车龄在 10~13 年的汽车所占比重较大。

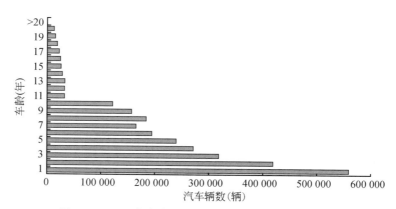

图 5-14　2009 年年底时的私人载客小汽车年龄分布图

图 5-16 的模拟结果显示，车龄大于 10 年的汽车数量在 2012 年突破 50 万辆，2019 年

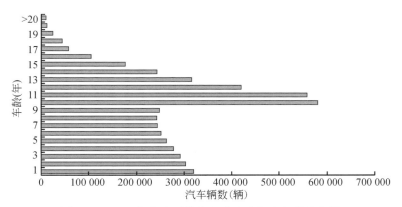

图 5-15 2019 年年底时的私人载客小汽车年龄分布图

接近 200 万辆。老旧汽车具有污染物排放大、耗油多、安全性差等危险，北京市的老旧汽车改造在未来还有很大的潜力，需要继续加强。同时需要做好规划，妥善处理大量机动车淘汰和报废的去向问题。

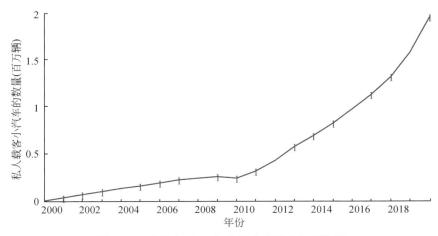

图 5-16 车龄大于 10 年的私人载客小汽车数量

3. 私人载客小汽车的销量分析

在北京市的新汽车销量历史中，应当注意几个拐点：①2004 年，由于 2002 年、2003 年的持续热销，收入水平的增长不足以继续维持车辆的持续热销，汽车销量显著下滑；②2009～2010 年，随着人民收入水平的增加和汽车费用的降低，汽车的销量迅速上升；③2011 年由于实行新增指标控制，销量迅速下降。

本书模拟的结果基本反映了历史趋势，在 2011 年以后，随着政府加大老旧汽车的淘汰力度，这部分不占新指标的汽车的淘汰，推动了私人载客小汽车销量的平稳上升（图 5-17）。表 5-3 为 2003～2010 年私人载客小汽车模拟数值与历史数据的比较。

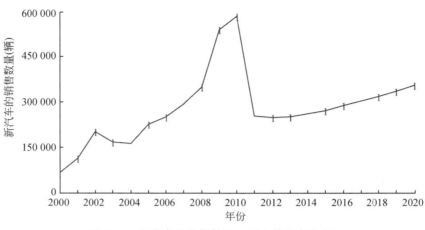

图 5-17　新汽车的销售数量（私人载客小汽车）

表 5-3　2003～2010 年私人载客小汽车模拟数值与历史数据的比较　（单位：辆）

年份	2003	2004	2005	2006	2007	2008	2009	2010
模拟值	167 641	161 641	226 418	251 503	292 960	348 199	540 093	584 511
真实值 *	295 852	237 105	315 024	327 840	386 816	421 047	617 597	825 165

* 中的数据为新注册民用载客小型和微型汽车数量，数字会比私人汽车偏大

资料来源：中国汽车技术研究中心和中国汽车工业协会，2011

4. 私人载客小汽车的报废与淘汰

北京市 2009 年、2010 年采取限行与经济政策鼓励相结合的方法淘汰更新了 15.6 万辆"黄标车"，2011 年，北京市政府印发了《关于进一步促进本市老旧机动车淘汰更新方案》，继 2009 年、2010 年后继续加大淘汰更新高排放老旧机动车的力度。北京市拟在"十二五"期间，以重型柴油车和国Ⅰ、国Ⅱ的私人小客车为重点，拟淘汰 40 万辆量机动车。模型的结果显示：北京市 2009 年、2010 年淘汰了 11 万辆私人载客小汽车，在现有政策力度下，2011～2015 年，北京市将淘汰 43 万辆私人载客小汽车。图 5-18 为私人载客小汽车的淘汰数量。

5.2.3　几种情景模拟分析

北京市目前主要采用摇号政策来控制机动车的数量，事实上，还有很多方法可以控制机动车的数量，本书选取了几种常用的政策调控手段，来比较这几种政策与摇号政策在未来的实施效果。

在不采取任何政策的情景中，汽车的数量随着居民渴望拥有汽车的数量增长，油价、停车费、牌照费都采用基准情景中的数据。

在高牌照费情景中，参考上海市的做法，将用户购车时的牌照费用由 2010 年的 480

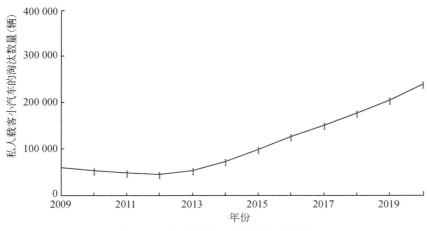

图 5-18　私人载客小汽车的淘汰数量

元提高到 2020 年的 50 000 元（基准情景为 480 元）。

在高停车费情景中，将用户每年停车费用由 2010 年的 1638 元提高到 2020 年的 6000 元（基准情景为 3000 元）。

在高油价情景中，将汽油价格由 2011 年的 7.61 元/L 提高到 2020 年的 30 元/L（基准情境中为 15 元/L）。

在摇号情景中，汽车数量按照新增指标的控制增长，油价、停车费、牌照费都采用基准情景中的数据。

图 5-19 和图 5-20 分别为几种政策对私人载客小汽车数量以及销售量的影响效果比较。

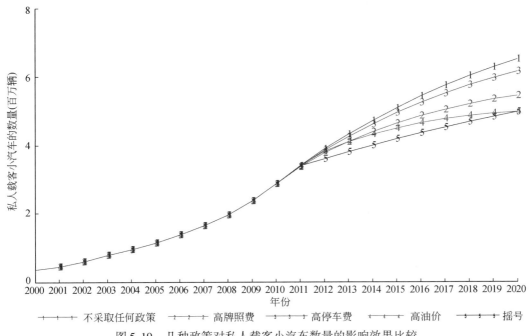

图 5-19　几种政策对私人载客小汽车数量的影响效果比较

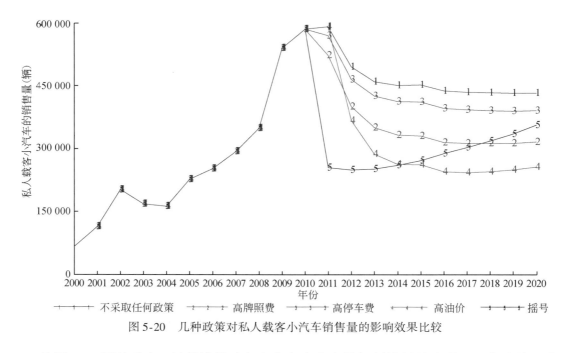

图 5-20　几种政策对私人载客小汽车销售量的影响效果比较

从图 5-19 可以看出：摇号情景对私人载客小汽车的抑制效果最为明显，高油价和高牌照费的抑制效果也较为明显，高停车费的抑制效果最弱。

从图 5-20 可以看出：摇号情景对私人载客小汽车的销售量在 2014 年以前抑制作用显著，汽车销量剧烈下降，但随后有所反弹，这是由于北京市淘汰老旧汽车的政策刺激了新车的购买。高油价和高牌照费也会对汽车销量产生影响，并且这种影响是长期抑制性的，没有反弹的趋向。高停车费的政策对新车的销售抑制作用弱于其他几种政策。

5.2.4　关于北京市私人载客小汽车政策两点建议

1. 应当适时考虑增加除摇号外的其他辅助政策

本书研究结果显示：在 2019 年以前，摇号政策在短期内对北京市私人载客小汽车的保有量控制较好，但由于高油价政策和高牌照政策对汽车使用及购买成本是逐步增加的，在 2019 年时，在现有居民可支配收入的增长趋势下，高的油价和牌照费用在很大程度上限制了未拥有汽车的居民的购买愿望，图 5-19 的曲线表明：在 2019 年高油价政策和高牌照费用政策起到的效果与摇号政策接近，但是，采取前两个政策的私人载客小汽车数量有保持平稳的趋势，而采取摇号政策的私人载客小汽车数量保持上升的趋势。因此，在未来北京市应当考虑利用经济手段与政策手段相结合的方法对私人载客小汽车的数量进行控制。

2. 老旧汽车淘汰数量"十二五"期间将会显著增加,需提前准备,统筹规划

本书研究结果显示:在北京市实施老旧机动车淘汰更新政策后,私人载客小汽车的淘汰数量在"十二五"中期(2013 年)开始显著上升,老旧机动车的淘汰为北京市的环境改善做出了巨大的贡献,但是也产生了相关问题,在未来需要注意:①应当合理统筹淘汰后的机动车辆,特别是当 2013 年开始,淘汰机动车数量显著增加时,应当提前做好应对措施,合理规划淘汰或转出机动车的去向问题。②在以政府经济鼓励和市场机制相结合推动老旧机动车更新的政策中,在现阶段,应当根据需要,合理规划拟淘汰汽车的标准,坚持以老旧汽车(10 年以上车龄)为主的方式进行,使政府补贴得到最优化利用,但是,随着时间的推移,10 年左右的汽车会显著增加(图 5-15 和图 5-16),此时如继续采取政府补贴的方式可能会增加较大的成本,因此需要考虑更为经济合理的解决方式。

5.3 北京市交通系统的政策模拟分析

随着我国经济的不断发展和人民生活水平的不断提高,机动化社会进程正在不断加快。由此带来了公民出行需求的不断增长和人均乘坐交通工具次数的不断增加。这些客观情况对我国城市交通系统的安全性、舒适性以及快捷性都提出了更高的要求。与此同时,为了实现我国建设资源节约型、环境友好型社会的长期战略任务,为了完成国家、地区对于节能减排的总要求,需要决策者在满足人民基本出行需求的基础上,从经济、能源、环境等多重角度综合考虑,制定合理的城市交通政策。因此,构建满足决策者需求的、包含城市发展各个方面相互影响的、基于事实数据的定量化仿真系统可以帮助决策者更加定量化的分析不同的政策情景对城市整体发展产生的影响,从而有力地支撑政策制定。

本书的研究工作瞄准城市交通与城市发展各个方面相互影响制约的问题,涉及多部门政策制定,但目前缺乏统一数量化模型来描述这种复杂系统中的反馈关系,目前缺乏政策研究与数据分析有机结合这两个关键问题,从信息分析的角度切入,通过对事实性数据的分析,得到各个变量间的定量化关系,最后通过系统动力学的方法工具构建了耦合人口、经济、能源、环境、交通等多个模块的系统动力学模型(图 5-21)。

5.3.1 国内外对城市交通系统分析的研究综述及模型概述

1. 现有研究综述及方法改进

利用计算机仿真模型分析模拟现实和未来的情景是研究人员分析城市交通情况的常用手段。100 多年前,美国在建设高速公路中开始使用一些简单的交通模型进行交通流量预测。现今美国联邦法案明确规定:人口规模在 5 万人以上的城市,如果要得到联邦政府的交通拨款,在编制综合、协调和持续性的交通规划中必须使用交通模型技术(Simon,1955)。

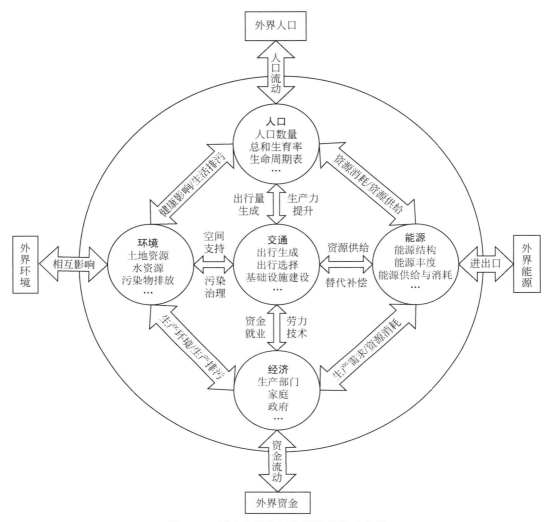

图 5-21　城市交通与其他模块的相互关系

系统动力学是 1956 年由美国麻省理工学院 Forrester J W 创立的一门分析研究信息反馈的学科，其处理高阶次、非线性、多重反馈、复杂时变的系统问题以及进行政策模拟等优点使其广泛地应用于经济社会发展的各个领域（Simon，1956；Brehmerand Dörner，1993；陆锡明，2007）。城市交通系统具有的非线性、多层次、多重反馈等特征使得系统动力学成为模拟其动态发展的理想工具和方法。

近年来，系统动力学的思想和方法也逐渐应用于城市交通发展模拟与政策调控研究。例如，刘爽（2009）构建了系统动力学模型研究了不同目标情景下交通结构的演变趋势和交通政策实施效果，探讨了交通结构的合理目标和政策体系。王继峰等（2008）通过构建系统动力学模型，以大连市主城区为对象，选取影响机动化发展的政策干预因素为调控参数进行仿真，分析了不同的机动化发展政策对城市发展和城市交通系统的影响，并提出了相应的建议和对策。张毅媚和张谊（2008）建立了城市交通拥挤问题的系统动力学模型，预测了上海市 2007～2020 年的人口、交通和拥挤程度等的发展趋势，并探寻了各子系统的互动模式和内在机制。王子洋等（2010）构建了给予系统动力学的客流预测模型，分析了地铁车站客流与其影响因素之间的内在机制。李宇航和何世伟（2010）采用系统动力学方法分析人均出行次数的影响因素，剖析了人均出行次数与其他因素的因果反馈关系，分析了不同政策情景下系统可能会产生的变化。王云鹏等（2005）建立了道路旅客运输、道路货物运输供给与需求量预测的系统动力学模型，并采用了吉林省道路运输各相关统计数据对模型进行了仿真和验证。

尽管系统动力学在模拟交通可持续发展建模中具有较强的优势，并且取得了一定的进展，但目前的研究仍然存在着一定的问题，具体表现在以下方面：①模型构架较为简化，难以支撑不同层面的政策调控需求。尽管目前在理论研究中模型设计的较为复杂，但在实际建模研究中往往对这些理论框架进行高度的概化。②反映各个部门之间的反馈回路缺失，宏观系统缺乏有机耦合，这些问题使得目前构建的系统动力学模型难以支撑多个部门的政策调控需求，交通可持续发展政策的制定需要考虑到部门之间的相互影响，目前的研究多局限于特定目标，如特定客流、拥挤问题、机动车保有量、道路运输等。

上述问题的存在，对于进一步完善面向交通政策情景模拟研究的系统动力学模型提出了新的要求，在前期的研究工作中，我们构建的基于系统动力学的中国可持续发展模型（T21 China），通过耦合经济、社会、环境三个子系统下的多个模块来实现不同层面的政策模拟功能（Salini and Karsley，2002；王继峰等，2008；刘慧等，2010；王雯静和千宏程，2010）。基于前期的基础研究，我们开发了涵盖交通部分的新模块，并将其嵌入到大系统中，将交通问题与整个城市的发展有机结合起来，并实现了政策情景模拟的功能。

2. 模型的基本结构

本模型的目的是要反映城市整体发展情况与交通的相互影响，因此模型原型涵盖了包括人口、社会、经济、环境、能源等领域，模型包括多达数千个函数表达式以及超过 50 个存量变量和数千个反馈回路。由于篇幅有限，在此只介绍与交通有关的模型内容（表 5-4）。

表 5-4　模型的主要模块

社会	经济	环境	交通
人口模块：	生产模块：	土地模块：	车辆模块：
1. 人口	12. 总生产和收入	28. 土地	36. 私家汽车
2. 生育	13. 农业		37. 公司汽车
3. 死亡	14. 牧副渔业、林业		38. 载货汽车
	15. 工业		
	16. 服务业		

社会	经济	环境	交通
教育模块： 4. 小学教育 5. 中学教育	技术模块： 17. 技术	水资源模块： 29. 水资源需求 30. 水资源供给	公交模块： 39. 公交电汽车 40. 轨道交通
医疗卫生模块： 6. 基本医疗 7. 营养	家庭模块： 18. 家庭收支	能源模块： 31. 能源需求 32. 能源供给	出行生成模块： 41. 出行生成
基础设施模块： 8. 道路	政府模块： 19. 政府税收 20. 政府支出 21. 公共投资及消费 22. 政府收支平衡表 23. 政府债务	矿产模块： 33. 化石燃料开采	出行选择模块： 42. 出行选择
劳动力模块： 9. 就业 10. 劳动力提供及成本	外贸模块： 24. 国际贸易 25. 贸易差额	排放模块： 34. 温室气体排放	
贫困模块： 11. 收入分布	投资模块： 26. 相对价格 27. 投资	可持续发展模块： 35. 生态足迹	

3. 模块间的相互联系

为了更加深入地介绍模型的基本结构，本书将模型中部分模块的相互关系用图的形式展示出来。图 5-22 展示了模型中各个模块所组成的复杂网络关系，为了更清楚的介绍，本书选取了其中的一条反馈回路（图 5-22 中的实践回路）：私人汽车与城市拥堵之间的反馈关系。私人汽车的拥有情况会影响到城市居民的出行选择，居民的出行选择影响到了道路上的汽车总量从而改变了城市的拥堵情况，城市的拥堵情况反过来会影响人们对私人汽车的拥有和使用。

5.3.2 人口、出行生成、出行方式、交通能耗数据分析——以北京市为例

本书选择北京市作为模型的实证研究对象是基于以下两点原因：第一，北京市作为特大型城市，其交通问题受到全世界关注，北京市国民经济发展"十二五"规划明确指出，交通拥堵已经成为城市运行管理中的突出矛盾之一，未来北京市交通将面临越来越大的压力，因此选择北京市作为研究对象具有较好的实际应用价值；第二，北京市的统计数据较

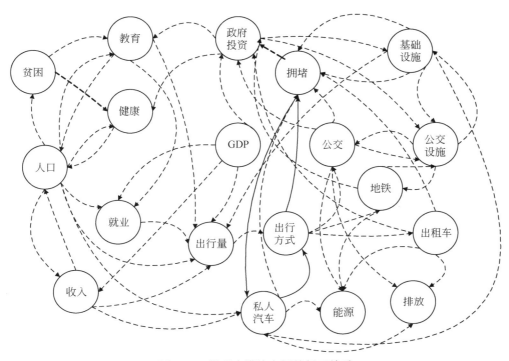

图 5-22　模型中模块之间的相互关系

为详细全面，能为模型的构建提供有力的数据支撑。

北京市的目标是在 2015 年，公共交通（轨道交通和地面交通）的出行比例达到 45%～50%，自行车的出行比例达到 20%，小汽车的出行比例控制在 30% 以内（佟贺丰等，2010；Rothengatter et al.，2011）。根据北京市政府公布的《北京市建设人文交通科技交通绿色交通行动计划（2009 年—2015 年)》：2015 年北京市交通总体出行的格局将变为，公共交通占 45%，小汽车出行占 22%，出租车占 8%，自行车达到 23%。

我们希望能够通过模型来观察北京市是否能达到上述目标？达到上述目标需要满足什么条件？以及从能源消耗角度观察绿色出行目标给北京市带来的好处。

1. 人口及年龄结构

人口是交通产生的基础。人口模块也是整个模型的核心模块之一。交通的产生不仅需要我们模拟出人口的数量，同时也需要模拟出不同年龄的人口分布情况。在该模型中，人口模块在内生性出生率和死亡率的基础上模拟了人口总数和人口的年龄、性别分布。人口数分解为两个性别和 82 个年龄群。人口数量是三个循环——出生、死亡和净外来人口的积累。出生人口由总和生育率（TFR）和育龄妇女人数决定。人口死亡率与其预期寿命密切相关，并从内生性角度计算了特定年龄段的死亡率。图 5-23 为北京市的人口总规划的模拟结果，图 5-24 为不同政策情景下北京市 2015 年的人口金字塔。

表 5-5 为北京市的人口相关模拟数据。

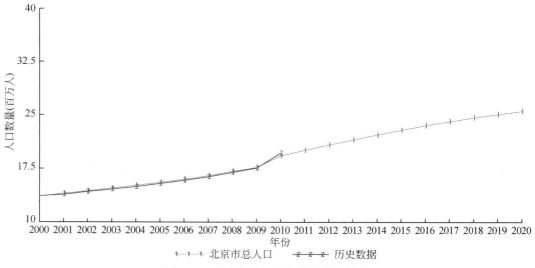

图 5-23　北京市人口总规模的模拟结果

资料来源：北京市统计局，2012

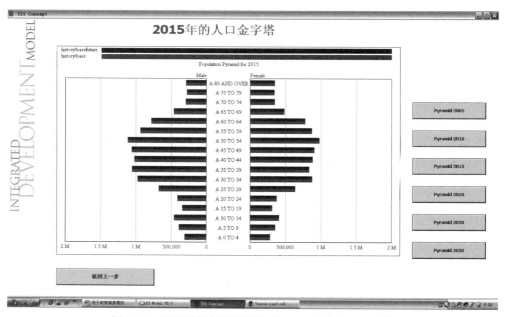

图 5-24　不同政策情景下北京市 2015 年的人口金字塔

表 5-5　北京市的人口相关模拟数据（2000～2020 年）　　　　（单位：人）

年份	2000	2005	2007	2010	2015	2020
总人口 *	136 360 00	153 800 00	163 300 00	196 190 00		
总人口	135 691 94	153 527 20	164 946 00	192 519 00	228 528 00	254 850 00
家庭数	444 891 6	550 276 7	624 796 0	738 277 2	894 839 0	101 940 00
男性人口	707 451 8	800 460 9	859 206 0	100 209 00	111 807 00	132 328 00
女性人口	649 467 6	734 811 1	790 256 0	923 101 0	109 732 00	122 522 00

* 凡是只有到 2010 年数据的，为北京市年鉴历史数据

2. 出行生成

　　模型的出行生成模块主要研究北京市区内人员出行的产生。模型主要按照出行目的对出行的产生进行模拟，出行目的分为居民上下班出行、居民上下学出行、居民购物及其他出行、游客出行、流动人口的出行 5 类。出行生成模块的来源数据主要为模型中的人口模块和就业模块，包括常住人口、流动人口和旅游人口，其中常住人口数据又根据年龄进行了细分。经过运算，模型可以输出居民上下班出行、居民上下学出行、居民购物及其他出行、游客出行、流动人口的出行 5 类出行的总量（图 5-25）。图 5-26 展示了模型对北京市区出行总量的模拟结果，为了验证模型的真实性，我们将 2010 年以前的结果与历史真实数据进行了比较。

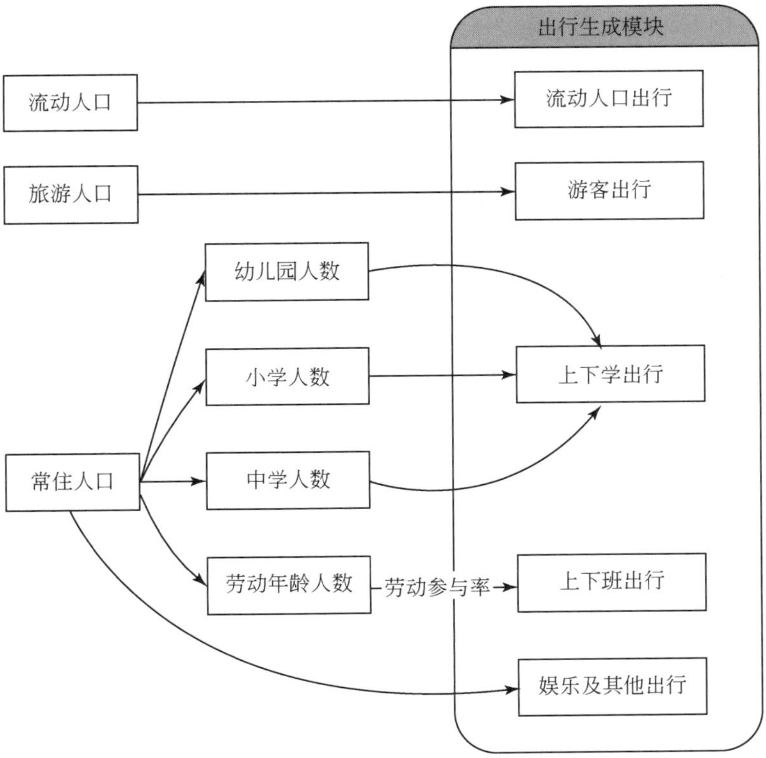

图 5-25　出行生成模型流程结构

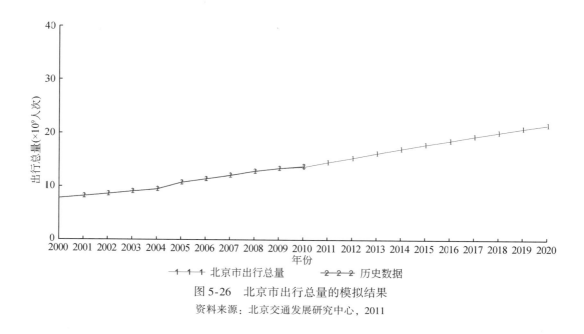

图 5-26　北京市出行总量的模拟结果

资料来源：北京交通发展研究中心，2011

3. 出行方式选择

交通模式是城市交通战略的核心问题。交通出行方式结构是交通的主要含义所在。出行方式是指出行者完成一次出行所使用的交通工具，当一次出行使用多种交通方式时，按交通方式优先级认定该次出行的出行方式（Simon，1955）。各种出行方式构成了一个城市的出行结构，而交通政策的一个重要目的就是合理引导出行方式，使之与交通供给能力和可持续发展要求相匹配，本书希望能够通过模型研究出不同措施和影响因素对城市出行方式的影响，进一步看到北京市完成 2015 年目标面临的压力与挑战，并且对不同情景下的效果进行评价。图 5-25 为出行生成模型流程结构。

考虑到步行方式与其他交通方式的竞争关系较弱，本书将步行方式与其他方式分离，用回归分析的方法，根据历史数据得到未来步行的出行比例，然后根据出行总量计算出步行出行量。

在小汽车出行方面，基于前期构建的私人汽车分析模型，基于收入分布曲线预测了私人小汽车的数量，基于 GDP 预测了公司小汽车的数量，两者相加得到了小汽车的总量（Leithams et al.，1999）。小汽车日均出行次数和小汽车辆均载客数通过各年的北京市交通发展报告获得，未来的数据在基准情景中设为：2015 年私人小汽车的日均出行次数为 1.8 次/天，2020 年为 1.5 次/天。公司小汽车的日均出行次数为 2.3 次/天，2020 年为 2 次/天。辆均载客数从 2010 年的 1.26 人/车逐渐减少到 2020 年的 1.2 人/车。以上是模型预测的基准情景，考虑到未来情况可能会变化，本书在后面将进一步分析不同情景下的变化情况。

通过小汽车总量、小汽车日均出行次数、小汽车辆均载客数可以计算出小汽车的出行量：小汽车出行量=小汽车总量×小汽车日均出行次数×小汽车辆均载客数。

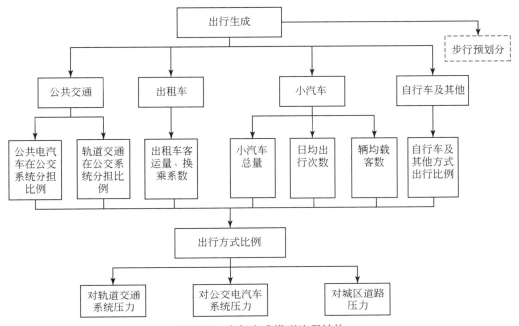

图 5-27　出行生成模型流程结构

在公共电汽车出行方面，本书通过以下的方式计算：

公共电汽车出行量＝（出行总量－步行出行量－小汽车出行量－自行车及其他出行量）×公共电汽车在公共交通系统中的分担比例；

公共电汽车客运量＝公共电汽车出行量×换乘系数。

同理，可以计算出轨道交通的出行量与客运量。2000～2011 年公共电汽车在公共交通中的分担比例根据各年的北京市交通发展年报获得，2015 年分担比例的设定依据《北京市建设人文交通科技交通绿色交通行动计划（2009 年—2015 年)》中，2015 年轨道交通承担公共交通总客运量力争达 50% 左右的发展目标。2020 年的分担比例则通过专家访谈的结果予以设定，其中轨道交通占 60%，公共电汽车占 40%。

图 5-28 和图 5-29 展示了模型对 2000～2020 年北京市公共电汽车的客运量以及轨道交通客运量的变化情况。

模型结果显示：2015 年北京市公共电汽车的年客运量将达到 51.31 亿人次（日均1406 万人次），2020 年达到 56.56 亿人次（日均 1550 万人次）。2015 年北京市轨道交通的年客运量将达到 40.30 亿人次（日均 1104 万人次），2020 年达到 56.56 亿人次（日均1550 万人次）。

图 5-30 展示了模型关于不同出行方式比例（不含步行）在 2000～2020 年的变化情况。在基准情景下，2015 年公共交通出行比例将达到 46%，小汽车出行比例降至 28%。2020 年公共交通出行比例和小汽车出行比例分别为 53% 和 22%。基本实现了公共交通（轨道交通和地面交通）的出行比例达到 45%～50%，小汽车出行比例控制在 30% 以内的目标。

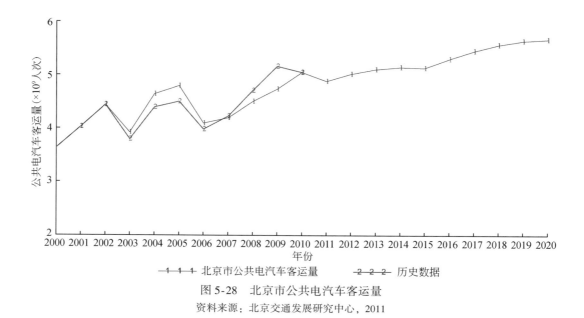

图 5-28 北京市公共电汽车客运量

资料来源：北京交通发展研究中心，2011

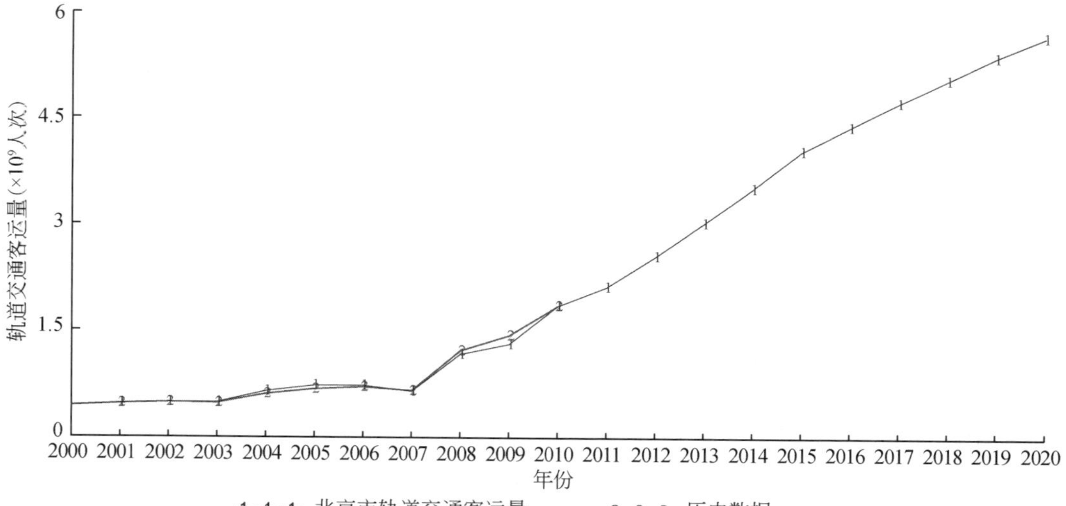

图 5-29 北京市轨道交通客运量

资料来源：北京交通发展研究中心，2011

4. 交通能源消耗

能源是经济发展的命脉，随着现代化程度的不断提高，城市对能源的依赖程度也日益提高，能源作为城市运行的生命线，对城市的发展至关重要，交通作为城市的"耗能大户"，其能耗变化情况对城市的能源安全具有重要的影响。

本书从城市交通出行方式变化的角度分析城市交通的能源消耗情况，对未来新能源的

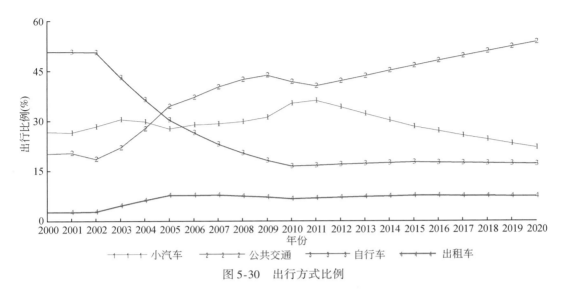

图 5-30 出行方式比例

技术发展情况根据专家的意见进行相关设定（如未来不同类型汽车百公里油耗情况等），模型本身并不具有对未来新能源发展的预测功能，并没有考虑到技术突变所带来的革命性变化（如电动汽车的电池技术取得突破性进展等）。

模型将北京市能源消耗主体分为汽油、柴油和天然气，考虑到货车的出行情况和车辆类型情况较为复杂且统计数据缺乏一致口径，本书暂不分析。

北京市交通的汽油消耗＝小汽车汽油消耗+公交车汽油消耗+出租车汽油消耗；

小汽车汽油消耗＝私人小汽车数量×年均行驶里程×百公里油耗+公司小汽车数量×年均行驶里程×百公里油耗；

公交车汽油消耗＝公交车数量［汽油公交车］×年均行驶里程×百公里油耗；

出租车汽油消耗＝出租车数量［汽油出租车］×年均行驶里程×百公里油耗。

同理，可以分别计算出北京市交通的柴油消耗以及天然气消耗。表 5-6 展示了模型的运行结果。从结果中可以看出，随着 2015 年出行方式逐渐向公交系统靠拢，汽油消耗量明显减少，2015 年比 2010 年的汽油消耗减少了 41.5 万 t。柴油消耗减少的原因则在于北京市公交系统大力推进的新能源汽车计划，随着 LNG（liquefied natural gas，液化天然气）、CNG（compressed natural gas，压缩天然气）以及纯电动公交车的不断推广，柴油公交车的比例在不断下降。而天然气消耗的增加也主要来源于上述原因。

表 5-6 北京市交通的能源消耗情况

年份	2000	2005	2010	2012	2015	2020
汽油消耗（t）	1 470 824	2 531 441	3 701 277	3 528 208	3 285 787	3 256 592
柴油消耗（t）（公交系统）	143 701.6	176 123.6	287 275.7	266 849.3	224 277.5	226 183.5
天然气消耗（m³）（公交系统、出租车）	5 352 766	36 579 480	139 000 000	183 000 000	330 000 000	495 000 000

5.3.3　情景模拟分析

交通政策主要的作用目标是个人及公司交通工具、公共交通系统、基础设施建设。考虑到后两项政府都有明确的实施规划，本书主要考虑交通政策作用于个人及公司交通工具的影响，特别是对个人交通工具（本书重点关注私人小汽车）使用的影响。

目前，北京市对私人小汽车的使用主要是采取两个政策：①通过摇号对小汽车的快速增长进行限制；②通过限行对小汽车的使用进行限制。我们在情景模拟中主要考虑当政策影响到小汽车的出行次数时，对北京市的出行方式、拥堵情况和交通能源消耗所带来的影响，同时为了对比，我们在情景设置中也加入了一个特殊情景：假如北京市不采取摇号政策会发生什么。

在基准情景中，私人小汽车的出行次数由 2010 年的 2.39 次/天，逐渐减少到 2015 年的 1.8 次/天，2020 年的 1.5 次/天。公司小汽车的出行次数由 2010 年的 2.52 次/天，逐渐减少到 2015 年的 2.3 次/天，2020 年的 2 次/天。

在绿色情景中，私人小汽车的出行次数由 2010 年的 2.39 次/天，逐渐减少到 2015 年的 1.5 次/天，2020 年的 1 次/天。公司小汽车的出行次数由 2010 年的 2.52 次/天，逐渐减少到 2015 年的 2 次/天，2020 年的 1.5 次/天。

在悲观情景中，私人小汽车和公司小汽车的出行次数与 2010 年保持不变。

在不摇号情景中，私人小汽车的数量将按照正常方式增长（主要考虑居民收入、汽车价格、油价、停车费等），而小汽车的出行次数则与基准情景相同。

由图 5-31 可以看出：小汽车的出行次数对公交出行比例有着显著的影响，绿色情景下的公交出行比例在 2015 年达到了 51%，2020 年达到了 53%，而悲观情景下的公交出行比例 2015 年仅为 38%，2020 年为 42%。

从图 5-32 可以看出：小汽车出行次数对能源消耗也具有显著的影响，以汽油消耗为例，在绿色情景下的汽油消耗为 2015 年 279.454 万 t，2020 年为 228.386 万 t。而悲观情景下的汽油消耗为 2015 年 425.190 万 t 和 2020 年的 498.805 万 t，分别多消耗了 145.736 万 t 和 270.419 万 t。

5.3.4　关于北京市小汽车出行政策的三点建议

1. "功夫在诗外"，努力改变人们出行观念，减少汽车出行次数

本书研究结果显示：在基准情景下，北京市在 2015 年公交出行比例将达到 46%，小汽车出行比例降至 28%，基本实现目标。但同时应当注意到，目标实现的必要条件是私人小汽车的出行次数由 2010 年的 2.39 次/天，减少到 2015 年的 1.8 次/天，公司小汽车的出行次数由 2010 年的 2.52 次/天，减少到 2015 年的 2.3 次/天。其中，私人小汽车的出行次数降幅达到了 24.7%。这并不是一个容易达到的目标，历史数据显示：2005 ~ 2010 年私

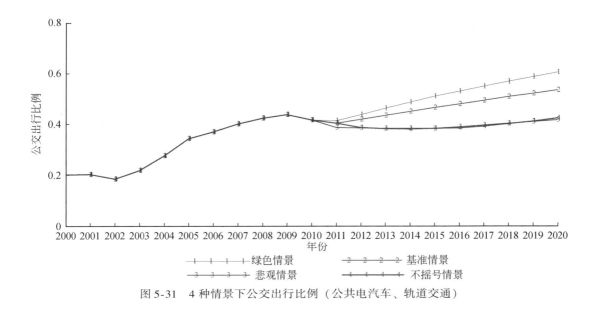

图 5-31　4 种情景下公交出行比例（公共电汽车、轨道交通）

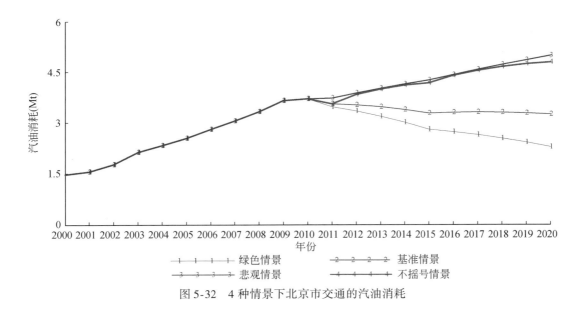

图 5-32　4 种情景下北京市交通的汽油消耗

人小汽车的出行也只是从 2.96 次/天降到 2.39 次/天，5 年间降幅仅为 19.1%，这还包括了 2007 年实行的限行政策对出行的影响，如果再考虑到 2010 年新车大量上路，但是新手出行次数普遍偏低的因素后，为了达到绿色出行的目标，政府在未来将面临巨大压力。在控制小汽车出行力度上：一方面应当继续实行限行政策、提高市中心停车费等既有政策；另一方面应当更多地考虑从出行理念方面进行引导。考虑到在 5 年内私人小汽车的出行次数完成 24.7% 的巨大降幅任务不能全部通过合理的强制性政策达成，居民出行理念的变化将是决定性的影响因素。

2. 出租车在目前的效率下将难以满足未来出行需要

本书研究结果显示：在基准情景下，北京市在 2015 年出租车的出行比例将达到 7.5%（根据北京市政府公布的《北京市建设人文交通科技交通绿色交通行动计划（2009 年—2015 年）》，2015 年北京市出租车的出行比例将达到 8%），但是考虑到北京市将出租车数量严格控制在 6.66 万辆，如果保持目前的效率，将难以满足未来的出行需求。

图 5-33 显示了单辆出租车年客运量的变化情况，2015 年单辆出租车的客运量将达到 16 003 人/年，比 2010 年的 10 406 人/年增长了 53.79%，这将给北京市出租车的服务能力带来极大的挑战，考虑到目前北京市出租车司机工作时间普遍较长，居民打车难度较大的现实情况，这一问题将会更加突出。

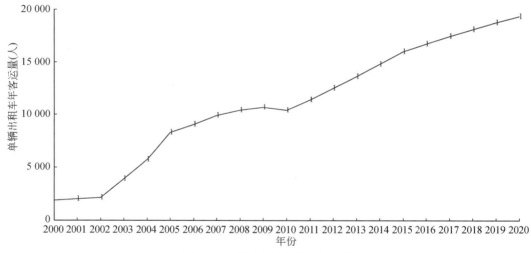

图 5-33 单辆出租车的年客运量

3. 未来应加强对老旧汽车节能减排的关注力度

北京市目前正在努力推行京五机动车排放标准，提高了新车排放的准入门槛，但是从更为经济，更为成效的角度看，对老旧汽车排放的控制应当是重点。北京市在 2009 年、2010 年采取限行与经济政策相结合的方法淘汰了 15.6 万辆"黄标车"，并在 2011 年印发了《关于进一步促进本市老旧机动车淘汰方案》继续加大淘汰老旧汽车的力度，但从模型的结果看，随着时间的推移，摇号政策使得北京市私人小汽车的年龄结果发生巨大变化，2019 年年底时，车龄在 10～13 年的汽车将成为主流。这也就意味着，在未来对老旧汽车排放的限制将会成为重中之重。图 5-34 为 2019 年年底与 2009 年年底时私人载客小汽车年龄结构。

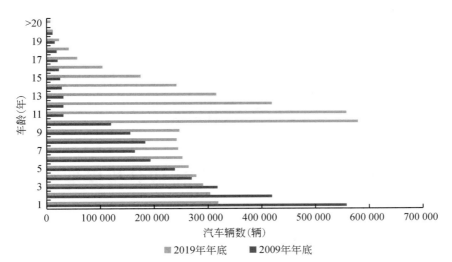

图 5-34　2019 年年底与 2009 年年底时私人载客小汽车年龄结构

第6章 城市客运能源消耗与排放分析模型构建

6.1 城市客运能源消耗与排放分析模型概述

本书通过分析北京市现有各种客运交通工具的宏观总量、出行量和平均能耗及用能结构数据，建立了城市客运能源消耗与排放分析模型，并使用已有数据进行验证并校合模型中的参数。此模型可用于符合北京市实际的能源消耗量及排放测算方法和能源排放控制辅助决策。

6.1.1 城市客运能源消耗与排放分析模型的研究内容、范围和对象概述

本书依托北京市近几年车辆增长和车型用能的结构变化数据，结合小排量汽车鼓励和车辆限购等政策影响，分析并建立"十二五"期间车辆增长趋势模型和分类车辆平均能耗排放模型。

本书的研究主要关注城市交通中的客运部分，并以主要的城市客运交通出行方式为研究对象。城市客运主要的交通出行方式包括公共电汽车、轨道交通、出租小汽车、汽车租赁车辆、省际客运、旅游客运、郊区客运、企事业单位用车、私人客车等。每一类出行工具中又以燃料类型细分作为研究对象。

模型的输入变量包括全市人口、全市地区生产总值、数据分类型车辆保有量、分类型车辆政策规划增减量、分类型交通工具单车年均运营里程、车型的统计比例及客运方式的统计周转量、客运量等。

模型最终输出量为能源利用效率指标，根据交通出行方式与社会经济发展的关系不同来设计，包括单位客运量能耗、单位收入能耗、单位周转量能耗、单位产值交通能耗、单位人均收入交通能耗等。同时，本书为城市发展规划服务，设计了宏观能源利用效率指标，包括单位全社会劳动生产率能耗和单位出行距离能耗等。

模型结果的最终表达方式以时序数据表格为主，同时也采用趋势发展曲线图以及能源比例饼图等多种可视化方式。

6.1.2 模型总体架构介绍

本项目以 Excel+VBA 技术为基础建立一个可视化的城市客运能源消耗与排放分析模

型。模型中将城市客运分为以下五类，见表 6-1。

表 6-1　城市客运分类方法

公交车辆	市内公交
	市郊公交
地铁	
出租车	出租小汽车
	汽车租赁
公路客运	旅游客运
	郊区客运
	省际客运
社会车辆	企事业单位用车
	私人客车

其中每一类又按照燃料类型进行细分，便于按照不同的能耗排放机理建模。模型结构细分如下：

（1）公交车辆——柴油车公共电汽车、汽油车公共电汽车、LNG 车公共电汽车、CNG 车公共电汽车、柴电混合动力车公共电汽车、汽电混合动力车公共电汽车、无轨电车公共汽车、纯电动车公共汽车。

（2）地铁——电力机车。

（3）出租车——汽油出租车、纯电动出租车、柴油出租车、天然气出租车、油气两用混合出租车。

（4）公路客运，包括旅游客运、郊区客运、省际客运。

旅游客运——旅游客运大型汽油燃料车、旅游客运中型汽油燃料车、旅游客运小型汽油燃料车、旅游客运大型柴油燃料车、旅游客运中型柴油燃料车、旅游客运小型柴油燃料车。

郊区客运——郊区客运大型汽油燃料车、郊区客运中型汽油燃料车、郊区客运小型汽油燃料车、郊区客运大型柴油燃料车、郊区客运中型柴油燃料车、郊区客运小型柴油燃料车。

省际客运——省际客运大型汽油燃料车、省际客运中型汽油燃料车、省际客运小型汽油燃料车、省际客运大型柴油燃料车、省际客运中型柴油燃料车、省际客运小型柴油燃料车。

（5）社会车辆，包括企事业单位用车和私人客车。

企事业单位用车——企事业用车大型车汽油燃料车、企事业用车中型车汽油燃料车、企事业用车小型车汽油燃料车、企事业用车小轿车汽油燃料车、企事业用车大型车柴油燃料车、企事业用车中型车柴油燃料车、企事业用车小型车柴油燃料车、企事业用车小轿车柴油燃料车。

私人客车——私人小轿车小排量车、私人小轿车大排量车、私人小轿车非油燃料车、私人中大型客车汽油燃料车、私人中大型客车柴油燃料车。

6.2　城市地面公交模块

6.2.1　城市地面公交模块的车型划分

为便于基于不同的机理进行建模，同时考虑历史车型结构和未来政策倾向，我们将公共电汽车分为以下 8 类：柴油车公共电汽车、汽油车公共电汽车、LNG 车公共电汽车、CNG 车公共电汽车、柴电混合动力车公共电汽车、汽电混合动力车公共电汽车、无轨电车公共汽车、纯电动车公共汽车。

其中，汽油车公共电汽车由于能耗效率不理想，在 2010 年之后全面退出公共电汽车的采购范围，并逐步被高效率的柴油车公共电汽车所替换，在模型中作为历史能耗分析的内容而保留。

同时，LNG 车公共电汽车、CNG 车公共电汽车作为新型清洁能源汽车的代表被大力推广。柴电混合动力车公共电汽车、汽电混合动力车公共电汽车作为政府鼓励的新能源汽车类型，目前已有少量投入运营。此外，无轨电车公共汽车、纯电动车公共汽车作为早期试推广的燃料车型也占少量比重。

6.2.2　速度对百公里燃料效率的影响

速度对客运车辆燃料效率的影响在于，实际的车辆行驶过程中，如果车辆长时间处于低速状态，这意味着车辆此时是处于频繁的启动和制动切换中。这种工况下，车辆的燃料效率较之正常行驶情况要低很多，燃料消耗量将是几何倍数增长。

又由于当速度增加后：一方面，汽车行驶阻力消耗功率，尤其是空气阻力消耗的功率会显著增加；但另一方面，由于车速高时，汽车行驶时的挡位也较高，使得发动机的转速不一定很高，加上速度高时汽车的行驶时间缩短，因此百公里燃料效率并不总是一定随车速的增加而增加。

基于以上速度对燃料效率的影响阐述，本书采用 SCF 燃料消耗修正因子作为燃料效率的倍增系数，将低速行驶状况的消耗以倍数转化为额定工况的消耗。

SCF 燃料消耗修正因子的计算公式如下：

$$\eta = \mathrm{SCF}(V) = \alpha \cdot V^{\beta} \tag{6-1}$$

式中，速度 V 使用北京交通大学测算的快速路和非快速路里程数据；α 和 β 作为外部模型参数给出，见表6-2。

同时，根据公共电汽车的行驶速度特点，我们只截取 0～40km/h 工况下的 SCF 燃料消耗修正因子纳入公共电汽车的模型计算中，如图 6-1 所示。

表 6-2　基于速度 V 的燃料消耗修正因子

项目	快速路上的修正因子				非快速路上的修正因子			
	燃料效率	NO_x	碳氢化物	一氧化碳	燃料效率	NO_x	碳氢化物	一氧化碳
α	11.211	3.651	9.223	8.125	12.87	3.86	9.778	8.059
β	−0.694	−0.393	−0.642	−0.609	−0.74	−0.405	−0.66	−0.609

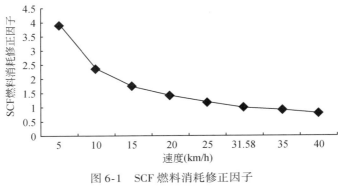

图 6-1　SCF 燃料消耗修正因子

6.2.3　公共电汽车的基本燃料效率

一般情况下，基准燃料效率后一年以前一年为标准，具有前连续性。遇技术突变，可在模型中进行人工增改。本书采用公交集团的燃料消耗统计数据作为基准燃料效率，具体的数据见表 6-3。

表 6-3　公共电汽车的基本燃料效率

公共电汽车	消耗量	密度（kg/L）
柴油车（L/100km）	39.19	0.87
汽油车（L/100km）	30.00	0.74
LNG 车（kg/100km）	32.26	—
CNG 车（kg/100km）	36.91	—
柴电混合动力车（L/100km）	39.19	0.87
汽电混合动力车（L/100km）	21.00	0.74
无轨电车（kW·h/100km）	105.46	—
纯电动车（kW·h/100km）	66.00	—

6.2.4　公共电汽车的保有量计算

根据 GDP 等宏观数据对公共电汽车的总保有量进行预测，同时考虑政策对某些特定车型的增减量以及某些自然到期报废的车型保有量。公式如下：

$$N_{year} = a \times GDP_{year} + b + \Delta_{year} - N_{ELV\,year} \tag{6-2}$$

式中，政策变量 Δ 为政府指令性描述换算成的绝对加减值，如至 2020 年，某燃料类型公共电汽车比例须占 30%，计算绝对数值，线性分摊到逐年；至 2015 年新燃料类型公交车投放总量达 2000 台，线性分摊到逐年；至 2020 年，全面取消某燃料类型车，线性分摊到逐年。N_{year} 为某年的公共电汽车的总保有量（辆）；GDP_{year} 为该年的 GDP；a，b 为系数；$N_{ELV\,year}$ 为该年的报废车辆数（辆）。

6.2.5 公共电汽车的能耗排放计算

在公共电汽车的能耗排放模型中，我们使用了以下中间变量，见表 6-4。

表 6-4 模型中中间变量及外生变量的定义

变量符号	变量含义
η_q	快速路上的 SCF
η_s	非快速路上的 SCF
L	单车年均运营里程
L_s	非快速路里程数
L_q	快速路里程数
V_s	非快速路上平均行驶速度
V_q	快速路路上平均行驶速度
Ef	车辆油耗因子
Em	车辆排放因子

模型中采用的 L_s 非快速路里程数，L_q 快速路里程数均按照以下方法计算得到：

快速路里程数 L_q ＝快速路上站间距×快速路上站点数量

非快速路里程数 L_s ＝非快速路上站间距×非快速路上站点数量

模型中采用的 V_s 非快速路上平均行驶速度以及 V_q 快速路路上平均行驶速度按照以下方法得到：

快速路以 300 路快线内环作为样本，从公交 GPS 系统历史数据中调出每月 15 号数据（共 12 个月数据），进行数据分析，识别出该线路每辆公交车在非快速路上的实时速度数据，绘制一个运行日的非快速路速度点阵分布图。进而计算 12 个样本工作日样本公交车在快速路上的平均运行速度。

非快速路以 13 路快线内环作为样本，从公交 GPS 系统历史数据中调出每月 15 号数据（共 12 个月数据），进行数据分析，识别出该线路每辆公交车在非快速路上的实时速度数据，绘制一个运行日的非快速路速度点阵分布图。进而计算 12 个样本工作日样本公交车在非快速路上的平均运行速度。

公共电汽车模块总能耗计算公式为

$$\text{SUM Fuel} = \sum_{i=1}^{8} N_i \cdot (\alpha \cdot V_q^{\beta} \cdot L_q \cdot \alpha \cdot V_s^{\beta} \cdot L_s) \cdot \text{Ef} \tag{6-3}$$

其中，单车年均运营里程 L 为

$$L = L_q + L_s \tag{6-4}$$

公共电汽车模块总排放的计算公式如下：

$$\text{SUM CO}_2 = \sum_{i=1}^{8} N_i \cdot (\alpha \cdot V_q^\beta \cdot L_q \cdot \alpha \cdot V_s^\beta \cdot L_s) \cdot \text{Em}_{\text{CO}_2}$$

$$\text{SUM NO}_x = \sum_{i=1}^{8} N_i \cdot (\alpha \cdot V_q^\beta \cdot L_q \cdot \alpha \cdot V_s^\beta \cdot L_s) \cdot \text{Em}_{\text{NO}_x} \tag{6-5}$$

$$\text{SUM PM2.5} = \sum_{i=1}^{8} (\alpha \cdot V_q^\beta \cdot L_q \cdot \alpha \cdot V_s^\beta \cdot L_s) \cdot \text{Em}_{\text{PM2.5}}$$

6.3 城市轨道交通模块

6.3.1 城市轨道交通能耗排放分析

轨道交通中的地铁，作为一个耗能"大户"，在越来越多城市出现"拉闸限电"、"电荒"的情况下，其耗能高的问题越发突出，如地铁列车与大量客流所产生的热量是影响地铁站台与隧道空间热环境的主要因素，使得地铁温度逐年升高，如不加以控制会形成公害，这是世界性的难题。而采用空调设备排热降温，耗资巨大，运行费用高昂，能源浪费严重。

城市轨道交通用能结构单一，主要使用市电网络供电，消耗的能源主要是电能，排放主要是电能对应的火力发电的 CO_2 排放，不考虑 NO_x 以及 PM 排放。

6.3.2 城市轨道交通能耗排放计算方法

模型针对轨道交通的耗能特点设计了以下计算模型。

轨道交通总能耗计算公式如下：

轨道交通总能耗 = 年均运营里程 × 能源利用效率

轨道交通总排放计算公式如下：

轨道交通总排放 = 年均运营里程 × 能源利用效率 × 轨道交通燃料折算 CO_2 排放系数

模型中使用到的各种变量及参数见表 6-5 和表 6-6。

表 6-5 轨道交通能耗排放计算模块变量表

轨道交通线长度（km）	314
轨道交通总客运量（万人次）	184 645
轨道交通总周转量（万人公里）	1 455 582
轨道交通年运营里程（km）	21 150
轨道交通能源利用效率（kW·h/100km）	319.565

表6-6　轨道交通能耗排放计算模块参数表

| 轨道交通燃料折算 CO_2 排放系数（t/万 kW·h） | 0.75 |
| 轨道交通燃料折算标准煤系数（tce/万 kW·h） | 3.42 |

6.4　城市出租车模块

6.4.1　出租小汽车

出租车的绝对数量及其增长空间受到很多因素的影响，如城市规模、经济水平、人口、产业结构等，因此对于出租车的发展应该有一个合理规划，从宏观管理的角度，降低其空驶率，提高服务水平，降低出租车能耗。

1. 出租小汽车的车型划分

模型中将出租小汽车划分为 5 类，分别是汽油出租车、纯电动出租车、柴油出租车、天然气出租车、油气两用混合出租车。

其中，目前保有量最多的为汽油出租车，纯电动出租车已经作为推广对象在市郊区域运营，天然气出租车和油气两用混合出租车已在其他城市试点运营，出于政策倾向性预测的考虑也纳入模型中。柴油出租车作为汽车发动机技术发展的趋势之一，也作为备选车型数据纳入模型中。

2. 出租小汽车的保有量计算

出租车保有量数据主要受政府宏观政策规划的影响，其保有量数据来源见表6-7。

表6-7　出租车保有量数据来源

保有量	数据来源
汽油出租车	"66464" 政策限定量
纯电动出租车	政策规划线性均摊
柴油出租车	设定为 0
天然气出租车	政策规划线性均摊
油气两用混合出租车	

3. 出租小汽车的基本燃料效率

出租车燃料消耗因出租车燃料类型不同而使用不同的计算参数和计算方式，其采用的基准燃料效率见表6-8。

表 6-8　出租车不同燃料类型的基准燃料效率

出租车燃料类型	数值	数据来源
汽油出租车基准燃料效率（L/100km）	7.8	企业统计
纯电动出租车基准燃料效率（kW·h/100km）	11	文献数据
柴油出租车基准燃料效率（L/100km）	5.6	
天然气出租车基准燃料效率（m³/100km）	8	
油气两用混合出租车基准燃料效率（L/100km）	7.8	

4. 出租小汽车的能耗排放计算

进行出租小汽车的总能耗计算时，针对不同燃料类型车辆的能耗进行加和，计算方式如下：

$$出租小汽车总能耗 = \sum（车辆数 \times 单车年均运营里程 \times 燃料效率）$$

式中，$\sum$ 为按燃料类型求和，各能源车占比每年根据政策变化。

进行出租小汽车的总排放计算时，针对不同燃料类型车辆的排放进行加和，计算方式如下：

$$出租小汽车总排放 = \sum（车辆数 \times 单车年均运营里程 \times 燃料效率 \times 燃料折算排放系数）$$

出租小汽车排放测算模型中一共纳入了三种常见排放物，即 CO_2、NO_x、PM2.5。模型中采用的燃料折算排放系数见表 6-9。

表 6-9　出租车燃料折算排放系数表

出租车燃料类型	数值
汽油出租车燃料折算 CO_2 排放系数（g/kg）	3172
纯电动出租车燃料折算 CO_2 排放系数（t/万 kW·h）	0.75
柴油出租车燃料折算 CO_2 排放系数（g/kg）	2061.8
天然气出租车燃料折算 CO_2 排放系数（g/kg）	2379
油气两用混合出租车燃料折算 CO_2 排放系数（g/kg）	3172
汽油出租车燃料折算 NO_x 排放系数（g/kg）	2.703
纯电动出租车燃料折算 NO_x 排放系数（t/万 kW·h）	0
柴油出租车燃料折算 NO_x 排放系数（g/kg）	1.063
天然气出租车燃料折算 NO_x 排放系数（g/kg）	1.892
油气两用混合出租车燃料折算 NO_x 排放系数（g/kg）	2.703
汽油出租车燃料折算 PM2.5 排放系数（g/kg）	0
纯电动出租车燃料折算 PM2.5 排放系数（t/万 kW·h）	0
柴油出租车燃料折算 PM2.5 排放系数（g/kg）	0.106
天然气出租车燃料折算 PM2.5 排放系数（g/kg）	0
油气两用混合出租车燃料折算 PM2.5 排放系数（g/kg）	0

其中，PM2.5 的主要来源为柴油燃料车的排放，其他燃料动力系统的 PM2.5 排放几乎为 0，故取值为 0，以简化模型。

6.4.2 汽车租赁

汽车租赁行业发展迅猛，已成为城市客运中的重要组成部分。汽车租赁车辆的增长趋势明显：一方面，给道路通行带来了巨大的压力；另一方面，对于整个城市客运系统的能耗排放也影响颇大。

1. 汽车租赁的车型划分

模型中将汽车租赁车辆划分为三类，即大型运营车、中型运营车、小型运营车，车辆的分类原则见表 6-10。

表 6-10 汽车租赁车辆分类原则

车辆分类	客位（座）
大型运营车	>10
中型运营车	6 ~ 10
小型运营车	≤5

2. 汽车租赁的保有量计算

汽车租赁车辆保有量数据总数为租赁企业的统计数据，分车型比例为行业调查数据，燃料类型比例是根据租赁企业的采购标准进行设定的，具体的保有量变量见表 6-11。

表 6-11 汽车租赁车辆保有量变量表

变量名称	数据来源
汽车租赁车辆总保有量（辆）	企业统计
汽车租赁车辆保有量_ 大型车（辆）	行业比例
汽车租赁车辆保有量_ 中型车（辆）	
汽车租赁车辆保有量_ 小型车（辆）	
汽车租赁大型车汽油燃料比例（%）	统计调研
汽车租赁中型车汽油燃料比例（%）	
汽车租赁小型车汽油燃料比例（%）	
汽车租赁大型车柴油燃料比例（%）	
汽车租赁中型车柴油燃料比例（%）	
汽车租赁小型车柴油燃料比例（%）	
汽车租赁大型车汽油燃料车保有量（辆）	比例计算
汽车租赁中型车汽油燃料车保有量（辆）	

续表

变量名称	数据来源
汽车租赁小型车汽油燃料车保有量（辆）	
汽车租赁大型车柴油燃料车保有量（辆）	比例计算
汽车租赁中型车柴油燃料车保有量（辆）	
汽车租赁小型车柴油燃料车保有量（辆）	

分车型的车辆保有量及分车型分燃料类型的车辆保有量数据计算方法如下：

分车型分燃料类型的车辆保有量 = 车型中该燃料类型比例×该车型的保有量

分车型的车辆保有量 = 行业中该车型的比例×汽车租赁车辆总保有量

3. 汽车租赁的基准燃料效率

汽车租赁车辆的基本燃料效率采用北京市统计局调研数据中 2009 ~ 2011 年调查数据的均数，见表 6-12。

表 6-12　汽车租赁车辆基准燃料效率　　　　　（单位：L/100km）

变量名称	数值	数据来源
汽车租赁大型车汽油燃料效率	17.855	
汽车租赁中型车汽油燃料效率	17.855	
汽车租赁小型车汽油燃料效率	13.685	统计调研
汽车租赁大型车柴油燃料效率	28.17	
汽车租赁中型车柴油燃料效率	14.52	
汽车租赁小型车柴油燃料效率	14.52	

4. 汽车租赁的能耗排放计算

进行汽车租赁车辆的总能耗计算时，针对不同燃料类型车辆的能耗进行加和，计算方式如下：

$$汽车租赁车辆总能耗 = \sum (车辆数 \times 单车年均运营里程 \times 燃料效率)$$

式中，$\sum$ 为按燃料类型和车型大小求和。

进行汽车租赁车辆的总排放计算时，针对不同燃料类型车辆的排放进行加和，计算方式如下：

$$汽车租赁车辆总排放 = \sum (车辆数 \times 单车年均运营里程 \times 燃料效率 \times 燃料折算排放系数)$$

汽车租赁车辆排放测算模型中一共纳入了三种常见排放物，即 CO_2、NO_x、PM2.5。

模型中采用的燃料折算排放系数见表 6-13。

其中，PM2.5 的主要来源为柴油燃料车的排放，其他燃料动力系统的 PM2.5 排放几乎为 0，故取值为 0，以简化模型。

表 6-13　汽车租赁车辆燃料折算排放系数表　　　　（单位：g/kg）

汽车租赁车辆燃料类型	数值
汽油客车燃料折算 CO_2 排放系数	3172
柴油客车燃料折算 CO_2 排放系数	3188
汽油客车燃料折算 NO_x 排放系数	1.5
柴油客车燃料折算 NO_x 排放系数	4.981
汽油客车燃料折算 PM2.5 排放系数	0
柴油客车燃料折算 PM2.5 排放系数	0.639

6.5　郊区客运模块

6.5.1　郊区客运车辆的车型划分

模型中将郊区客运车辆划分为三类，即大型运营车、中型运营车、小型运营车，车辆的分类原则见表 6-14。

表 6-14　郊区客运车辆分类原则

车辆分类	客位（座）
大型运营车	>30
中型运营车	16~30
小型运营车	≤15

6.5.2　郊区客运车辆的保有量计算

郊区客运车辆保有量数据总数为租赁企业的统计数据，分车型比例为行业调查数据，燃料类型比例是根据客运企业的采购标准进行设定的，具体的保有量计算变量见表 6-15。

表 6-15　郊区客运车辆保有量变量表

变量名称	数据来源
郊区客运车辆总保有量（辆）	企业统计
郊区客运车辆保有量_ 大型车（辆）	
郊区客运车辆保有量_ 中型车（辆）	行业比例
郊区客运车辆保有量_ 小型车（辆）	
郊区客运大型车汽油燃料比例（%）	统计调研
郊区客运中型车汽油燃料比例（%）	

续表

变量名称	数据来源
郊区客运小型车汽油燃料比例（%）	统计调研
郊区客运大型车柴油燃料比例（%）	
郊区客运中型车柴油燃料比例（%）	
郊区客运小型车柴油燃料比例（%）	
郊区客运大型车汽油燃料车保有量（辆）	比例计算
郊区客运中型车汽油燃料车保有量（辆）	
郊区客运小型车汽油燃料车保有量（辆）	
郊区客运大型车柴油燃料车保有量（辆）	
郊区客运中型车柴油燃料车保有量（辆）	
郊区客运小型车柴油燃料车保有量（辆）	

分车型的车辆保有量及分车型分燃料类型的车辆保有量数据计算方法如下：

分车型分燃料类型的车辆保有量 = 车型中该燃料类型比例×该车型的保有量

分车型的车辆保有量 = 行业中该车型的比例×郊区客运车辆总保有量

6.5.3　郊区客运车辆的基准燃料效率

郊区客运车辆的基准燃料效率采用北京市统计局调研数据中 2009～2011 年调查数据的均数，见表 6-16。

表 6-16　郊区客运车辆基准燃料效率　　　（单位：L/100km）

变量名称	数值	数据来源
郊区客运大型车汽油燃料效率	17.855	统计调研
郊区客运中型车汽油燃料效率	17.855	
郊区客运小型车汽油燃料效率	13.685	
郊区客运大型车柴油燃料效率	28.17	
郊区客运中型车柴油燃料效率	14.52	
郊区客运小型车柴油燃料效率	14.52	

6.5.4　郊区客运车辆的能耗排放计算

进行郊区客运车辆的总能耗计算时，针对不同燃料类型车辆的能耗进行加和，计算方式如下：

$$郊区客运车辆总能耗 = \sum (车辆数×单车年均运营里程×燃料效率)$$

式中，$\sum$ 为按燃料类型和车型大小求和。

进行郊区客运车辆的总排放计算时，针对不同燃料类型车辆的排放进行加和，计算方式如下：

郊区客运车辆总排放 $= \sum$（车辆数×单车年均运营里程×燃料效率×燃料折算排放系数）

郊区客运车辆排放测算模型中一共纳入了三种常见排放物，即 CO_2、NO_x、PM2.5。模型中采用的燃料折算排放系数见表 6-17。

表 6-17　郊区客运车辆燃料折算排放系数表　　　　（单位：g/kg）

郊区客运车辆燃料类型	数值
汽油客车燃料折算 CO_2 排放系数	3172
柴油客车燃料折算 CO_2 排放系数	3188
汽油客车燃料折算 NO_x 排放系数	1.5
柴油客车燃料折算 NO_x 排放系数	4.981
汽油客车燃料折算 PM2.5 排放系数	0
柴油客车燃料折算 PM2.5 排放系数	0.639

其中，PM2.5 的主要来源为柴油燃料车的排放，其他燃料动力系统的 PM2.5 排放几乎为 0，故取值为 0，以简化模型。

6.6　省际客运模块

6.6.1　省际客运车辆的车型划分

模型中将省际客运车辆划分为三类，即大型运营车、中型运营车、小型运营车，车辆的分类原则见表 6-18。

表 6-18　省际客运车辆分类原则

车辆分类	客位（座）
大型运营车	>30
中型运营车	16~30
小型运营车	≤15

6.6.2　省际客运车辆的保有量计算

省际客运车辆保有量数据总数为租赁企业的统计数据，分车型比例为行业调查数据，燃料类型比例是根据客运企业的采购标准进行设定的，具体的保有量计算变量见表 6-19。

表 6-19   省际客运车辆保有量变量表

变量名称	数据来源
省际客运车辆总保有量（辆）	企业统计
省际客运车辆保有量_ 大型车（辆）	行业比例
省际客运车辆保有量_ 中型车（辆）	
省际客运车辆保有量_ 小型车（辆）	
省际客运大型车汽油燃料比例（%）	0
省际客运中型车汽油燃料比例（%）	
省际客运小型车汽油燃料比例（%）	
省际客运大型车柴油燃料比例（%）	100
省际客运中型车柴油燃料比例（%）	
省际客运小型车柴油燃料比例（%）	0
省际客运大型车汽油燃料车保有量（辆）	比例计算
省际客运中型车汽油燃料车保有量（辆）	
省际客运小型车汽油燃料车保有量（辆）	
省际客运大型车柴油燃料车保有量（辆）	
省际客运中型车柴油燃料车保有量（辆）	
省际客运小型车柴油燃料车保有量（辆）	

注：数据来源中的 0，100 为模型设定值

分车型的车辆保有量及分车型分燃料类型的车辆保有量数据计算方法如下：

分车型分燃料类型的车辆保有量＝车型中该燃料类型比例×该车型的保有量

分车型的车辆保有量＝行业中该车型的比例×省际客运车辆总保有量

6.6.3 省际客运车辆的基准燃料效率

省际客运车辆的基准燃料效率采用北京市统计局调研数据中 2009 ～ 2011 年调查数据的均数，见表 6-20。

表 6-20   省际客运车辆基准燃料效率   （单位：L/100km）

变量名称	数值	数据来源
省际客运大型车汽油燃料效率	17.855	统计调研
省际客运中型车汽油燃料效率		
省际客运小型车汽油燃料效率	13.685	
省际客运大型车柴油燃料效率	28.17	
省际客运中型车柴油燃料效率	14.52	
省际客运小型车柴油燃料效率		

6.6.4 省际客运车辆的能耗排放计算

进行省际客运车辆的总能耗计算时，针对不同燃料类型车辆的能耗进行加和，计算方式如下：

$$省际客运车辆总能耗 = \sum（车辆数×单车年均运营里程×燃料效率）$$

式中，$\sum$ 为按燃料类型和车型大小求和。

进行省际客运车辆的总排放计算时，针对不同燃料类型车辆的排放进行加和，计算方式如下：

$$省际客运车辆总排放 = \sum（车辆数×单车年均运营里程×燃料效率×燃料折算排放系数）$$

省际客运车辆排放测算模型中一共纳入了三种常见排放物，即 CO_2、NO_x、PM2.5。模型中采用的燃料折算排放系数见表6-21。

表6-21　省际客运车辆燃料折算排放系数表　　　　　（单位：g/kg）

省际客运车辆燃料类型	数值
汽油客车燃料折算 CO_2 排放系数	3172
柴油客车燃料折算 CO_2 排放系数	3188
汽油客车燃料折算 NO_x 排放系数	1.5
柴油客车燃料折算 NO_x 排放系数	4.981
汽油客车燃料折算 PM2.5 排放系数	0
柴油客车燃料折算 PM2.5 排放系数	0.639

其中，PM2.5 的主要来源为柴油燃料车的排放，其他燃料动力系统的 PM2.5 排放几乎为 0，故取值为 0，以简化模型。

6.7　旅游客运模块

6.7.1 旅游客运车辆的车型划分

模型中将旅游客运车辆划分为三类，即大型运营车、中型运营车、小型运营车，车辆的分类原则见表6-22。

表6-22　旅游客运车辆分类原则

车辆分类	客位（座）
大型运营车	>30
中型运营车	16～30
小型运营车	≤15

6.7.2　旅游客运车辆的保有量计算

旅游客运车辆保有量数据总数为租赁企业的统计数据，分车型比例为行业调查数据，燃料类型比例是根据客运企业的采购标准进行设定的，具体的保有量变量见表6-23。

表 6-23　旅游客运车辆保有量变量表

变量名称	数据来源
旅游客运车辆总保有量（辆）	企业统计
旅游客运车辆保有量_大型车（辆）	行业比例
旅游客运车辆保有量_中型车（辆）	
旅游客运车辆保有量_小型车（辆）	
旅游客运大型车汽油燃料比例（%）	调研数据
旅游客运中型车汽油燃料比例（%）	
旅游客运小型车汽油燃料比例（%）	
旅游客运大型车柴油燃料比例（%）	
旅游客运中型车柴油燃料比例（%）	
旅游客运小型车柴油燃料比例（%）	
旅游客运大型车汽油燃料车保有量（辆）	比例计算
旅游客运中型车汽油燃料车保有量（辆）	
旅游客运小型车汽油燃料车保有量（辆）	
旅游客运大型车柴油燃料车保有量（辆）	
旅游客运中型车柴油燃料车保有量（辆）	
旅游客运小型车柴油燃料车保有量（辆）	

分车型的车辆保有量及分车型分燃料类型的车辆保有量数据计算方法如下：

分车型分燃料类型的车辆保有量=车型中该燃料类型比例×该车型的保有量

分车型的车辆保有量=行业中该车型的比例×旅游客运车辆总保有量

6.7.3　旅游客运车辆的基准燃料效率

旅游客运车辆的基准燃料效率采用北京市统计局调研数据中 2009～2011 年调查数据的均数，见表6-24。

表 6-24　旅游客运车辆基准燃料效率　　　　　（单位：L/100km）

变量名称	数值	数据来源
旅游客运大型车汽油燃料效率	17.855	统计调研
旅游客运中型车汽油燃料效率		
旅游客运小型车汽油燃料效率	13.685	
旅游客运大型车柴油燃料效率	28.17	
旅游客运中型车柴油燃料效率	14.52	
旅游客运小型车柴油燃料效率		

6.7.4　旅游客运车辆的能耗排放计算

进行旅游客运车辆的总能耗计算时，针对不同燃料类型车辆的能耗进行加和，计算方式如下：

$$旅游客运车辆总能耗 = \sum（车辆数 \times 单车年均运营里程 \times 燃料效率）$$

式中，$\sum$ 为按燃料类型和车型大小求和。

进行旅游客运车辆的总排放计算时，针对不同燃料类型车辆的排放进行加和，计算方式如下：

$$旅游客运车辆总排放 = \sum（车辆数 \times 单车年均运营里程 \times 燃料效率 \times 燃料折算排放系数）$$

旅游客运车辆排放测算模型中一共纳入了三种常见排放物，即 CO_2、NO_x、PM2.5。模型中采用的燃料折算排放系数见表 6-25。

表 6-25　旅游客运车辆燃料折算排放系数表　　　　　（单位：g/kg）

旅游客运车辆燃料类型	数值
汽油客车燃料折算 CO_2 排放系数	3172
柴油客车燃料折算 CO_2 排放系数	3188
汽油客车燃料折算 NO_x 排放系数	1.5
柴油客车燃料折算 NO_x 排放系数	4.981
汽油客车燃料折算 PM2.5 排放系数	0
柴油客车燃料折算 PM2.5 排放系数	0.639

其中，PM2.5 的主要来源为柴油燃料车的排放，其他燃料动力系统的 PM2.5 排放几乎为 0，故取值为 0，以简化模型。

6.8 私人客车模块

6.8.1 私人客车车辆的车型划分

模型中将企事业单位用车车辆划分为两类，即中大型客车和小轿车。

6.8.2 私人客车车辆的保有量计算

私人客车车辆保有量数据总数为租赁企业的统计数据，分车型比例为行业调查数据，燃料类型比例是根据客运企业的采购标准进行设定的，具体的保有量变量见表6-26。

表 6-26　私人客车车辆保有量变量表

变量名称	数据来源
私人汽车总保有量（辆）	统计数据
私人小轿车保有量（辆）	
私人中大型客车保有量（辆）	
非轿车私人汽车中客车比例设定（%）	调研数据
私人小轿车小排量比例（%）	
私人小轿车大排量比例（%）	
私人小轿车非油燃料比例（%）	
私人中大型客车汽油燃料比例（%）	
私人中大型客车柴油燃料比例（%）	
私人小轿车小排量车保有量（辆）	比例计算
私人小轿车大排量车保有量（辆）	
私人小轿车非油燃料车保有量（辆）	
私人中大型客车汽油燃料车保有量（辆）	
私人中大型客车柴油燃料车保有量（辆）	

6.8.3 私人客车车辆的基准燃料效率

私人客车车辆的基准燃料效率采用北京市统计局调研数据中2009～2011年调查数据的均数，见表6-27。

表 6-27　私人客车车辆基准燃料效率　　　　（单位：L/100km）

变量名称	数值	数据来源
私人小轿车小排量车燃料效率	6.82	统计调研
私人小轿车大排量车燃料效率	10.38	
私人中大型客车汽油燃料车燃料效率	17.855	
私人中大型客车柴油燃料车燃料效率	14.52	

6.8.4　私人客车车辆的能耗排放计算

进行私人客车车辆的总能耗计算时，针对不同燃料类型车辆的能耗进行加和，计算方式如下：

$$私人客车车辆总能耗 = \sum（车辆数×单车年均运营里程×燃料效率）$$

式中，$\sum$ 为按燃料类型和车型大小求和。

进行私人客车车辆的总排放计算时，针对不同燃料类型车辆的排放进行加和，计算方式如下：

$$私人客车车辆总排放 = \sum（车辆数×单车年均运营里程×燃料效率×燃料折算排放系数）$$

私人客车车辆排放测算模型中一共纳入了三种常见排放物，即 CO_2、NO_x、PM2.5。模型中采用的燃料折算排放系数见表 6-28。

表 6-28　私人客车车辆燃料折算排放系数表　　　　（单位：g/kg）

私人客车车辆燃料类型	数值
汽油客车燃料折算 CO_2 排放系数	3172
柴油客车燃料折算 CO_2 排放系数	3188
汽油客车燃料折算 NO_x 排放系数	1.5
柴油客车燃料折算 NO_x 排放系数	4.981
汽油客车燃料折算 PM2.5 排放系数	0
柴油客车燃料折算 PM2.5 排放系数	0.639
汽油小轿车燃料折算 CO_2 排放系数	3172
柴油小轿车燃料折算 CO_2 排放系数	2061.8
汽油小轿车燃料折算 NO_x 排放系数	2.703
柴油小轿车燃料折算 NO_x 排放系数	1.063
汽油小轿车燃料折算 PM2.5 排放系数	0
柴油小轿车燃料折算 PM2.5 排放系数	0.106

其中，PM2.5的主要来源为柴油燃料车的排放，其他燃料动力系统的PM2.5排放几乎为0，故取值为0，以简化模型。

6.9 企事业单位用车模块

6.9.1 企事业单位用车车辆的车型划分

模型中将企事业单位用车车辆划分为四类，即大型运营车、中型运营车、小型运营车、小轿车，车辆的分类原则见表6-29。

表6-29 企事业单位用车车辆分类原则

车辆分类	客位（座）
大型运营车	>30
中型运营车	16～30
小型运营车	6～15
小轿车	≤5

6.9.2 企事业单位用车车辆的保有量计算

企事业单位用车车辆保有量数据总数为租赁企业的统计数据，分车型比例为行业调查数据，燃料类型比例是根据客运企业的采购标准进行设定的，具体的保有量变量见表6-30。

表6-30 企事业单位用车车辆保有量变量表

变量名称	数据来源
企事业用车车辆总保有量（辆）	企业统计
企事业用车车辆保有量比例_大型车（%）	调研数据
企事业用车车辆保有量比例_中型车（%）	
企事业用车车辆保有量比例_小型车（%）	
企事业用车车辆保有量比例_小轿车（%）	
企事业用车车辆保有量_大型车（辆）	比例计算
企事业用车车辆保有量_中型车（辆）	
企事业用车车辆保有量_小型车（辆）	
企事业用车车辆保有量_小轿车（辆）	
企事业用车大型车汽油燃料比例（%）	调研数据
企事业用车中型车汽油燃料比例（%）	

续表

变量名称	数据来源
企事业用车小型车汽油燃料比例（%）	调研数据
企事业用车小轿车汽油燃料比例（%）	
企事业用车大型车柴油燃料比例（%）	
企事业用车中型车柴油燃料比例（%）	
企事业用车小型车柴油燃料比例（%）	
企事业用车小轿车柴油燃料比例（%）	
企事业用车大型车汽油燃料车保有量（辆）	比例计算
企事业用车中型车汽油燃料车保有量（辆）	
企事业用车小型车汽油燃料车保有量（辆）	
企事业用车小轿车汽油燃料车保有量（辆）	
企事业用车大型车柴油燃料车保有量（辆）	
企事业用车中型车柴油燃料车保有量（辆）	
企事业用车小型车柴油燃料车保有量（辆）	
企事业用车小轿车柴油燃料车保有量（辆）	

6.9.3　企事业单位用车车辆的基准燃料效率

企事业单位用车车辆的基本燃料效率采用北京市统计局调研数据中 2009～2011 年调查数据的均数，见表6-31。

表 6-31　企事业单位用车车辆基准燃料效率　　（单位：L/100km）

变量名称	数值	数据来源
企事业用车大型车汽油燃料效率	17. 855	统计调研
企事业用车中型车汽油燃料效率		
企事业用车小型车汽油燃料效率	13. 685	
企事业用车小轿车汽油燃料效率	10	
企事业用车大型车柴油燃料效率	28. 17	
企事业用车中型车柴油燃料效率	14. 52	
企事业用车小型车柴油燃料效率		
企事业用车小轿车柴油燃料效率	6	

6.9.4　企事业单位用车车辆的能耗排放计算

进行企事业单位用车车辆的总能耗计算时，针对不同燃料类型车辆的能耗进行加和，

计算方式如下:

企事业单位用车车辆总能耗 = $\sum$（车辆数×单车年均运营里程×燃料效率）

式中，$\sum$ 为按燃料类型和车型大小求和。

进行企事业单位用车车辆的总排放计算时，针对不同燃料类型车辆的排放进行加和，计算方式如下:

企事业单位用车车辆总排放 = $\sum$（车辆数×单车年均运营里程×燃料效率×燃料折算排放系数）

企事业单位用车车辆排放测算模型中一共纳入了三种常见排放物，即 CO_2、NO_x、PM2.5。

模型中采用的燃料折算排放系数见表 6-32。

表 6-32　企事业单位用车车辆燃料折算排放系数表　　　　（单位：g/kg）

企事业单位用车车辆燃料类型	数值
汽油客车燃料折算 CO_2 排放系数	3172
柴油客车燃料折算 CO_2 排放系数	3188
汽油客车燃料折算 NO_x 排放系数	1.5
柴油客车燃料折算 NO_x 排放系数	4.981
汽油客车燃料折算 PM2.5 排放系数	0
柴油客车燃料折算 PM2.5 排放系数	0.639
汽油小轿车燃料折算 CO_2 排放系数	3172
柴油小轿车燃料折算 CO_2 排放系数	2061.8
汽油小轿车燃料折算 NO_x 排放系数	2.703
柴油小轿车燃料折算 NO_x 排放系数	1.063
汽油小轿车燃料折算 PM2.5 排放系数	0
柴油小轿车燃料折算 PM2.5 排放系数	0.106

其中，PM2.5 的主要来源为柴油燃料车的排放，其他燃料动力系统的 PM2.5 排放几乎为 0，故取值为 0，以简化模型。

第7章 城市货运能源消耗与排放分析模型构建

7.1 城市货运能源消耗与排放分析模型概述

7.1.1 城市货运能源消耗与排放研究现状

1. 城市货运能源消耗排放研究现状

近年来，随着我国社会经济的发展，我国陆地货物运输量呈快速增长态势。交通运输业是能源消耗（简称能耗）大户，全世界交通运输能耗约占全部能耗的1/3，全世界一半以上石油用于运输。随着我国货物运输量的增长，货物运输能耗规模逐年上升。面对能源日益紧缺的局势，如何降低交通运输能耗成为当前亟待解决的问题。

2011年统计结果表明，交通运输仓储和邮政消耗能源量为1185.89万tce，探索交通节能的方法与路径迫在眉睫。在未来发展中，作为交通运输主要燃料的石油消耗将迅速增长并成为经济发展与能源供应的主要矛盾。根据相关统计与预测数据，2000年交通石油消耗量为0.55亿t，占当年全国石油总耗量的25%，而预计到2020年将达2.56亿t，占当年全国石油总耗量的57%。

随着货物运输规模的逐年扩大，道路运输的排放问题日益引起人们的重视。目前世界机动车保有量约6亿辆，每年向大气排放有害物达7.15亿t，道路运输排放已是主要大气污染源之一。以北京市为例，其城市环境质量令人担忧，已成为世界上大气污染最严重的51个城市之一，20世纪90年代末国家环保局考核的76个城市中北京市NO_x的污染程度名列第四位，其中机动车辆的废气排放量是导致上述结果的主要原因之一。有关资料显示，在西方发达国家中，道路运输车辆排出的污染物占大气污染物总量的60%以上。交通运输部门的尾气排放量的增长，实际上与能耗保持同步。据统计，1000kg的汽油经汽车发动机燃烧后，要排出10.70kg尾气。由此我们也可以知道汽车排放量的多少实际上与所消耗能源的多少呈正比关系。

孙晓莉和高谋荣（2007）为了研究汽车能耗和汽车质量之间的关系，建立了以内燃机驱动、混合动力驱动和氢气燃料驱动的车辆为仿真目标，对这3种不同的研究对象又分别选取了3种类型的车辆。根据仿真目标建立了汽车仿真模型，并在MATLAB/Simulink环境下实现。仿真结果表明，汽车能耗随着质量减少而减少，驱动方式、车型、传动等因素对油耗也有很大的影响。项乔君（2000）在《城市交通系统汽车燃油消耗研究》中分析了影响载货汽车燃油消耗的因素，认为汽车性能方面主要有发动机的功率、比能耗、转速、传动系的传动效率、传动比等；公路性能方面主要有公路的坡度和平整度等；交通状况方面主要有交通量、公路等级、交叉口类型和控制方式。高有景（2007）结合我国公路载货运输行业的特点，分析了影响公路运输能源消耗的主要因素和公路运输节能的主要途径，对保证公路运输的可持续发展具有十分重要的意义，给公路交通能源效率的提高带来帮助。冯佳等（2011）在分析行业统计数据的基础上，利用灰色相关度分析法对城市货物运输、城市轨道交通、客运专线的能耗组成以及各主要影响因素的影响重要度进行定量分析。蔡凤田（2008）用统计数据比较了公路运输、水路运输、港口生产的能耗水平（单位：tce）、描述了公路运输客车、货车的汽油、柴油消耗量（单位：L/百吨公里或 L/百人公里），并与美国、日本等进行了比较，分析了常见汽车技术故障对汽车油耗的影响程度。贾培培等（2012）一改前人大部分局限在一个大的城市交通系统或者没有进行细分数量化的情况，对城市不同交通子系统能耗进行更深入的分析，测算各交通子系统单位运输能耗和总能耗，对不同交通方式能耗进行影响因素分析，为城市交通结构优化提供数据理论基础。

2. 城市货运车辆能耗排放模型

1）轻型营运货车

在 20 世纪 70 年代，载客汽车和轻型营运货车的燃油消耗模型是以速度为变量的回归模型。Chang 等在 1976 年用两地之间的距离和运输时间作为变量来估算能耗。该平均速度模型简单并且准确性可接受，所以一直沿用至今。为了更好的估算能耗，研究人员对回归平均速度模型进行了改造，增加了上坡、下坡以及路面粗糙度等参数。Greenwood 和 Bennett 给出了如下计算公式：

$$Q = a_0 + a_1/V + a_2 V^2 + a_3 x + a_4 y + a_5 z \tag{7-1}$$

式中，Q 为全程总能耗；V 为速度；x 为行驶在上坡状态；y 为行驶在下坡状态；z 为行驶在粗糙路面；a_0，a_1，a_2，a_3，a_4，a_5 为相关系数。

随着研究的不断深入，新模型逐渐出现，如 West 等（1997）开发的数据库模型，通过对车辆进行公路试验和动力实验，得出能耗和车辆速度、加速度的关系。2002 年，Ahn 等以瞬时速度和加速度为参数开发了一个回归模型来估算能耗和排放。与 West 等不同，他们把模型分为两个关系，以便矫正由加速度性质（主观和客观）的变化引起车辆的能耗变化，因为加速度的变化将导致回归参数设定的不同。

2）重型运营车辆

重型车辆能耗计算模型分为回归模型、行驶速度模型、四模式模型和瞬时模型，见表 7-1。

表 7-1　重型车辆能耗计算模型

模型类型	结论
回归模型	研究得出了能耗与能耗影响因子之间的关系
行驶速度模型	将车辆操作状态分为运行与空闲两种
四模式模型	将车辆操作方式分为空闲、行驶、加速和减速四种模式，多用于运输距离短的情况
瞬时模型	估算小幅增加行驶时间和长度的能耗

3. 确定单车污染物排放因子的基本方法

在用机动车的排放水平受很多实际因素的影响，有车辆本身的设计、制造特性（如发动机型式及所采用的技术水平，排放控制装置的配置、工作情况），发动机的机械状况及保养频率和水平，所使用的油料、燃油油品及油质，检查维护（I/M）制度的实施情况及其效果，车队的特点（车队的构成、使用状况、车龄结构）以及车辆的道路运行特性（海拔、温度、湿度状况、道路使用状况、交通状况）。在国标 GB5181-58 中，排放因子称为质量排放量，是指特定车辆的某种污染物在各种因素影响下的平均排放量。综合排放因子是某一特定区域的机动车排放因子，是特定区域中各类机动车的排放量的加权和，区域的划定大可到整个城市，小可到一条街区。排放因子是研究机动车污染状况（包括机动车本身的排放特性及其对大气污染的贡献）的关键参数，是治理机动车污染最根本的重要数据资料。

城市交通车辆的行驶状态非常复杂，在不同的城市中，在同一城市不同等级的道路上，不同车辆的怠速、加速、减速和等速的行驶状态都有所差异，运行工况被用来描述车辆的这一行驶状态。我国在排气污染物的实验方法中规定了各种车型实验的标准工况。国家标准《轻型汽车排气污染物试验方法》（GB/T11642-89）中规定了轻型汽车的标准15工况（等同于欧洲 ECE15 工况），国家标准《车用汽油机排气污染物试验方法》（GB/T14762—93）中规定了重型汽油车的标准9工况（等同于美国9工况），国家标准《车用压燃式发动机排气污染物测量方法》中规定了柴油车的标准13工况，国家标准《摩托车排气污染物的测量工况法》（GB/T14622—93）中规定了摩托车的标准15工况（等同于欧洲 ECE40 工况）。交通运输部公路科学研究院李国香和马桦（1992）对北京市近郊及远郊典型公路上行驶的汽车进行了大量运行工况的实测统计，认为规范规定的工况能够反映我国在用机动车的实际运行工况。上海市汽车工业技术中心戴利生等（1997）经过连续7天的采样，建立了上海市市区地面工况和综合工况，结果表明：上海市地面工况的车速与规范工况相差无几，由于高架路车速较高，上海市综合工况的平均车速大大高于规范工况。所以，规范规定的工况基本上能够反映我国城市地面交通的机动车运行工况，但各个城市的具体实际工况与规范工况会有所差异。

单车污染物排放因子的确定一般先进行机动车运行工况调查，再使用底盘测功机模拟城市道路上车辆的怠速、加速、减速、等速等行驶状态，选取各种类型的车辆进行一定行驶工况下的市内汽车模拟台架试验和发动机模拟台架试验，得到此工况下的污染物排放。每类车型中每辆车的排放测试结果可能不同，取得统计意义上每类车型的单车排放因子。

由北京市汽车研究所等承担的世界银行援助项目"中国机动车排放污染控制研究"进行了单车基本排放因子的测试。排放因子测试工作分轻型车、重型发动机和摩托车测试。轻型车采用国家标准（GB/T 11642–89）测试规程测试 105 辆，重型发动机采用国家标准（GB/T 14762—93）测试规程测试 13 台，摩托车采用国家标准（GB/T14622—93）测试规程测试 52 辆。排放测试基本反映了中国在用机动车的排放状况和水平，由于测试数据有限，所得到的机动车基本排放因子数据还应不断补充和完善。测试所得各车型的基本排放因子见表7-2。

表 7-2   基本排放因子测试结果

车型	排放量评价分析值（新车排放量）		
	CO	HC	NO$_x$
轿车（g/km）	43.034	4.3193	1.3195
微型车（g/km）	25.32	5.70	2.11
吉普车（g/km）	33.5	6.22	3.24
中型车（g/km）	51.69	9.52	4.56
重型汽油发动机（g/kW·h）	164.60	29.57	17.29
摩托车（g/km）	14.424	1.97	0.0782

注：表中车型分类和排放测试对应，汽油轿车、汽微型车、汽吉普车、汽中型车属于轻型车类（总车重≤3.5t），重型汽油车、重型柴油车属于重型车类（总车重>3.5t）

在研究排放因子时，为了定量地考虑各种影响因素，人们开发了一些计算程序和模式，比较先进、著名的有美国国家环境保护局（Environment Protection Agency, U. S. EPA）开发的 MOBILE 系列模式和美国加州空气资源局（California Air Resources Board, CARB）开发的 EMFAC 模式，欧洲共同体（Europe Economic Commonwealth, EEC）开发的 COPERT 模式。这些模式都是建立在广泛的排放因子试验的基础上，建立起一套各参数间的数据统计关系。

中国还没有根据本国的道路交通状况，在排放因子试验的基础上建立起自己的一套各参数的数据统计关系，因此目前计算排放因子较好的方法是根据国外先进的排放因子计算模式和中国的机动车特性、车队特点、车辆的道路运行特性等实际因素修正得到。

7.1.2 货车车型划分

货车车型是影响货车能耗的最主要因素之一。在研究车辆能耗时有必要划分不同类车型加以分类建模。

（1）汽车行业和汽车市场对货车的车型划分。依照 GB/T3730.1–88 制订的，汽车分为三大类，即载货汽车、客车和轿车，各类按照不同的划分标准进行了细分类。对于载货汽车，依公路运行时厂定最大总质量（GA）划分为：①重型货车（GA>14t）；②中型货车（6.0t<GA≤14t）；③轻型货车（1.8t<GA≤6t）；④微型货车（GA≤1.8t）。

（2）汽车油耗研究中的车型划分。在一些有关汽车燃油消耗的研究中，根据车辆的使用性能把车辆划分为如下 3 种类型：①小型车（以轻型客车为主，同时包括微型客、货车）；②中型车（以中型客车为主，同时包括轻型客、货车）；③大型车（以中型载货车和大型客车为主，同时包括大型载货车）。

（3）北京市统计局的车型划分。根据北京市统计局的资料，其划分见表7-3。

表 7-3　北京市统计局的车型划分表

车辆类型	燃油类型	类别	载重量（t）
载货汽车	汽油	I	$X \leqslant 2$
		II	$X > 2$
	柴油	I	$X \leqslant 2$
		II	$2 < X \leqslant 4$
		III	$4 < X \leqslant 8$
		IV	$8 < X \leqslant 20$
		V	$X > 20$

7.1.3　基本指标和代表符号介绍

反映汽车燃油消耗的指标很多，并且测算过程中也会用到许多代表符号，现将基本指标和代表符号列出来，见表7-4。

表 7-4　基本指标和代表符号

名称	符号（单位）	解释
货车总数	N（辆）	货车总数量
营运货车总数	N_y（辆）	营运货车的总数量
非营运货车总数	N_f（辆）	非营运货车的总数量
某一类型货车总数	N_i（辆）	货车中某一类型（重型、中型、轻型、微型）货车的总数量
某一类型货车的数量占比	P_i	货车中某一类型（重型、中型、轻型、微型）货车的数量占总数的百分比
额定载重量	G_z（kg）	某一具体车型货车的额定载重量
平均百公里油耗	$\overline{Q}$（L/100km）	所有货车在统计时间段内的平均百公里油耗
平均百吨公里油耗	Q_g（L/100t·km）	所有货车在统计时间段内的平均百吨公里油耗
综合百公里油耗	Q_z（L/100km）	根据道路运输车辆燃料消耗量达标车型中货车在各规定车速下满载等速燃料消耗量，进行加权综合计算得到
空载百公里油耗	Q_k（L/100km）	根据道路运输车辆燃料消耗量达标车型表，货车在50km/h速度下空载等速燃料消耗量

名称	符号（单位）	解释
第 i 速度下等速百公里油耗	Q_i（L/100km）	根据道路运输车辆燃料消耗量达标车型表，货车在第 i 个车速下的满载等速燃料消耗量
行驶百公里油耗	Q_t（L/100km）	除去等待油耗后汽车在实际行驶过程中的单位里程燃油消耗
实际百公里油耗	Q_p（L/100km）	反映汽车在实际交通环境中单位里程的燃油消耗

7.1.4 本书的研究范围与研究内容

北京市是消费型城市，其中保障城市消费的物流主要依托货运完成，但也同时带来了对能源的消耗和环境的排放污染，如何在保证满足货运交通需求的同时，最大限度地降低环境负效应，最小程度地占用和消耗资源，追求总体效率的最大化，是城市交通系统中货运发展的目标需求。本书面向消费物流中的货运系统开展城市货运保障对北京市交通系统能耗影响和环境影响的综合分析与评价研究，从供应端统计并测算货运中各种交通工具在城市路网（主要指城建区）中的能耗效率及包括 CO_2、NO_x 和 PM2.5 排放量的测算，并在车辆能源效率测算和排放测算基础上，通过对货运周转量、车辆类型结构、车辆能源强度等关键要素的分析，建立城市交通能耗测算模型和排放测算模型，为实现北京市"十二五"规划中提出的货运车辆运输周转量能耗下降 12％ 的目标提供科学依据。

7.2 货车燃油效率的影响因素分析

7.2.1 汽车燃油消耗各指标之间的关系

（1）单位油耗与等速百公里油耗的关系。设汽车行驶速度为 V（km/h），则等速百公里油耗 Q 为

$$Q = \frac{360 \cdot \text{UFC}}{V} \qquad (7-2)$$

式中，UFC 为汽车发动机的单位油耗（mL/s）。

（2）等速百公里油耗与单位运输量燃油消耗指标的关系。对于载货车，设载重量为 G_z，则单位运输量燃油消耗 Q_g 与等速百公里油耗指标 Q 的关系为

$$Q_g = Q/G_z \qquad (7-3)$$

（3）实测油耗与百公里油耗的关系。对于实际测量的油耗，无论是实际油耗还是行驶油耗，都可以转换为相应的实际百公里油耗和行驶百公里油耗。

设汽车从一个交叉口到另一个交叉口之间行驶时的实际速度和行驶速度分别为 V_p（km/h）和 V_t（km/h），实际时间和行驶时间（不包括在交叉口的等待时间）分别为 t_p 和

t_t，连接道路长度为 L（m），则相应的实际百公里油耗 Q_p（L/100km）和行驶百公里油耗 Q_t（L/100km）分别为

$$Q_p = 100FC_p - L = 360FC_p/(V_p \cdot t_p) \tag{7-4}$$
$$Q_t = 100FC_t - L = 360FC_t/(V_t \cdot t_t) \tag{7-5}$$

式中，FC_p 为汽车从一个交叉口的停车线到另一个交叉口之间行驶时的油耗（mL）；FC_t 为汽车从一个交叉口的停车线行驶到另一个交叉口的油耗，不包括等待油耗（mL）。

7.2.2 货车百公里油耗的影响因素

影响汽车燃油消耗的因素很多，见表 7-5。但是这里主要分析速度、载重量和道路坡度对百公里油耗的影响（王炜等，2002）。

表 7-5 影响汽车燃油消耗的主要因素

发动机	发动机的有效油耗率
道路条件	城市道路、市郊公路、一般公路、高等级公路
交通条件	交通量、饱和度、行人及非机动车干扰程度
驾驶行为	平均行驶速度、加减速频率、手风门利用情况等
周围环境	气温、风力、雨、雪等气候条件

1. 速度对百公里油耗的影响

速度对油耗的影响在于当速度增加后：一方面，汽车行驶阻力消耗功率，尤其是空气阻力消耗的功率会显著增加；但另一方面，由于车速高时，汽车行驶时的档位也较高，使得发动机的转速不一定很高，加上速度高时汽车的行驶时间缩短，因此百公里油耗并不总是一定随车速的增加而增加。行车速度对汽车燃油消耗影响的模拟运算结果如图 7-1 所示。从图中可以看出，当车速处于某一中等值时，百公里油耗最小，此车速为汽车的经济车速。

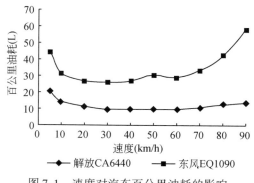

图 7-1 速度对汽车百公里油耗的影响

2. 载重量对百公里油耗的影响

当汽车空载行驶时，汽车行驶的滚动阻力较小，满载时滚动阻力较大，导致满载时的百公里油耗比空载时大。

载重量对汽车燃油消耗的影响如图7-2～图7-4所示。从图7-2和图7-3中可以看出，对于微型或轻型货车，满载与空载相比，由于载重量并无明显的差距，百公里油耗增加幅度并不大，一般只有10%，但对于中型货车来说，满载时的油耗较空载时的油耗有很大幅度的增加，平均达50%，且随速度的增加，油耗增加的幅度会越大。

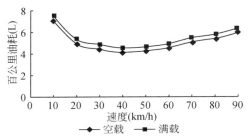

图7-2 微型货车载重量对百公里
油耗的影响（以桑塔纳JV为例）

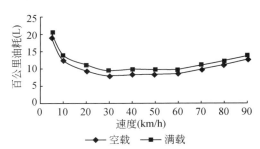

图7-3 轻型货车载重量对百公里
油耗的影响（以解放CA6440为例）

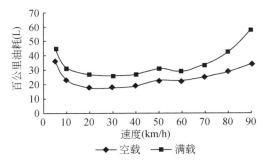

图7-4 中型货车载重量对百公里油耗的影响（以东风EQ1090为例）

对于货车而言，通常用完成单位运输量的燃油消耗指标来衡量其燃油的利用率。不同载重量对载货车油耗的影响如图7-5和图7-6所示。从图中可以看出，虽然百公里油耗随载重量的增加几乎呈正比增加，如果从完成单位运输量的油耗指标来看，该指标随载重量的增加显著下降。因此，通过提高货车载重量、合理组织运输、减少汽车的空驶里程可以有效提高货车的燃油利用率。

3. 道路坡度对百公里油耗的影响

坡度对油耗的影响在于：一方面，随坡度的增加，发动机输出功率会增加；另一方面，在同样的速度下，坡度增加可能会使汽车降低档位，从而使发动机的转速提高。道路

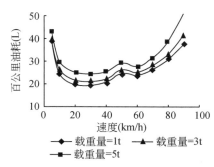

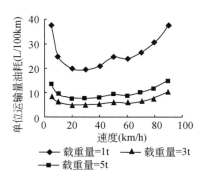

图 7-5　东风 EQ1090 汽车载重量
对百公里油耗的影响

图 7-6　东风 EQ1090 汽车载重量
对单位运输量油耗的影响

坡度对汽车燃油消耗影响的模拟运算结果如图 7-7 ～ 图 7-9 所示。从图中可以看出，坡度对于汽车百公里油耗的影响是相当大的，当车速较低时尤其明显，主要原因在于车速越低，空气阻力越小，坡度阻力在发动机输出功率中所占的比例就越高。因此，随着坡度增加，百公里油耗的增加幅度也就越大。

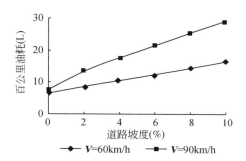

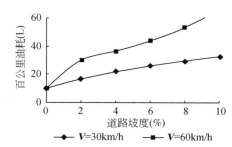

图 7-7　坡度对微型货车百公里油耗的影响
（以桑塔纳 JV 为例）

图 7-8　坡度对轻型货车百公里油耗的影响
（以解放 CA6440 为例）

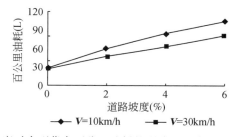

图 7-9　坡度对中型货车百公里油耗的影响（以东风 EQ1090 为例）

7.3　货车燃油消耗基本统计分析

由于此处所使用的燃油消耗数据来自于道路运输车辆燃料消耗量检测和监督管理信息

服务网，该数据采集又是依据《道路运输车辆燃料消耗量检测和监督管理办法》（简称《办法》），其实施的技术依据是《营运客车燃料消耗量限值及测量方法》（JT711）和《营运货车燃料消耗量限值及测量方法》（JT719）两个交通行业标准。该《办法》适用于道路运输车辆，包括拟进入道路运输市场从事道路旅客运输、货物运输经营活动，以汽油或柴油为单一燃料的、总质量超过 3500kg 的国产和进口车辆。城市公共汽车、出租车及总质量不超过 3500kg 的客运、货运车辆不在《办法》的适用范围之内[①]。

7.3.1 货车燃油消耗量的定义

1. 综合燃料消耗量

道路运输车辆燃料消耗量达标车型（货车）车辆参数中营运货车的综合燃料消耗量 Q_z 是根据下面公式计算的。

$$Q_z = \sum i(Q_i \times k_i) \tag{7-6}$$

式中，Q_z 为综合燃料消耗量（L/100km）；Q_i 为在第 i 个车速下校正后的满载等速燃料消耗量（L/100km）；k_i 为在第 i 个车速下的满载等速燃料消耗量权重系数（表7-6）。

表7-6 营运货车在各规定车速下的满载等速燃料消耗量权重系数

	车速（km/h）	30	40	50	60	70	80
k_i	汽车（单车）	—	0.05	0.05	0.10	0.20	0.60
	自卸汽车（单车）	0.05	0.10	0.25	0.30	0.30	—
	半挂汽车列车	—	0.05	0.10	0.10	0.50	0.25

由于本书主要考虑的是载货车，也就是表中的汽车（单车），因此可知，综合燃料消耗量 Q_z 是各速度下满载等速燃料消耗量的加权综合值。例如，BJ1041V8PEA-S 北汽福田载货汽车的综合燃料消耗量 Q_z 是 10.4L/100km，其 50km/h 空载等速燃料消耗量是 6.7L/100km，其具体燃料消耗量参数见表 7-7[②]。

表7-7 燃料消耗量参数表

产品型号		BJ1041V8PEA-S					
执行标准		《营运货车燃料消耗量限值及测量方法》（JT719）					
满载等速燃料消耗量	车速（km/h）	30	40	50	60	70	80
	挡位	—	5	5	5	5	5
	油耗（L/100km）	—	6.5	7.3	8.4	9.6	11.6
燃油消耗量达标车型编号		2012 年第 20 批第 606 号（H0204284）					

---

① 中华人民共和国交通行业标准，营运货车燃料消耗量限值及测量方法（JT719—2008），第 2 页。

② 道路运输车辆燃料消耗量检测和监督管理信息服务网：http://atestsc.mot.gov.cn/pub/index.html。

即 $6.5×0.05+7.3×0.05+8.4×0.10+9.6×0.20+11.6×0.60≈10.4$。可以看出，所计算出来的是在一种比较好的交通运行条件下的综合燃料消耗量。

对于油耗的测量，其方法要求，车辆满载时，手动变速器车辆应置于最高挡或次高挡（当最高挡不能满足等速需要时采用次高挡），自动变速器车辆应置于前进挡。在各试验车速下，保持车辆平稳行驶至少 100m 后，等速通过 500m 的试验路，测量车辆通过该路段的时间和燃料消耗量。试验车速分别为 40km/h、50km/h、60km/h、70km/h、80km/h。

2. 空载等速燃料消耗量

当车辆空载时，要求手动变速器车辆应置于最高挡或次高挡，自动变速器车辆应置于前进挡，在 50km/h 车速下，保持车辆平稳行驶至少 100m 后，等速通过 500m 的试验路，测量通过该路段的时间和燃料消耗量。

综合燃油消耗量反映的是在顺畅的运行环境中，车辆状态良好，在变速器处于高挡时，其行驶速度和相应的油耗情况。因此，在此情况下，百公里油耗随车速增加而增加。综合燃油消耗量为评价车辆的油耗情况提供了很重要的依据，并且在良好路况情况下，能够比较准确地反映车辆的油耗情况。

7.3.2 聚类分析

聚类分析（cluster analysis）是根据事物本身的特性研究个体分类的方法。聚类分析的原则是同一类中个体有较大的相似性，不同类的个体差异很大。根据分类对象的不同，聚类分析分为样品聚类和变量聚类。

样品聚类在统计学中也称 Q 型聚类，就是对事件（case）进行聚类，或者说是对观测量进行聚类，是根据被观测对象的各种特征，即反映被观测对象特征的各变量值进行聚类。

变量聚类在统计学中也称 R 型聚类，反映同一事物特点的变量有很多，我们往往根据所研究的问题选择部分变量对事物的某一方面进行研究。由于人们对客观事物的认识是有限的，往往很难找出彼此独立的有代表性的变量，影响对问题的进一步认识和研究。在回归分析中，若回归变量选择不合适，自变量的共线性导致偏回归系数不能真正反映自变量对因变量的影响。因此，往往先要对变量进行变量聚类分析，找出彼此独立且具有代表性的自变量，而又不丢失大部分信息。这里就是进行变量聚类，也就是指标聚类。

1. 指标聚类分析

由于影响货车基本油耗的指标因素很多，为了使回归模型尽可能反映出各指标对油耗的影响，需对油耗指标和影响因素指标进行变量聚类分析。找出对油耗影响较大的指标，为建立货车燃油消耗预测模型打下基础。

1）聚类指标的确定

燃油消耗指标和影响因素指标很多，这里选择 2 个油耗指标和 6 个影响因素指标进行聚类分析，油耗指标即综合百公里油耗、空载等速百公里油耗，影响因素指标包括排量、功率、总质量、整备质量、额定质量、最高车速。

2）聚类方法

聚类方法有多种，除前面介绍的根据聚类对象的不同分为样品聚类和变量聚类外，在变量聚类中，若知道最后聚类结果的聚类数，可以采用快速聚类法（quick cluster），在这里，由于聚类前并不知道最后的聚类变量数，故采用分层聚类法。

在分层聚类法中，根据聚类过程的不同又可分为凝聚法和分解法。凝聚法：聚类开始时，把参与聚类的每一个变量视为一类，根据两类之间的距离或相似性逐步合并，直到合并为一个大类为止。分解法：与凝聚法相反，聚类开始时，把参与聚类的每一个变量视为属于一大类，根据聚类或相似性进行逐层分解，直到每个变量自成一类为止。上述两种方法聚类的原则是相同的，即距离最近或最相似的变量聚为一类，它们是方向相反的两种聚类过程。聚类结果是一样的。

本书对数据进行整理后用 SPSS 软件对数据进行分层聚类，以期得出油耗指标与车辆自身参数指标之间的关系。聚类过程采用分解法，同时结合相关系数矩阵进行解释。

聚类方法的选择：定义、计算两项间距离和相似性的方法有多种，如最短距离法、最长距离法、重心法、组间连接法等。其中，最短距离法是最优的，不过由于各指标无论是量纲还是数值都存在较大的差异，最短距离法在这里并不适用，因此本书采用组间连接法，组间连接法使合并两类后两两项对之间的平均距离最短，其中项对的两个成员分别属于不同的类。

数据标准化：由于变量的单位不同，数值差距较大，为便于比较，均所有变量的观测值进行标准化到 0~1 范围内。

输出统计量：输出统计量包括凝聚状态表、类成员和相关性矩阵。

凝聚状态表：显示聚类观测中每一步合并的类，被合并的类之间的距离可根据此表跟踪聚类的过程。

类成员：显示合并过程各类中包含的变量。

相关性矩阵：显示变量的合并顺序与相关系数的大小。

3）聚类输出结果

（1）聚类表。表7-8 中列出了从第 1 步至第 7 步聚类过程中，各类合并的顺序，表中的系数是相应合并项之间的相关系数，表中还列出了每一类在上一次合并时的步序号，表中数据为 0 时表示该类是第一次与其他类合并，表中最后一栏是该类下一次将要合并的步序号。

表 7-8　凝聚状态表

阶段	群集组合		系数	首次出现阶群集		下一阶
	群集 1	群集 2		群集 1	群集 2	
1	3	5	0.977	0	0	2
2	3	7	0.946	1	0	4
3	2	4	0.907	0	0	5
4	3	8	0.877	2	0	5
5	2	3	0.842	3	4	6
6	1	2	0.561	0	5	7
7	1	6	−0.150	6	0	0

（2）类成员。由表7-8可以看出，变量合并为4类左右比较合适。从表7-9中可以看出，排量和最高车速两个指标的独立性比较强，即与油耗指标的相关性不高。

表7-9　类成员

变量	7类	6类	5类	4类	3类	2类
排量	6	5	4	3	2	1
功率	3	2	2	2	1	1
总质量	1	1	1	1	1	1
整备质量	4	3	2	2	1	1
额定质量	1	1	1	1	1	1
最高车速	7	6	5	4	3	2
综合燃料消耗量	2	1	1	1	1	1
空载等速燃料消耗量	5	4	3	1	1	1

由表7-9可知各类的类成员如下。

第1类：综合燃料消耗量、空载等速燃料消耗量、总质量、额定质量；

第2类：整备质量、功率；

第3类：排量；

第4类：最高速度。

（3）相关性矩阵。Pearson相关系数可对聚类分析结果进行描述。从表7-10不难发现，变量的合并顺序与相关系数的大小相对应，相关系数大的两变量先合并。

表7-10　各指标之间的相关性矩阵

指标	值向量间的相关性							
	排量	功率	总质量	整备质量	额定质量	最高车速	综合燃料消耗量	空载等速燃料消耗量
排量	1.000	0.662	0.565	0.607	0.505	−0.121	0.522	0.504
功率	0.662	1.000	0.859	0.907	0.776	−0.051	0.806	0.765
总质量	0.565	0.859	1.000	0.937	0.977	−0.169	0.957	0.885
整备质量	0.607	0.907	0.937	1.000	0.841	−0.198	0.896	0.856
额定质量	0.505	0.776	0.977	0.841	1.000	−0.140	0.936	0.848
最高车速	−0.121	−0.051	−0.169	−0.198	−0.140	1.000	−0.199	−0.175
综合燃料消耗量	0.522	0.806	0.957	0.896	0.936	−0.199	1.000	0.898
空载等速燃料消耗量	0.504	0.765	0.885	0.856	0.848	−0.175	0.898	1.000

2. 回归模型表达式

（1）综合燃料消耗量的回归模型表达式。由于综合燃料消耗量 Q_z、空载等速燃料消耗量、总质量、额定质量为一类，且总质量与额定质量之间具有最大的相关性，因此，综合燃料消耗量的回归变量可以选择为总质量、额定质量中的一个。因为总质量数据更清晰，在货车具体型号编号中有体现，故选用总质量 G 为回归变量，回归模型的基本形式如下：

$$Q_z = f(G) \tag{7-7}$$

（2）空载等速燃料消耗量的回归模型表达式。同理，空载等速燃料消耗量 Q_k 的回归模型的基本形式如下：

$$Q_k = f(G) \tag{7-8}$$

7.3.3 货车整体燃油消耗统计分析

1. 货车综合燃料消耗量的回归模型

对于回归模型，利用各种方程对散点图进行拟合，得到的分析数据见表7-11。

表 7-11 模型汇总和参数估计值

方程	模型汇总					参数估计值			
	R^2	F	df_1	df_2	Sig.	常数	b_1	b_2	b_3
线性	0.916	4 015.529	1	368	0.000	10.099	0.001		
对数	0.957	8 271.610	1	368	0.000	−73.787	10.085		
倒数	0.845	2 008.716	1	368	0.000	29.874	−89 342.296		
二次	0.962	4 625.201	2	367	0.000	5.687	0.001	-2.164×10^{-8}	
三次	0.963	3 213.928	3	366	0.000	4.121	0.002	-5.042×10^{-8}	5.659×10^{-13}
复合	0.839	1 914.150	1	368	0.000	11.603	1.000		
幂	0.953	7 479.605	1	368	0.000	0.145	0.524		
S 模型	0.914	3 932.911	1	368	0.000	3.477	−4 840.100		
增长	0.839	1 914.150	1	368	0.000	2.451	3.787×10^{-5}		
指数	0.839	1 914.150	1	368	0.000	11.603	3.787×10^{-5}		
Logistic	0.839	1 914.150	1	368	0.000	0.086	1.000		

注：①R^2 为方程的确定性系数；
②F 表示 F 检验，即方差齐性检验 F 列为下检验值，df_1 为分子自由度，df_2 为分母自由度，Sig. 为显著性水平；
③b_1，b_2，b_3 为回归方程系数；
④S 模型，$r=e^{c+b_1/t}$，其中 c 为常数，b_1 为模型系数，t 为自变量；
⑤Logistic，逻辑回归模型，下同。
因变量为综合燃料消耗量，自变量为总质量

可以看出，采用所提供的方程均可以到达较好的拟合效果，其中拟合度最好的是三次方程。具体结果见表7-12。

表 7-12　利用三次方程进行回归的结果

模型汇总			
R	R^2	调整 R^2	估计值的标准误差
0.988	0.976	0.976	1.168

ANOVA					
	平方和	df	均方	F	Sig.
回归	25 991.216	3	8663.739	6349.413	0.000
残差	637.219	467	1.364		
总计	26 628.435	470			

系数					
	未标准化系数		标准化系数	t	Sig.
	B	标准误	Beta		
总质量（kg）	0.002	0.000	2.055	29.438	0.000
总质量（kg²）	-4.637×10^{-8}	0.000	-1.600		
总质量（kg³）	4.910×10^{-13}	0.000	0.496		
（常数）	4.387	0.204		21.550	0.000

注：调整 R^2 为消除自变量增加带来的影响

设货车的总质量为 G（kg），综合燃油消耗量为 Q_z（L/100km），具体回归方程为

$$Q_z = 4.3871 + 1.8255\times10^{-3}G - 4.6368\times10^{-8}G^2 + 4.9095\times10^{-13}G^3 \tag{7-9}$$

货车综合百公里油耗曲线如图 7-10 所示。

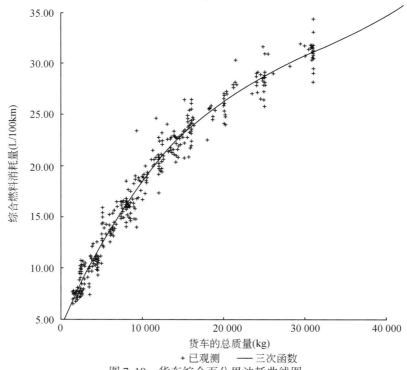

图 7-10　货车综合百公里油耗曲线图

2. 货车空载等速燃料消耗量的回归模型

同理，对空载等速燃料消耗量，利用各种方程对散点图进行拟合，得到的分析数据见表 7-13。

表 7-13 模型汇总和参数估计值

方程	模型汇总					参数估计值			
	R^2	F	df_1	df_2	Sig.	常数	b_1	b_2	b_3
线性	0.783	1 328.760	1	368	0.000	6.407	0.000		
对数	0.797	1 442.275	1	368	0.000	−44.989	6.189		
倒数	0.683	794.559	1	368	0.000	18.551	−54 052.916		
二次	0.808	772.530	2	367	0.000	4.217	0.001	-1.075×10^{-8}	
三次	0.809	516.636	3	366	0.000	3.420	0.001	-2.538×10^{-8}	2.878×10^{-13}
复合	0.755	1135.125	1	368	0.00	7.378	1.000		
幂	0.829	1 785.606	1	368	0.00	0.114	0.499		
S 模型	0.766	1 207.139	1	368	0.000	2.976	−4 526.548		
增长	0.755	1 135.125	1	368	0.000	1.999	3.671×10^{-5}		
指数	0.755	1 135.125	1	368	0.000	7.378	3.671×10^{-5}		
Logistic	0.755	1 135.125	1	368	0.000	0.136	1.000		

注：因变量为空载等速燃料消耗量

故采用幂方程进行回归。设货车的总质量为 G（kg），空载等速燃油消耗量为 Q_k（L/100km），回归曲线为

$$Q_k = 0.11444 G^{0.49932} \tag{7-10}$$

货车空载等速百公里油耗曲线如图 7-11 所示。

具体分析数据见表 7-14。

3. 货车满载时百吨公里油耗分析

为了分析单位运输量的油耗情况，根据货车额定载质量 G_z（kg）对满载综合百公里油耗按照式（7-6）进行变换，得到各型货车满载时百吨公里综合油耗 Q_g（L/100t·km）。

$$Q_g = 1000 Q_z / G_z \tag{7-11}$$

由于货车的百吨公里综合油耗与其额定载质量具有很强的相关性，由此得到以额定载质量为自变量的回归方程，如图 7-12 所示，采用拟合系数最高的幂函数对散点进行拟合，具体方程为

$$Q_g = 427.74369 G_z^{-0.56349} \tag{7-12}$$

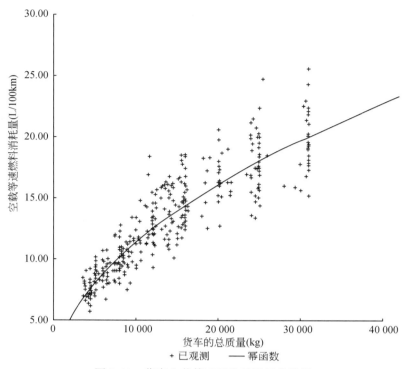

图 7-11　货车空载等速百公里油耗曲线图

表 7-14　利用幂方程进行回归的结果

模型汇总			
R	R^2	调整 R^2	估计值的标准误差
0.911	0.829	0.829	0.138

ANOVA					
	平方和	df	均方	F	Sig.
回归	34.244	1	34.244	1785.606	—
残差	7.057	368	0.019		
总计	41.301	369			

系数					
	未标准化系数		标准化系数	t	Sig.
	B	标准误差	Beta		
ln（总质量）	0.499	0.012	0.911	42.256	0.000
（常数）	0.114	0.013		9.018	0.000

注：因变量为 ln（空载等速燃料消耗量）

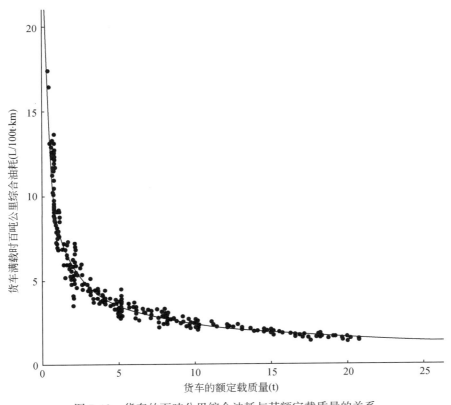

图 7-12　货车的百吨公里综合油耗与其额定载质量的关系

7.3.4　各车型货车燃油消耗统计分析

采用上面货车整体燃油消耗统计分析的思路，为了进一步分析各类车型货车的具体油耗规律，下面分别对重型、中型、轻型和微型四类货车的油耗情况进行统计分析。

1. 重型货车

设重型货车的总质量为 G（kg），综合燃油消耗量为 Q_z（L/100km），回归曲线为

$$Q_z = 10.2181 + 1.0210 \times 10^{-3} G - 1.1247 \times 10^{-8} G^2 \tag{7-13}$$

重型货车综合百公里油耗曲线如图 7-13 所示。

设重型货车的总质量为 G（kg），空载等速燃油消耗量为 Q_k（L/100km），回归曲线为

$$Q_k = -59.6599 + 7.6745 \ln G \tag{7-14}$$

重型货车空载等速百公里油耗曲线如图 7-14 所示。

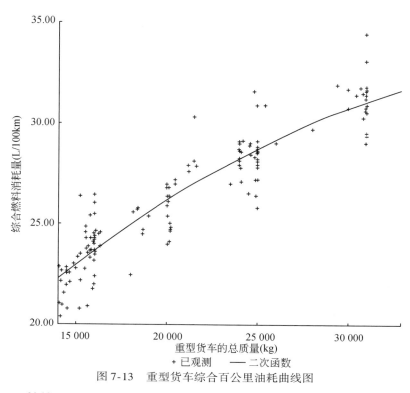

图 7-13　重型货车综合百公里油耗曲线图

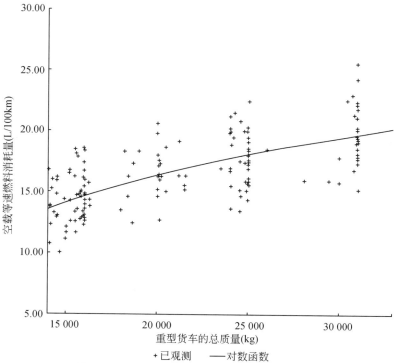

图 7-14　重型货车空载等速百公里油耗曲线图

2. 中型货车

设中型货车的总质量为 G（kg），综合燃油消耗量为 Q_z（L/100km），回归曲线为

$$Q_z = 6.5526 + 1.2154 \times 10^{-3} G - 3.5404 \times 10^{-9} G^2 \tag{7-15}$$

中型货车综合百公里油耗曲线如图 7-15 所示。

设中型货车的总质量为 G（kg），空载等速燃油消耗量为 Q_k（L/100km），回归曲线为

$$Q_k = 0.032\,779 G^{0.63538} \tag{7-16}$$

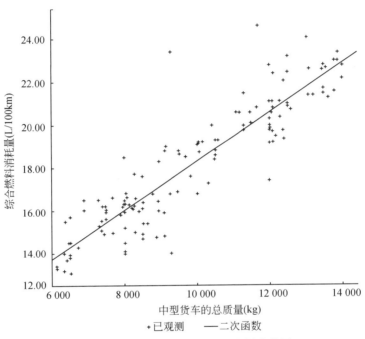

图 7-15　中型货车综合百公里油耗曲线图

中型货车空载等速百公里油耗曲线如图 7-16 所示。

3. 轻型货车

设轻型货车的总质量为 G（kg），综合燃油消耗量为 Q_z（L/100km），回归曲线为

$$Q_z = 4.7048 + 1.8284 \times 10^{-3} G - 1.5892 \times 10^{-7} G^2 + 2.1240 \times 10^{-11} G^3 \tag{7-17}$$

轻型货车综合百公里油耗曲线如图 7-17 所示。

设轻型货车的总质量为 G（kg），空载等速燃油消耗量为 Q_k（L/100km），回归曲线为

$$Q_k = 3.3645 + 9.7035 \times 10^{-4} G \tag{7-18}$$

轻型货车空载等速百公里油耗曲线如图 7-18 所示。

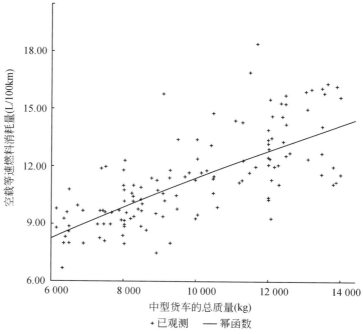

图 7-16 中型货车空载等速百公里油耗曲线图

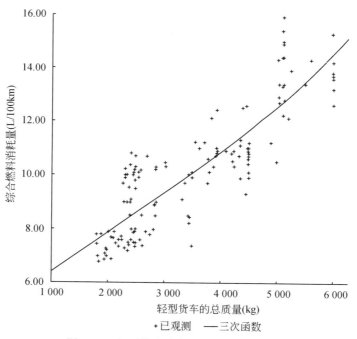

图 7-17 轻型货车综合百公里油耗曲线图

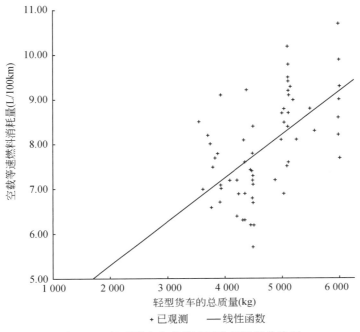

图 7-18 轻型货车空载等速百公里油耗曲线图

4. 微型货车

对于微型货车，由于其散点分布不规则，故先利用各种方程对散点图进行拟合，得到的分析数据见表 7-15。

表 7-15 模型汇总和参数估计值

方程	模型汇总					参数估计值			
	R^2	F	df_1	df_2	Sig.	常数	b_1	b_2	b_3
线性	0.076	1.234	1	15	0.284	6.206	0.001		
对数	0.075	1.215	1	15	0.288	−1.540	1.218		
倒数	0.073	1.187	1	15	0.293	8.642	−1902.143		
二次	0.078	0.591	2	14	0.567	9.364	−0.003	1.255×10^{-6}	
三次	0.077	0.584	2	14	0.571	7.808	−0.001	0.000	1.995×10^{-10}
复合	0.078	1.262	1	15	0.279	6.245	1.000		
幂	0.076	1.240	1	15	0.283	2.100	0.171		
S 模型	0.075	1.209	1	15	0.289	2.174	−267.401		
增长	0.078	1.262	1	15	0.279	1.832	0.000		
指数	0.078	1.262	1	15	0.279	6.245	0.000		
Logistic	0.078	1.262	1	15	0.279	0.160	1.000		

注：因变量为综合燃料消耗量，自变量为总质量

可以看出，其散点分布如果用方程进行回归，其相关系数比较低。

7.4 货车能源利用效率计算模型

对于一个地区而言，其货运交通能源消耗量实际上就是所有货车在完成一定货运量时所消耗燃油的总和。对于一台货车而言，其能源效率实际上就是完成单位运输量平均所消耗的燃油。

7.4.1 根据总量统计数据的货运能源效率计算模型

设该地区货车总的货运周转量为 Tu（t·km），总的行驶里程为 Mi（km），总的油耗为 C（t），则平均百吨公里油耗 Q_g（L/100t·km）为

$$Q_g = 10^5 C/(\text{Tu} \cdot D) \tag{7-19}$$

平均百公里油耗 Q（L/100km）为

$$Q = 10^5 C/(\text{Mi} \cdot D) \tag{7-20}$$

式中，D 为燃油密度（kg/L）。

当只有统计的总量数据时，可选用式（7-19）和式（7-20）进行计算。

7.4.2 根据具体车型数据的货运能源效率计算模型

货车的具体车型主要是根据其底盘型号来确定。有 N_i 台某一具体车型 i 的货车，占货车总数的百分比为 P_i，其平均综合百公里油耗为 Q_{zi}（L/100km），平均空载百公里油耗为 Q_{ki}（L/100km），年平均行驶里程为 S_i（km），其中重载行驶里程占比为 P_{zi}，额定载重量为 G_{zi}（t），则车型 i 的年平均百公里油耗 Q_i（L/100km）为

$$Q_i = \frac{[Q_{zi}S_iP_{zi} + Q_{ki}S_i(1 - P_{zi})]N_i}{S_iN_i} = Q_{zi}P_{zi} + Q_{ki}(1 - P_{zi}) \tag{7-21}$$

所有货车的年平均百公里油耗 Q（L/100km）为

$$Q = \frac{\sum_i [Q_{zi}S_iP_{zi} + Q_{ki}S_i(1 - P_{zi})]N_i}{\sum_i S_iN_i} = \sum_i \frac{[Q_{zi}P_{zi} + Q_{ki}(1 - P_{zi})]S_iP_i}{\sum_i S_iP_i} = \sum_i \frac{Q_iS_iP_i}{\sum_i S_iP_i} \tag{7-22}$$

货运燃油总消耗量 C（L）为

$$C = \frac{\sum_i [Q_{zi}P_{zi} + Q_{ki}(1 - P_{zi})]S_iN_i}{100} \tag{7-23}$$

如果 S_i 均相等，则式（7-21）变为

$$Q = \sum_i Q_iP_i \tag{7-24}$$

对于车型 i 的货车，平均百吨公里油耗 Q_{gi}（L/100t·km）为

$$Q_{gi} = \frac{[Q_{zi}S_iP_{zi} + Q_{ki}S_i(1 - P_{zi})]N_i}{G_{zi}S_iP_{zi}N_i} = \frac{Q_{zi}P_{zi} + Q_{ki}(1 - P_{zi})}{G_{zi}P_{zi}} = \frac{Q_i}{G_{zi}P_{zi}} \qquad (7\text{-}25)$$

对于所有货车，平均百吨公里油耗 Q_g（L/100t·km）为

$$Q_g = \frac{\sum_i[Q_{zi}S_iP_{zi} + Q_{ki}S_i(1 - P_{zi})]N_i}{\sum_i G_{zi}S_iP_{zi}N_i} = \frac{\sum_i[Q_{zi}P_{zi} + Q_{ki}(1 - P_{zi})]S_iP_i}{\sum_i G_{zi}P_{zi}S_iP_i}$$

$$= \sum_i \frac{Q_{gi}G_{zi}P_{zi}S_iP_i}{\sum_i G_{zi}P_{zi}S_iP_i} = \sum_i \frac{Q_iS_iP_i}{\sum_i G_{zi}P_{zi}S_iP_i} \qquad (7\text{-}26)$$

7.4.3 根据车辆运行速度分布的货运能源效率计算模型

在 7.4.2 节的基础上，根据货车在各规定速度下的满载百公里油耗，可以进一步建立对应的燃油消耗计算模型。某一具体车型 i 的货车，在速度 V_j 下的满载平均百公里油耗为 Q_{zij}（L/100km），P_{zij} 为满载行驶总里程中以速度 V_j 行驶的平均里程比例，则车型 i 的年平均百公里油耗 Q_i（L/100km）为

$$Q_i = \frac{[\sum_i Q_{zij}S_iP_{zi}P_{zij} + Q_{ki}S_i(1 - P_{zi})]N_i}{S_iN_i} = \sum_j Q_{zij}P_{zi}P_{zij} + Q_{ki}(1 - P_{zi}) \qquad (7\text{-}27)$$

所有货车的年平均百公里油耗 Q（L/100km）为

$$Q = \frac{\sum_i[\sum_j Q_{zij}S_iP_{zi}P_{zij} + Q_{ki}S_i(1 - P_{zi})]N_i}{\sum_i S_iN_i} = \sum_i \frac{[\sum_j Q_{zij}P_{zi}P_{zij} + Q_{ki}(1 - P_{zi})]S_iP_i}{\sum_i S_iP_i}$$

$$= \sum_i \frac{Q_iS_iP_i}{\sum_i S_iP_i} \qquad (7\text{-}28)$$

货运燃油总消耗量 C（L）为

$$C = \frac{\sum_i[\sum_j Q_{zij}P_{zi}P_{zij} + Q_{ki}(1 - P_{zi})]S_iN_i}{100} \qquad (7\text{-}29)$$

对于车型 i 的货车，平均百吨公里油耗 Q_{gi}（L/100t·km）为

$$Q_{gi} = \frac{[\sum_j Q_{zij}S_iP_{zi}P_{zij} + Q_{ki}S_i(1 - P_{zi})]N_i}{G_{zi}S_iP_{zi}N_i} = \frac{\sum_j Q_{zij}P_{zi}P_{zij} + Q_{ki}(1 - P_{zi})}{G_{zi}P_{zi}} = \frac{Q_i}{G_{zi}P_{zi}}$$

$$\qquad (7\text{-}30)$$

对于所有货车，平均百吨公里油耗 Q_g（L/100t·km）为

$$Q_g = \frac{\sum_i[\sum_j Q_{zij}S_iP_{zi}P_{zij} + Q_{ki}S_i(1 - P_{zi})]N_i}{\sum_i G_{zi}S_iP_{zi}N_i} = \frac{\sum_i[\sum_j Q_{zij}P_{zi}P_{zij} + Q_{ki}(1 - P_{zi})]S_iP_i}{\sum_i G_{zi}P_{zi}S_iP_i}$$

$$= \sum_i \frac{Q_{gi}G_{zi}P_{zi}S_iP_i}{\sum_i G_{zi}P_{zi}S_iP_i} = \sum_i \frac{Q_iS_iP_i}{\sum_i G_{zi}P_{zi}S_iP_i} \qquad (7\text{-}31)$$

实载率与油耗之间的关系主要体现在实载率的变化将显著影响百吨公里油耗。对于式

（7-31），不考虑车型，就是

$$Q_g = \frac{Q}{G_z P_z} \qquad (7\text{-}32)$$

式中，P_z 为满载行驶里程比例，即实载率（满载率）。可见，百吨公里油耗与实载率呈反比关系，当实载率达到 100% 时，百吨公里油耗最小，此时燃油效率最高；而车辆实载率越低，百吨公里油耗越高，并且增加越快；若实载率接近 0，则百吨公里油耗将接近 ∞。

7.4.4　货车车型比例的确定

从 7.4.3 节的分析可以看出，某一车型 i 的货车的占比 P_i 是一个重要的参数。由于汽车市场和汽车行业对货车车型是按照重型、中型、轻型、微型分为四大类，并作为一种统计口径，因此可以依据这一类统计数据，计算货运能源效率。更进一步，如可以分析生产重型货车的主要企业的市场占比，以及各家汽车企业的重型货车的具体车型（根据底盘型号）数量分布，据此即可得到某一具体车型 i 的货车的占比 P_i。例如，某一品牌的某一底盘型号的重型货车占比的具体计算公式如下：

$$P_i = P_重 \cdot P_企 \cdot P_型 \qquad (7\text{-}33)$$

式中，$P_重$ 为重型货车数占货车总数的百分比；$P_企$ 为重型货车市场中某企业的占有率；$P_型$ 为某企业生产的重型货车中某一底盘型号车型的百分比。

实际上，对于式（7-33）中的参数，通过对相关行业信息进行搜索、查询、调研和抽样，基本上可以获得对应的参数值，从而为实际计算提供数据支持。

7.4.5　根据抽样调查数据确定货车的实际油耗

根据《公路运输能源消费统计报表制度》中所采集的数据，可以推算货车的实际油耗情况，同时也可以根据这些采集的一线真实数据，来对《道路运输车辆燃料消耗量达标车型表》中的基本数据（也称试验数据或理想数据）进行修正（具体调查表见附件一）。关于推算总的燃油消耗量，有以下两种方法。

1. 根据油耗基础数据推算

首先，用同一类别样本车的基础数据推算出该类车辆的平均燃油消费量；其次，用交通部门运管车辆库中各类别的营运车辆数推算出该类车辆的燃油消费总量；最后，将各类车辆进行加总得到营运车辆的燃油消费总量。具体方法如下：

（1）计算第 i 类车型第 j 辆车某一年的燃油消费量 α_{1ij}，可表达为

$$\alpha_{1ij} = \frac{l_{ij}}{100} m_{ij} \qquad (7\text{-}34)$$

式中，l_{ij} 为该车运行里程，即该车某一年行驶的总里程；m_{ij} 为百公里耗油，即该车在公路上行驶 100km 的平均燃油消费量。

（2）计算第 i 类车型的该年平均燃油消费量 q_{1i}，可表达为

$$q_{1i} = \frac{\sum\limits_{j=1}^{n_i} \alpha_{1ij}}{n_i} \tag{7-35}$$

式中，n_i 为全市第 i 类型车辆的调查样本数。

（3）计算全市第 i 类车型的该年燃油消费总量 Q_{1i}，可表达为

$$Q_{1i} = N_i q_{1i} \tag{7-36}$$

式中，N_i 为全市第 i 类型车辆的总数。

（4）计算全市所有车型的该年燃油消费总量 Q_1，可表达为

$$Q_1 = \sum_{i=1}^{7} Q_{1i} \tag{7-37}$$

2. 根据油耗费用数据推算

通过每辆车某一年的加油费用、燃油单价和营运车辆数推算燃油消费总量。

（1）计算第 i 类型车第 j 辆车的某一年燃油消费量 α_{2ij}，可表达为

$$\alpha_{2ij} = \frac{f_{ij}}{d} \tag{7-38}$$

式中，f_{ij} 为全市第 i 类车第 j 辆车的该年加油费用；d 为全市该年平均油价，由该市经过计算给出。计算公式如下：

$$d = \frac{\sum\limits_{i=1}^{n} c_i t_i}{\sum\limits_{i=1}^{n} t_i} \tag{7-39}$$

式中，c_i 为全市该年第 i 次调整后的油价；n 为该年的油价调整次数；t_i 为全市该年第 i 次油价持续天数。

（2）计算第 i 类型车的该年平均燃油消费量 q_{2i}，可表达为

$$q_{2i} = \frac{\sum\limits_{j=1}^{n_i} \alpha_{2ij}}{n_i} \tag{7-40}$$

式中，n_i 为全市第 i 类型车辆的调查样本数。

（3）计算全市第 i 类车型的该年燃油消费总量 Q_{2i}，可表达为

$$Q_{2i} = N_i q_{2i} \tag{7-41}$$

式中，N_i 为全市第 i 类型车辆的总数。

（4）计算全市所有车型的该年燃油消费总量 Q_2，可表达为

$$Q_2 = \sum_{i=1}^{7} Q_{2i} \tag{7-42}$$

7.5 考虑城市交叉口的道路货运燃油消耗测算模型

7.5.1 城市交叉口道路货车燃油消耗测算模型

城市对于货运交通一般都有相应的禁限规定，如北京市关于货车的禁限规定有：四环路（含）以内道路，6时至23时禁止载货汽车通行；五环路主路，6时至22时，禁止8t（含）以上载货汽车通行；为北京市运送生产生活物资的外省、区、市载货汽车在办理进京货运通行证后，准许每天0时至6时进入五环路（含）以内道路行驶；等等。可见货车主要是在中心市区之外运行，或是深夜才进入中心市区，尽管如此，交叉口、红绿灯还是会对货车油耗情况产生重要影响，有必要重点分析研究。

在城市交通环境中，影响油耗测算模型的因素很多，如交通量、行驶速度、连接道路长度、交叉口类型等，这些因素对于不同的油耗指标，其影响程度是不完全一样的，各影响因素与油耗指标的相关性大小不一，而且各影响因素之间还存在一些相关性。因此，为了得出单车燃油消耗的测算模型，首先须对油耗指标进行聚类分析，找出各油耗指标、影响因素指标之间的相关性，从中确定对油耗影响最大的几个因素，再对这几个因素进行回归，得出单车燃油消耗的测算模型（王炜等，2002）。

1. 因素聚类

燃油消耗指标和影响因素指标很多，这里选择7个油耗指标和5个影响因素指标进行聚类分析，油耗指标即实际油耗、行驶油耗、等待油耗、实际单位油耗、行驶单位油耗、实际百公里油耗和行驶百公里油耗；影响因素指标包括连接交叉口间距、实际时间、行驶时间、等待时间、实际速度、行驶速度。

根据已有研究成果，对于微型货车，变量合并为5类，分别是：连接交叉口间距、实际时间、行驶时间、实际油耗、行驶油耗；等待油耗、等待时间；实际速度、行驶速度；实际百公里油耗、行驶百公里油耗；实际单位油耗、行驶单位油耗。对于中型货车，变量合并为4类，分别是：连接交叉口间距、实际时间、行驶时间、实际油耗、行驶油耗；等待油耗、等待时间；实际速度、行驶速度、实际单位油耗、行驶单位油耗；实际百公里油耗、行驶百公里油耗。

2. 回归模型形式

回归模型的基本形式有多种。式（7-43）~式（7-48）中，A、B、C、D 为回归系数。

（1）实际油耗与行驶油耗模型。回归模型的基本形式如下：

$$FC_p = f(L) = B \cdot L + A \text{ 或 } FC_p = f(T_p) = B \cdot T_p + A \qquad (7\text{-}43)$$

$$FC_t = f(L) = B \cdot L + A \text{ 或 } FC_t = f(T_t) = B \cdot T_t + A \qquad (7\text{-}44)$$

式中，FC_p 为汽车从一个交叉口的停车线到另一个交叉口之间行驶时的油耗（mL）；FC_t 为汽车从一个交叉口的停车线行驶到另一个交叉口的油耗，不包括等待油耗（mL）；L 为两相邻交叉口之间停车线之间的距离（m）；T_p 为从一个交叉口停车线到另一个交叉口停车线之间的行驶时间，包括在交叉口的等待时间（s）；T_t 为从一个交叉口停车线到另一个交叉口停车线之间的行驶时间，不包括在交叉口的等待时间（s）。

（2）实际百公里油耗与行驶百公里油耗模型。对于微型货车而言，回归模型的基本形式如下：

$$Q_p = f(L, V_p) = A \cdot \exp(B \cdot L) \cdot (1 + D \cdot \exp(C \cdot V_p)) \text{ 或 } Q_p = f(T_p, V_p) \quad (7\text{-}45)$$

$$Q_t = f(L, V_t) = A \cdot \exp(B \cdot L) \cdot (1 + D \cdot \exp(C \cdot V_t)) \text{ 或 } Q_t = f(T_t, V_t) \quad (7\text{-}46)$$

式中，Q_p 为反映汽车在实际交通环境中单位里程的燃油（L/100km）；Q_t 为除去等待油耗后汽车在实际行驶过程中的单位里程燃油消耗（L/100km）；V_p 为对应于 T_p 的速度（km/h）；V_t 为对应于 T_t 的速度（km/h）。

对于中型货车而言，回归模型的基本形式如下：

$$Q_p = f(L, V_p) = A \cdot L^B \cdot (1 + D \cdot V_p^C) \text{ 或 } Q_p = f(T_p, V_p) \quad (7\text{-}47)$$

$$Q_t = f(L, V_t) = A \cdot \exp(B \cdot L) \cdot (1 + D \cdot \exp(C \cdot V_t)) \text{ 或 } Q_t = f(T_t, V_t) \quad (7\text{-}48)$$

（3）实际单位油耗与行驶单位油耗模型。对于微型货车而言，回归模型的基本形式如下：

$$\text{UFC}_p = f(L, V_p) \text{ 或 } \text{UFC}_p = f(T_p, V_p) \quad (7\text{-}49)$$

$$\text{UFC}_t = f(L, V_t) \text{ 或 } \text{UFC}_t = f(T_t, V_t) \quad (7\text{-}50)$$

式中，UFC_p 为实际油耗与行驶时间（包括在交叉口附近的等待时间）之比（mL/s）；UFC_t 为行驶油耗与行驶时间（不包括在交叉口附近的等待时间）之比（mL/s）。

对于中型货车而言，回归模型的基本形式如下：

$$\text{UFC}_p = f(V_p) \text{ 或 } \text{UFC}_t = f(V_t) \quad (7\text{-}51)$$

3. 回归模型结果

推荐的油耗回归模型（微型货车）见表 7-16。

表 7-16　推荐的油耗回归模型（微型货车）

油耗指标	表达式	R
实际油耗	$\text{FC}_p = B \cdot L + A = 0.07L + 38.03$	0.80
	$\text{FC}_p = B \cdot T_p + A = 0.47T_p + 22.52$	0.83
行驶油耗	$\text{FC}_t = B \cdot L + A = 0.07L + 33.86$	0.77
	$\text{FC}_t = B \cdot T_t + A = 0.47T_t + 29.76$	0.79
实际百公里油耗	$Q_p = 14.32\exp(-0.0003L) \cdot (1 + 4.75\exp(-0.18V_p))$	0.70
行驶百公里油耗	$Q_t = 13.7\exp(-0.0003L) \cdot (1 + 3.74\exp(-0.13V_t))$	0.66

在城市交叉口情况下，微型货车的实际百公里油耗 Q_p 的计算公式为

$$Q_p = 14.32\exp(-0.0003L) \cdot (1 + 4.75\exp(-0.18V_p)) \quad (7\text{-}52)$$

其函数图形如图 7-19 所示。可以看出，交叉口距离越长，油耗越低；车辆速度在低速

（20km/h 以内）时，油耗随车速增加急剧下降；当速度增加到较高（30km/h 以上）时，油耗就显得比较稳定。而在密集交叉口的低速行驶，油耗最大。

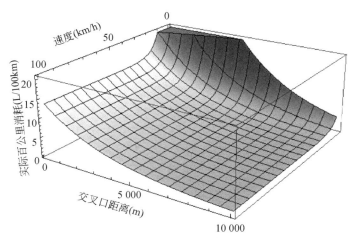

图 7-19　考虑城市交叉口的微型货车百公里油耗情况

推荐的油耗回归模型（中型货车）见表 7-17。

表 7-17　推荐的油耗回归模型（中型货车）

油耗指标	表达式	R
实际油耗	$FC_p = B \cdot L + A = 0.13L + 34.74$	0.99
	$FC_p = B \cdot T_p + A = 0.75T_p + 60.00$	0.80
行驶油耗	$FC_t = B \cdot L + A = 0.13L + 20.81$	0.99
	$FC_t = B \cdot T_t + A = 0.77T_t + 61.47$	0.80
实际百公里油耗	$Q_p = A \cdot L^B \cdot (1 + D \cdot V_p^C) = 39.67L^{-0.14} \cdot (1 + 28.12V_p^{-1.79})$	0.90
行驶百公里油耗	$Q_t = 15.68\exp(-0.00073L) \cdot (1 + 2.82\exp(-0.14V_t))$	0.85

在城市交叉口情况下，中型货车的实际百公里油耗的计算公式为

$$Q_p = 39.67L^{-0.14} \cdot (1 + 28.12V_p^{-1.79}) \qquad (7\text{-}53)$$

其函数图形如图 7-20 所示。可以看出，交叉口距离越长，油耗越低；车辆速度在低速（30km/h 以内）时，油耗随车速增加急剧下降；当速度增加到较高（50km/h 以上）时，油耗才显得比较平稳。对于中型货车来说，低速行驶或密集的交叉口均是出现高油耗的情况。

根据实际百公里油耗公式就可以计算出货车在一定交叉口密度、一定实际运行（包括行驶和停车）速度下的城市市区道路的满载情况下百公里油耗。

4. 汽车当量燃油消耗

由于货车的车型比较多，为了便于进一步分析、比较各种车型货车的燃油消耗，可采

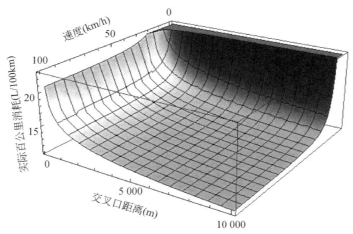

图 7-20　考虑城市交叉口的中型货车百公里油耗情况

用当量燃油消耗这一概念。所谓当量燃油消耗是指各种车型相对于某一基准车型的燃油消耗。

选定某一车型为基准车型，根据各具体车型货车的综合百公里油耗，即可计算出各具体车型相对于基准车型的当量燃油消耗。即

$$K_i = \frac{Q_{pi}}{Q_p} \tag{7-54}$$

式中，K_i 为第 i 种车型的当量燃油消耗；Q_{pi} 为各具体车型的综合百公里燃油消耗；Q_p 为基准车型的综合百公里燃油消耗。基准车型货车的当量燃油消耗为 1。

对于城市市区交叉口道路的货车燃油消耗，本书研究中的两交叉口之间的距离主要在 3km 以内，而此时车辆的实际速度也主要在 50km/h 以内，在这种情况下，采用式（7-54）可以比较准确地计算出车辆的燃油消耗情况。当车辆的行驶速度大于 50km/h 时，说明道路情况很好，此时可采用综合燃油消耗量的方式进行油耗计算。而对于无交叉口或交叉口稀少的道路，由于道路拥堵而导致车速较低，进而油耗较大的情况，就采用下面的方法进行油耗预测计算。

7.5.2　城市非交叉口道路货车低速（<50km/h）行驶状态下的油耗分析

在城市市区，车辆的油耗与交叉口的密度和平均车速关系密切。对于北京市这种超大城市，由于道路的立交程度比较高，高速路、快速路上的油耗受交叉口因素影响很小；并且城市市郊道路的交叉口相对于市区要稀疏很多，油耗同样受交叉口因素影响不大。因此，在市区高速路、快速路以及市郊道路这些非交叉口道路上，由于高峰车流较大而导致车辆低速行驶，是影响其油耗的主要因素。此处根据隗海林等（2009）的试验数据，对处于低速状态的货车油耗情况进行分析。

1. 使用的试验车辆

隗海林等所选取的作为试验车辆的车型是金杯 SY6480 型汽车,该车辆的具体参数见表 7-18。

表 7-18 SY6480 型金杯试验车的参数表

长/宽/高 (nm)	5070/1690/1935	发动机型式	491Q-ME/22
行驶里程 (km)	30 000	排量 (mL)	2237
最大功率 (kW)	70	最大扭矩 (N·m)	178
油耗 (L/100km)	9.8	轴距 (nm)	2 590
最大功率转速 (rpm*)	4 600	最大扭矩转速 (rpm)	2 800～3 200

* 1 rpm = 1 r/min。

2. 基于速度的稳态油耗模型

稳态下车辆油耗模型反映了车辆在行驶过程中稳态下的油耗变化规律,对于预测不受交叉口影响的或受交叉口影响很小的城市高速路、快速路以及部分主干道上车辆的燃油消耗状况更为实用,故考虑建立基于速度的稳态油耗模型。研究稳态下车辆燃油消耗随速度的变化规律,应尽可能排除加速度对油耗的影响,这里主要通过对车辆处于匀速状态时的数据系列进行分析,建立稳态速度—油耗模型。

通过对试验数据的分析,当车速小于 20km/h 时,加减速比较频繁,车速相对不够稳定,所以在研究稳态下油耗变化规律过程中,只取车速大于 20km/h 时油耗的变化情况,然后推广到车速小于 20km/h 时的油耗。试验车以不同的车速行驶时,各匀速段油耗情况的统计结果见表 7-19。模型汇总和参数估计值见表 7-20。

表 7-19 速度–油耗统计表

速度 (km/h)	油耗 (L/h)	百公里油耗 (L/100km)	速度 (km/h)	油耗 (L/h)	百公里油耗 (L/100km)
21	4.01	19.10	37	3.80	10.27
22	3.97	18.05	38	3.76	9.89
25	3.91	15.64	40	3.81	9.53
28	3.87	13.82	42	3.88	9.24
30	3.82	12.73	45	3.95	8.78
31	3.81	12.29	48	4.01	8.35
34	3.84	11.29	50	4.03	8.06
35	3.78	10.80			

表 7-20　模型汇总和参数估计值

方程	模型汇总					参数估计值	
	R^2	F	df_1	df_2	Sig.	常数	b_1
S	0.997	3710.723	1	13	0.000	1.474	31.575

注：因变量为百公里油耗，自变量为速度

如图 7-21 所示为试验车以不同的车速匀速行驶时的速度–油耗拟合曲线。

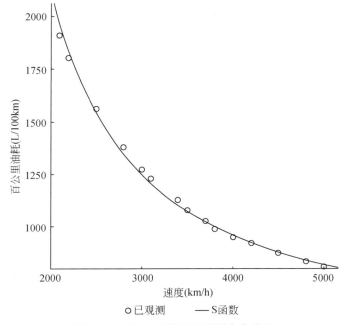

图 7-21　速度–百公里油耗拟合曲线图

应用 SPSS 软件进行回归分析，根据曲线估计，拟合出相应的数学模型。设速度为 V，则城市非交叉口道路货车低速行驶的速度–油耗模型为 S 曲线（图 7-22）。

$$Q_{yd} = e^{1.474 + \frac{31.575}{V}} \tag{7-55}$$

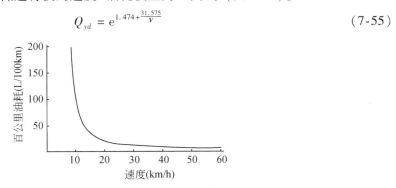

图 7-22　速度–百公里油耗数学模型的曲线图

3. 汽车当量燃油消耗转换

以上试验所选取的车型是金杯 SY6480 型汽车，为了得到其他所有车型在该种情况下的燃油消耗量，可以采用 7.5.1 节所提到的当量燃油消耗这一概念，把试验车型金杯 SY6480 作为基准车型，其他车型与基准车型比较，从而将城市非交叉口道路的低速行驶状态下所有车型的油耗情况分析出来。

7.5.3 城市非交叉口道路交通畅通（≥50km/h）情况下货车油耗分析

根据前一节的研究分析，在道路通畅的情况下，货车的油耗情况可以用满载百公里油耗来反映，其是在顺畅的运行环境中，车辆状态良好，在变速器处于高挡时，不同行驶速度所对应的满载百公里油耗。在此情况下，百公里油耗随车速增加而增加。因此，在非交叉口道路通畅情况下，不同车速下的满载百公里油耗①为评价车辆油耗情况提供了很重要的参考依据，并且能够比较准确地反映该情况下的车辆油耗情况。

1. 某车型货车基于速度的满载百公里油耗分析

7.2.2 节已经分析过，对于某一车型货车在某一速度下的满载百公里油耗，测量时要求，手动变速器车辆应置于最高挡或次高挡（当最高挡不能满足等速需要时采用次高挡），保持车辆平稳行驶至少 100m 后，等速通过 500m 的试验路，测量车辆通过该路段的时间和燃料消耗量。由此得到车辆在速度分别为 40km/h、50km/h、60km/h、70km/h、80km/h 时的满载百公里油耗，见表 7-21，即为东风 EQ1090GZ12D5 载货汽车的燃料消耗量参数表，列出每一速度下的满载百公里油耗。

表 7-21　燃料消耗量参数表

产品型号		EQ1090GZ12D5					
执行标准		《营运货车燃料消耗量限值及测量方法》JT719					
满载等速燃料消耗量	车速（km/h）	30	40	50	60	70	80
	挡位	—	5	5	5	5	5
	油耗（L/100km）	—	10.5	11.4	13.3	16.0	19.2
燃油消耗量达标车型编号		2011 年第 11 批第 1158 号（H011A807）					

2. 货车各行驶速度下的平均油耗情况

货车在非交叉口道路通畅情况下，行驶速度较高，车辆变速器处于高挡位，此时需要

---

① 道路运输车辆燃料消耗量检测和监督管理信息服务网：http：//atestsc. mot. gov. cn/pub/index. html。

根据实际情况确定车辆在各速度区间的比例分布。7.5.1 节已经研究了交叉口比较密集（间距在 3km 以内）、车辆速度较低（行驶速度在 50km/h 以内）的油耗情况，以及在无交叉口或交叉口稀少、车辆速度较低（行驶速度在 50km/h 以内）的油耗情况，因此这里主要讨论在无交叉口或交叉口稀少、车辆速度较高（行驶速度在 50km/h 以上）的油耗情况。即此时车辆的速度主要处于 50km/h 以上，分析其具体油耗的分布情况。根据已有数据，主要获取速度分别为 40km/h、50km/h、60km/h、70km/h、80km/h 的油耗情况，并根据各速度下的油耗情况，拟合出货车满载时任意速度下的百公里油耗（表 7-22）。这里根据数据情况，采用各速度下所有重型和中型货车的平均综合百公里油耗作为数据分析对象，进行曲线拟合。即这里的基准车型的油耗就是所有重型和中型货车的平均综合百公里油耗 24.64 L/100km。

表 7-22   各速度下重型和中型货车的平均油耗情况

速度（km/h）	40	50	60	70	80
平均油耗（L/100km）	17.19	18.92	20.94	23.45	26.75

3. 城市非交叉口道路畅通情况下货车油耗模型

本书采用所有重型和中型货车在各指定速度下油耗的平均值进行拟合，采用二次方程进行回归，最终的分析结果见表 7-23。模型系数见表 7-24。

表 7-23   模型汇总

R	R^2	调整 R^2	估计值的标准误差
1.000	1.000	0.999	0.113

注：自变量为速度

表 7-24   系数

项目	未标准化系数		标准化系数	t	Sig.
	B	标准误	Beta		
速度	−0.075	0.036	−0.314	−2.060	0.176
速度^2	0.003	0.000	1.312	8.601	0.013
常数	16.080	1.050		15.316	0.004

设货车的行驶速度为 V（km/h），通畅情况下满载等速百公里油耗为 Q_{tc}（L/100km），回归方程为

$$Q_{tc} = 16.0799 - 0.074998V + 2.5968 \times 10^{-3} V^2 \tag{7-56}$$

畅通情况下货车油耗与速度拟合曲线如图 7-23 所示。

根据采样点的分布，确定模型中 V 的取值范围为（50，90）。

同样，这里也存在汽车当量燃油消耗问题。尽管基准车型是重型和中型货车的平均，但是当量燃油消耗仍然是各具体车型与基准车型的比值。

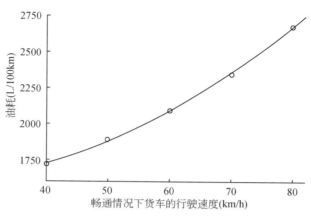

图 7-23　畅通情况下货车油耗与速度拟合曲线图

7.5.4　三种情况下城市货车油耗计算模型汇总

前两节把城市货运车辆的油耗情况分为三种情况，并分别进行了分析研究，下面把这三种情况进行综合，进而确定城市货车整体的油耗情况。

1. 城市货运交通的三种状态

7.5.2 和 7.5.3 节的研究，实际上是将城市货车的能耗情况与货车的运行情况结合起来，主要是根据货车运行的速度，来分析燃油消耗情况。由于不同的道路情况和运行速度，货车油耗规律不同，所以实际上是分为以下三种情况进行分析研究的（图 7-24）。

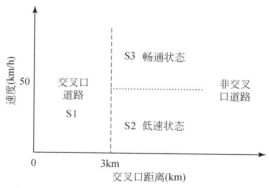

图 7-24　根据速度和交叉口距离将城市货运油耗分为三种情况

2. 油耗模型汇总

对城市货车三种情况下的油耗模型进行汇总，并采用当量燃油消耗的方法，对油耗模型按照指定基准车型进行转换，得到可应用于所有货车车型的油耗计算模型。

在城市市区交叉口道路的货车燃油消耗分析中，采用了东风 EQ1090 车型作为基准车型；而在城市非交叉口道路货车低速状态（<50km/h）下的燃油消耗分析中，采用了金杯 SY6480 车型作为基准车型；在城市非交叉口道路交通畅通（≥50km/h）情况下，采用重型和中型货车的平均车型作为基准车型。对于三种情况下所使用的基准车型，分别设定其综合百公里油耗，对于汽油货车 EQ1090 设为 Q_{EQ}，金杯 SY6480 车型为 Q_{SY}，重型和中型货车的平均综合百公里油耗为 Q_{PJ}，根据参考文献以及具体推算，其值可分别取 17.2 L/100km、9.8 L/100km、24.64 L/100km。在建立的初始油耗模型基础上，根据当量燃油消耗 K_i 将模型转换为任意车型货车在该交通状态下的燃油消耗模型（表 7-25）。

表 7-25 城市货车三种情况下的油耗模型

交通状态	交叉口道路	非交叉口道路低速状态	非交叉口道路畅通状态
试验车型	汽油货车 EQ1090	金杯 SY6480	采用平均值
综合油耗	$Q_{EQ}=17.2$ L/100km	$Q_{SY}=9.8$ L/100km	$Q_{PJ}=24.64$ L/100km
初始模型	$Q_{jc}=39.67L^{-0.14}\times(1+28.12V^{-1.79})$	$Q_{yd}=e^{1.474+\frac{31.575}{V}}$	$Q_{ct}=16.0799-0.074998V+2.5968\times10^{-3}V^2$
变量范围	$L\leqslant3000m,V\leqslant50km/h$	$V<50km/h$	$V\geqslant50km/h$
当量燃油消耗	$K_i=Q_{zi}/Q_{EQ}=Q_{zi}/17.2$	$K_i=Q_{zi}/Q_{SY}=Q_{zi}/9.8$	$K_i=Q_{zi}/Q_{PJ}=Q_{zi}/24.64$
转换后的模型	$Q_{jci}=39.67L^{-0.14}\times(1+28.12V^{-1.79})$ $\times Q_{zi}/17.2=f(L_i,V_{jci},Q_{zi})$	$Q_{ydi}=e^{1.474+\frac{31.575}{V}}$ $\times Q_{zi}19.8=g(V_{ydi},Q_{zi})$	$Q_{cti}=(16.0799-0.074998V+2.5968\times10^{-3}V^2)$ $\times Q_{zi}/24.64=h(V_{cti},Q_{zi})$

3. 基于三种状态的城市货车燃油消耗综合计算模型

设车型 i 的货车年平均行驶里程为 S_i（km），其中市区交叉口道路上的行驶里程占 P_{jci}，非交叉口道路低速状态下的占 P_{ydi}，畅通状态下的占 P_{cti}（$P_{cti}=1-P_{jci}-P_{ydi}$），对应的平均运行速度为 V_{jci}、V_{ydi}、V_{cti}（km/h），则车型 i 货车年燃油消耗量 C_i（L）为

$$C_i=\frac{N_i\cdot(Q_{jci}S_iP_{jci}+Q_{ydi}S_iP_{ydi}+Q_{cti}S_iP_{cti})}{100}$$

$$=\frac{N_iS_i[P_{jci}\cdot f(L_i,V_{jci},Q_{zi})+P_{ydi}\cdot g(V_{ydi},Q_{zi})+P_{cti}\cdot h(V_{cti},Q_{zi})]}{100} \tag{7-57}$$

对于所有货车，年燃油消耗总量 C（L）为

$$C=\frac{\sum_i N_i(Q_{jci}S_iP_{jci}+Q_{ydi}S_iP_{ydi}+Q_{cti}S_iP_{cti})}{100}$$

$$=\frac{\sum_i\{N_iS_i[P_{jci}\cdot f(L_i,V_{jci},Q_{zi})+P_{ydi}\cdot g(V_{ydi},Q_{zi})+P_{cti}\cdot h(V_{cti},Q_{zi})]\}}{100} \tag{7-58}$$

所有货车的年均百公里油耗 Q（L/100km）为

$$Q = \frac{100C}{\sum_{i} N_i S_i} \qquad (7\text{-}59)$$

7.6 低速货车、三轮汽车、摩托车的燃油消耗量限值情况

对于低速货车、三轮汽车、摩托车的单车油耗和总体油耗情况，可以依据其燃油消耗量限值表来分析不同总质量所对应的油耗限值，再结合各车型数量，即可推算出总体油耗情况。这里主要根据国家标准，得到各种车辆的燃油消耗量限值。

7.6.1 低速货车燃油消耗量限值情况

在低速货车符合 GB 18320 和 JB/T 7234 规定要求下，低速货车等速行驶燃料消耗量不应超过表 7-26 中规定的限值，多工况循环燃料消耗量不应超过表 7-27 中规定的限值①。等速行驶燃料消耗量是指在规定的行驶条件下和规定的距离内，低速货车按指定的车速作等速行驶时，每百公里的燃料消耗量。多工况循环燃料消耗量是指在规定的测量条件下和规定的距离内，低速货车按指定的工况和程序连续行驶时，每百公里的燃料消耗量。

表 7-26　等速行驶燃料消耗量限值

最大设计总质量 M（kg）	装单缸柴油机的低速货车消耗量限值（L/100km）		装多缸柴油机的低速货车消耗量限值（L/100km）	
	型式认证	生产一致性检查	型式认证	生产一致性检查
M ≤ 2000	5.8	6.1	5.5	5.8
2000 < M ≤ 2500	7.0	7.4	6.8	7.1
2500 < M ≤ 3000	8.3	8.7	8.0	8.4
3000 < M ≤ 3500	9.4	9.9	9.0	9.5
3500 < M ≤ 4500	—	—	14.2	14.9

表 7-27　多工况循环燃料消耗量限值

最大设计总质量 M（kg）	装单缸柴油机的低速货车消耗量限值（L/100km）		装多缸柴油机的低速货车消耗量限值（L/100km）	
	型式认证	生产一致性检查	型式认证	生产一致性检查
M ≤ 2000	6.3	6.6	6.0	6.3
2000 < M ≤ 2500	7.5	7.9	7.3	7.7
2500 < M ≤ 3000	8.8	9.2	8.5	8.9
3000 < M ≤ 3500	10.0	10.5	9.5	10.0
3500 < M ≤ 4500	—	—	14.9	15.5

---

① 中华人民共和国国家标准，《低速货车燃料消耗量限值及测量方法》GB 21378—2008。

7.6.2　三轮汽车燃油消耗量限值情况

在三轮汽车符合 GB 18320 和 JB/T 7236 规定要求下，三轮汽车等速行驶燃料消耗量不应超过表 7-28 中规定的限值，多工况循环燃料消耗量不应超过表 7-29 中规定的限值[1]。等速行驶燃料消耗量是指在规定的行驶条件下和规定的距离内，三轮汽车按指定的车速作等速行驶时，每百公里的燃料消耗量。多工况循环燃料消耗量是指在规定的测量条件下和规定的距离内，三轮汽车按指定的工况和程序连续行驶时，每百公里的燃料消耗量。

7.6.3　摩托车燃油消耗量限值情况

摩托车燃油消耗量限值见表 7-30 和表 7-31[2]。

表 7-28　等速行驶燃料消耗量限值

最大设计总质量 M（kg）	装单缸柴油机的三轮汽车 消耗量限值（L/100km）		装多缸柴油机的三轮汽车 消耗量限值（L/100km）	
	型式认证	生产一致性检查	型式认证	生产一致性检查
M≤1000	3.4	3.6	3.0	3.2
1000<M≤1500	4.0	4.2	3.5	3.7
1500<M≤2000	5.1	5.4	4.6	4.8
M>2000	6.0	6.3	5.5	5.8

表 7-29　多工况循环燃料消耗量限值

最大设计总质量 M（kg）	装单缸柴油机的三轮汽车 消耗量限值（L/100km）		装多缸柴油机的三轮汽车 消耗量限值（L/100km）	
	型式认证	生产一致性检查	型式认证	生产一致性检查
M≤1000	3.8	4.0	3.5	3.7
1000<M≤1500	4.5	4.7	4.0	4.2
1500<M≤2000	5.5	5.8	5.0	5.3
M>2000	6.5	6.8	6.0	6.3

表 7-30　两轮摩托车燃油消耗量限值

发动机排量（mL）	(50，100)	[100，125)	[125，250)	[250，400)	[400，650)	[650，1000)	[1000，1250)	≥1250
燃油消耗限值（L/100km）	2.3	2.5	2.9	3.4	5.2	6.3	7.2	8.0

---

[1]　中华人民共和国国家标准，《三轮汽车燃料消耗量限值及测量方法》GB 21377—2008。
[2]　中华人民共和国国家标准，《摩托车燃料消耗量限值及测量方法》GB 15744—2008。

表 7-31　三轮摩托车燃油消耗量限值

发动机排量（mL）	[50，100）	[100，150）	[150，250）	[250，400）	[400，650）	≥650
燃油消耗限值（L/100km）	3.3	3.8	4.3	5.1	7.8	9.0

轻便摩托车燃油消耗量限值见表 7-32 和表 7-33[①]。

表 7-32　两轮轻便摩托车燃油消耗量限值

发动机排量（mL）	≤50
燃油消耗限值（L/100km）	2.0

表 7-33　三轮轻便摩托车燃油消耗量限值

发动机排量（mL）	≤50
燃油消耗限值（L/100km）	2.3

7.7　城市货运交通环境排放测算方法

我国当前城市交通的排放污染物绝大部分来自各种机动车辆，包括汽油车、柴油车和摩托车。自行车、电车是环保的交通工具，没有污染物排放。城市交通机动车排放污染物主要有 CO、NO_x、HC、悬浮颗粒物和少量的 SO_2、醛类（RCHO）等。此外，二次污染物光化学氧化剂形成光化学烟雾，主要成分是占总量 90% 的臭氧（O_3）、过氧己酰基硝酸酯（PAN）、醛类有机氮化物（$RONO_2$）和气溶胶烟雾剂，含铅汽油使排气中带有铅化合物和铅尘。表 7-34 是一台汽油机在理论空燃比附近实际运转时的典型成分（北京市汽车研究所等，1997）。

表 7-34　汽油机在理论空燃比附近实际运转时的典型成分

排放物	N_2	CO_2	O_2（含氩气）	CO	H_2	NO	HC	NO_2
排放量（容积百分比、容积百万分比）	83.6%	12%	2.22%	0.97%	0.23%	$2900×10^{-6}$	$205×10^{-6}$	$18×10^{-6}$

可见，对人体健康危害很大的 CO、NO、HC 和 NO_2 的容积比比例为 539∶161∶11∶1。国家《轻型汽车排气污染物排放标准》（GB 14761.1—93）和《车用汽油机排气污染物排放标准》（GB 14761.2—93）规定的型式认证试验和产品一致性检查试验测试的污染物类

---

① 中华人民共和国国家标准，《轻便摩托车燃料消耗量限值及测量方法》GB 16486—2008。

型为 CO、NO$_x$ 和 HC。国家《汽油车怠速污染物排放标准》（GB 14761.5—93）和《摩托车排气污染物排放标准》（GB 14621—93）分别规定的汽油车怠速和摩托车怠速法与工况法测试的污染物是 CO 和 HC。国家《环境空气质量标准》（GB 3095—96）规定浓度是否达标的污染物是 CO 和 NO$_x$。交通运输部《公路建设项目环境影响评价规范》（JTJ005—96）规定进行预测和评价的交通污染物是 CO 和 NO$_x$，总烃（THC）只作排放总量计算。因此，本书选择 CO、NO$_x$（NO 和 NO$_2$）和 HC 作为城市交通机动车排放污染物的评价因子，应用于城市货运环境排放测算。

7.7.1　MOBILE 模式法参数修正

我国进行过的城市交通规划中很少进行机动车排放污染物对大气环境影响的分析，东南大学运输工程研究所和镇江市规划设计研究院（1994）在镇江市综合交通规划和鞍山市综合交通规划中进行了机动车 CO 污染物的环境影响评价，直接运用交通运输部公路科学研究院给出的 CO 排放因子，这样做的误差很大。事实上，机动车排放因子不是一成不变的，对在用车来说，不同程度治理的车辆之间有着很大的差异。排放因子对不同的地区、不同的城市的具体情况可以取不同的值，特别是公路和城市道路的排放因子的差异比较大。在世界上一些国家，由于缺少足够的有效数据，常常使用 MOBILE 模式计算排放因子。在我国规范规定的机动车排放测试的标准循环工况和美国联邦测试程序（federal test procedure，FTP）循环工况不同的情况下，如何根据我国某一地区、城市甚至某一街道的实际情况运用 MOBILE 模式得到计算排放因子，这是需要解决的问题。

MOBILE5 模式是美国国家环境保护局开发的 MOBILE 系列机动车排放因子计算模型中正在使用的版本（U. S. Environmental Protection Agency，1994，1996）。傅立新等（1997）、何东全等（1998）分别介绍和应用过 MOBILE 模式。

MOBILE5a 于 1993 年 3 月发布，MOBILE5b 于 1996 年 9 月发布，是世界当前应用的最先进的机动车排放因子模型之一。MOBILE5 模式的基本排放因子测试采用 FTP 循环工况，并根据平均速度、车辆里程分布、车辆登记分布、温度、I/M 计划、冷热启动比例、燃油、车型比例等因素对排放测试结果进行基本排放因子的修正，得到实际条件下的各车型车辆的计算排放因子和综合排放因子。模式将机动车分为 8 类：汽油轿车、轻型汽油卡车 1、轻型汽油卡车 2、重型汽油车、轻型柴油轿车、轻型柴油卡车、重型柴油车、摩托车，对不同类型的车辆分别考虑各种因素的影响，计算各型车的计算排放因子和所有车辆的综合排放因子，基本计算公式归结为以下两个。

在一定的环境条件下（如 FTP 测试的标准条件），车辆的基本排放与其使用里程呈线性关系：

$$C_{ipn} = A_{ip} + B_{ip} \cdot Y_{in} \tag{7-60}$$

式中，C_{ipn} 为基本排放因子；A_{ip} 为新车排放因子；B_{ip} 为排放因子劣化率；Y_{in} 为总行驶里程；i 为生产年代；p 为污染物类型；n 为计算年代。

计算出基本排放因子后，考虑各种因素修正基本排放因子，得到计算排放因子 E。

$$E = (C+T-M) \cdot F \cdot A \cdot L \cdot U \cdot H \tag{7-61}$$

式中，C 为基本排放因子；T 为车辆其他部件老化造成的排放增量；M 为车辆由于进行维修保养减少的排放；F 为温度、速度、热启动/冷启动工况修正参数；A 为空调装置修正参数；L 为负载修正参数；U 为拖车修正参数；H 为湿度修正参数。

1）单车基本排放因子和劣化率

表 7-2 中的单车基本排放因子数据是在国家标准规定的运行工况下的测试结果，MOBILE5 模式是以美国国家环境保护局的 FTP 测试程序为基础的，与我国现行标准中的测试程序不同。假定平均车速是影响两种测试工况结果的决定因素，在其他参数不变的情况下，将国家标准的测试工况的平均车速 18.7km/h 和 FTP75 测试工况的平均车速 31.67km/h 输入 MOBILE5，运行得到两组排放因子值，其关联系数即为两种工况之间的转换系数，见表 7-35。

表 7-35　ECE15-40 工况（等同于我国标准工况）向 FTP75 工况转换系数

项目	汽油轿车	微型车和吉普车	中型车	柴油轿车	摩托车
CO	0.67	0.67	0.64	0.62	0.59
NO_x	0.96	0.97	0.97	0.81	1.11
HC	0.54	0.67	0.67	0.72	0.91

资料来源：北京市汽车研究所等，1997；米树涛，1997

2）机动车里程分布

车辆的里程分布（年度里程累积率，annual mileage accumulation rates by age）定义为车辆在使用的不同年份行驶的里程数。确定里程分布时应用抽样方法，先对所在城市的公安交通管理局的各个机动车检测线或停车场的车辆的使用年限和行驶里程数进行实地调查，以行驶里程为因变量，以使用年限为自变量按分类的不同车型进行回归，回归曲线代表所在城市不同车型的机动车逐年的累积行驶里程。一辆新车的累积行驶里程的增长率随使用年限的增长一般逐渐减小，所以累积行驶里程的回归可采用对数曲线，但在登记使用的前几年，对数曲线增长率过大，可以考虑使用线性增加。MOBILE5 中机动车里程分布输入值的单位是 mile（1mile＝1.609 34km）。

3）机动车登记分布

机动车的年代登记分布（registration distributions by age）是指正在运行的机动车中各个年代登记的车辆所占的比例，统计时按照车型分类对不同的车型分别统计。机动车的年代登记分布 V_{ij} 可按下式计算。

$$V_{ij} = \frac{R_{ij}}{\sum_{i=1}^{N_j} R_{ij}} \tag{7-62}$$

式中，i 为生产年代；j 为车型；R_{ij} 为在 i 年代登记的 j 类车的新车数；N_j 为 j 类车的淘汰年限。按式（7-62）得到的 V_{ij} 值对每类车型已归一化，直接用于 MOBILE5。

应用时，R_{ij} 可从所在城市的公安交通管理局的车辆管理所得到。V_{ij} 也可以从抽样的车辆的登记年中得到，但要保证抽样的合理性和样本数，使抽样得到的机动车登记分布能反映总体的特征。各类车的淘汰年限 N_j 取值根据六部委（国家经济贸易委员会、国家计划委员会、国内贸易部、机械工业部、公安部、国家环境保护局）1997 年下发实施的《汽车报废标准》，总质量1.8t（含1.8t）以下的微型汽车、19 座以下出租车、矿山作业专用车使用年限为 8 年，其他车辆使用年限为 10 年，部分车辆经批准可延期使用 1~5 年。机动车里程分布和登记分布应符合一致性标准，即所有车型中每一分布的里程都有登记的车辆，每一登记的车辆都有行驶的里程。

年均行驶里程指评价年的评价区域内正在运行的各个使用年限的各种车型的机动车在评价年的平均行驶里程。建议机动车的年均行驶里程用下式计算。

$$AAL_j = \sum_{i=1}^{N_j} V_{ij} \cdot L_{ij} \qquad (7\text{-}63)$$

式中，AAL_j 为 j 型车的年平均行驶里程；V_{ij} 为第 i 年的 j 型车的登记分布值；N_j 为 j 型车的淘汰年限；L_{ij} 为第 i 年的 j 型车的里程分布值。

4）检查和维护计划

随着机动车使用时间的延长，排放要逐渐恶化，有效的排放检查和维护制度是减少在用车排放因子恶化程度的重要因素。国内目前的机动车检查和维护计划有车辆的年检和路检，尾气怠速检测是年检的一个检测项目，目前的维护措施主要为安装尾气净化器。MOBILE5 的 I/M 计划参数有计划起始年、首次测试不合格率、计划要检查的车辆最早登记年代和最后登记年代、免检率、计划的遵守率、计划类型、检查频率、四种汽油车是否全部测试、测试类型等。国内现在的年检计划对应的参数取值为集中式检查、检查频率每年一次、四种汽油车都检查、怠速测试，其他参数要根据各个城市的具体情况取值。

5）温度

温度参数有最低日均温度（minimum daily temperature）、最高日均温度（maximum daily temperature）和环境温度（ambient temperature）。计算短时间的排放因子，如基于小时的分析用于空气质量模型时，用环境温度计算所有的排放（如尾气排放 CO、NO_x、HC，热蒸发 HC，运行损失 HC 和停驶损失 HC）的温度校正。计算评价年内较长时间的排放因子时，如冬天或夏天的日均排放量，分别采用 1 月和 7 月的最低日均温度和最高日均温度计算各种排放的温度校正。

6）速度

此处速度是指车辆的区间平均速度，包括怠速、加速、减速和等速的组合，当所有车辆以一个状态如等速行驶时 MOBILE5 的排放因子计算结果的准确度相对降低。八种类型车辆可用同一速度，也可用不同的速度。

7）车辆行驶里程比例

车辆行驶里程比例指八种车型中每种车型的车辆行驶里程占总的车辆行驶里程的比例。VMTmix 用于在八种车型的单车计算排放因子的基础上用于计算车队或一个城市、地区的所有车辆的综合排放因子。某一城市或地区的车辆行驶里程比例建议使用下面的公式计算。

$$\text{VMTmix}_j = \dfrac{\displaystyle\sum_{i=1}^{N_j} \dfrac{R_{ij}}{\displaystyle\sum_{i=1}^{N_j}\sum_{j=1}^{8} R_{ij}} \cdot L_{ij}}{\displaystyle\sum_{i=1}^{N_j}\sum_{j=1}^{8} \dfrac{R_{ij}}{\displaystyle\sum_{i=1}^{N_j}\sum_{j=1}^{8} R_{ij}} \cdot L_{ij}} \qquad (7\text{-}64)$$

式中，VMTmix_j 为 j 型车的车辆行驶里程比例；R_{ij} 为第 i 年登记的 j 类车的新车数；N_j 为 j 类车的淘汰年限；L_{ij} 为第 i 年的 j 类车的里程分布值。

8）方案项（scenario section）参数

方案项参数描述是评价区评价时间的具体情况的参数，包含的参数有：评价区海拔、评价年、速度、温度、冷热启动比例、评价月、燃料挥发性等级等。MOBILE5 可同时包含多个方案项，运算后同时得到每个方案项对应的计算排放因子。

9）怠速排放因子（idle emission factors）

怠速排放因子不包含非尾气排放的 HC。MOBILE5 模式在 2.5mile/h 时包含的怠速排放时间最多，因此，在其他参数不变的条件下，怠速排放因子用 2.5mile/h 时的计算排放因子乘以 2.5mile/h 得到。

7.7.2 城市货车污染物排放因子分析

采用已有的研究成果，结合本书研究的特殊对象，计算污染物排放因子。

1）单车基本排放因子和劣化率

单车基本排放因子采用未找到表格的结果。

2）货车污染物现状排放因子分析

根据已有研究的调查资料，用修正的 MOBILE 模式法计算，得到各型车的各种平均速度时的现状排放因子，由图 7-25 ~ 图 7-27 可以看出，夏季各型车的 HC、CO、和 NO$_x$ 排放因子随平均速度的变化规律。

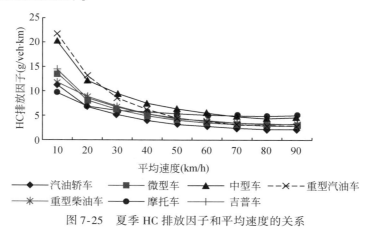

图 7-25　夏季 HC 排放因子和平均速度的关系

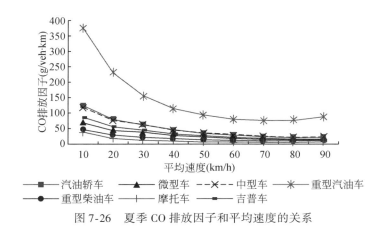

图 7-26 夏季 CO 排放因子和平均速度的关系

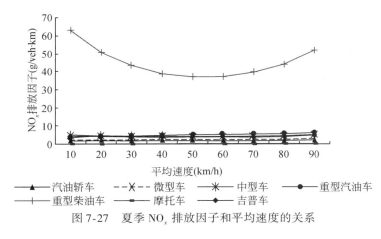

图 7-27 夏季 NO$_x$ 排放因子和平均速度的关系

（1）随平均速度的增大，各型车的 HC 排放因子逐渐减小；平均速度低于 30km/h 时，重型汽油车和中型车 HC 排放因子相近，较大于其他车型；平均速度大于 40km/h 时，摩托车 HC 排放因子基本相同；汽油轿车、微型车、吉普车和重型柴油车 HC 排放因子的值和变化规律相近。

（2）随平均速度的增大，各型车的 CO 排放因子逐渐减小，其中汽油轿车的 CO 排放因子在 70~80km/h 后略有增大；汽油轿车的 CO 排放因子远大于其他车型的 CO 排放因子；汽油轿车和中型车 CO 排放因子的值和变化规律相近。

（3）随平均速度的增大，重型柴油车的 NO$_x$ 排放因子逐渐减小后又逐渐增大，50~60km/h 时值最小；重型柴油车的 NO$_x$ 排放因子远远大于其他车型的 NO$_x$ 排放因子；随平均速度的增大，重型汽油车的 NO$_x$ 排放因子逐渐增大；摩托车的 NO$_x$ 排放因子最小，其次是汽油轿车，再次是微型车；中型车、吉普车、微型车和汽油轿车的变化规律相近，20~70km/h 时基本相同，小于 20km/h、大于 70km/h 时增大。

（4）从减少交通排气污染的角度看，路段平均车速并不是越大越好，平均速度在 30~

75km/h 时 CO、NO$_x$ 和 HC 的排放因子都相对较小，范围之外迅速增大。

3）现状怠速排放因子

各型车的现状怠速排放因子见表 7-36。

表 7-36　机动车污染物现状怠速排放因子　　　　（单位：g/veh·h）

季节	污染物	汽油轿车	微型车	中型车	重型汽油车	重型柴油车	摩托车	吉普车
夏季	HC	48.88	65.44	102.70	68.45	35.36	29.59	70.48
	CO	654.00	355.18	602.52	1298.29	152.09	196.62	438.24
	NO$_x$	6.25	9.27	15.50	9.16	184.49	0.22	14.02
冬季	HC	72.07	110.45	174.44	88.71	35.36	40.03	118.98
	CO	640.76	379.00	619.17	1183.06	152.09	247.65	459.12
	NO$_x$	7.34	11.40	19.10	10.40	184.49	0.28	17.27

7.7.3　城市货车综合排放因子的拟合模型

Richard 于 1996 年研究认为机动车排放因子对车速很敏感。CO、HC 排放因子与速度的关系函数形式一样，在 88.5km/h 以下呈反比变化，在 88.5~104.5km/h 线性增加。在 40~80.5km/h 时 CO、HC、NO$_x$ 对速度变化不明显；然而在 32km/h 以下随速度的变化特别明显，在 32~8km/h 时，CO、HC 排放成四倍增加，NO$_x$ 排放增加 40%。同时，提出了不分车型的排放因子与速度的变化关系模型：

（1）CO = 7.344+318.445/V　　　　R^2 = 0.998；

（2）HC = 0.825+33.875/V　　　　R^2 = 0.999；

（3）NO$_x$ = 3.897−0.099V+0.002V^2　　　R^2 = 0.963。

以上三式是在环境温度为 23.9℃，（1）、（2）两式的车速小于等于 88.5km/h 条件下的关系模型。

将前面所提到的夏季和冬季的机动车综合排放因子以机动车运行的平均速度为自变量，运用 SPSS 软件，采用拟合模型进行曲线估计，得到各种污染物的综合排放因子的拟合模型。

1. HC 综合排放因子的拟合模型

式（7-37）中的 E_{HC} 为机动车 HC 综合排放因子；V 为机动车运行平均速度，取值区间为（0，90）。模型的函数形式：微型货车的 HC 综合排放因子模型为幂函数；轻型、中型、重型货车的 HC 综合排放因子模型为三阶函数（表 7-37）。

表 7-37　机动车 HC 综合排放因子的拟合模型

车型	季节	相关系数 R^2	自由度	F 检验	显著性水平	表达式
微型	夏季	0.994	7	1237.38	0.000	$E_{HC} = 102.890 V^{-0.7093}$
	冬季	0.994	7	1120.21	0.000	$E_{HC} = 164.872 V^{-0.7125}$
轻型	夏季	0.997	5	488.41	0.000	$E_{HC} = 31.8137 - 1.2180 V + 0.0176 V^2 - 9 \times 10^{-5} V^3$
	冬季	0.997	5	540.70	0.000	$E_{HC} = 37.5479 - 1.4484 V + 0.0207 V^2 - 1 \times 10^{-4} V^3$
中型	夏季	1.000	5	3690.73	0.000	$E_{HC} = 15.2935 - 0.4129 V + 0.0050 V^2 - 2 \times 10^{-5} V^3$
	冬季	1.000	5	3690.73	0.000	$E_{HC} = 15.2935 - 0.4129 V + 0.0050 V^2 - 2 \times 10^{-5} V^3$
重型	夏季	1.000	5	3690.73	0.000	$E_{HC} = 15.2935 - 0.4129 V + 0.0050 V^2 - 2 \times 10^{-5} V^3$
	冬季	1.000	5	3690.73	0.000	$E_{HC} = 15.2935 - 0.4129 V + 0.0050 V^2 - 2 \times 10^{-5} V^3$

2. CO 综合排放因子的拟合模型

E_{CO} 为机动车 CO 综合排放因子；V 为机动车运行平均速度，取值区间为（0，90）。模型的函数形式：CO 综合排放因子模型为三阶函数（表 7-38）。

表 7-38　机动车 CO 综合排放因子的拟合模型

车型	季节	相关系数 R^2	自由度	F 检验	显著性水平	表达式
微型	夏季	0.990	5	172.18	0.000	$E_{CO} = 155.542 - 4.7403 V + 0.0587 V^2 - 3 \times 10^{-4} V^3$
	冬季	0.990	5	171.91	0.000	$E_{CO} = 159.890 - 4.8747 V + 0.0604 V^2 - 3 \times 10^{-4} V^3$
轻型	夏季	0.996	5	398.85	0.000	$E_{CO} = 542.930 - 20.249 V + 0.28812 V^2 - 13 \times 10^{-4} V^3$
	冬季	0.996	5	398.78	0.000	$E_{CO} = 494.737 - 18.541 V + 0.2625 V^2 - 12 \times 10^{-4} V^3$
中型	夏季	0.997	5	613.12	0.000	$E_{CO} = 64.5194 - 2.2960 V + 0.0319 V^2 - 1 \times 10^{-4} V^3$
	冬季	0.997	5	613.12	0.000	$E_{CO} = 64.5194 - 2.2960 V + 0.0319 V^2 - 1 \times 10^{-4} V^3$
重型	夏季	0.997	5	613.12	0.000	$E_{CO} = 64.5194 - 2.2960 V + 0.0319 V^2 - 1 \times 10^{-4} V^3$
	冬季	0.997	5	613.12	0.000	$E_{CO} = 64.5194 - 2.2960 V + 0.0319 V^2 - 1 \times 10^{-4} V^3$

3. NO_x 综合排放因子的拟合模型

E_{NO_x} 为机动车 NO_x 综合排放因子；V 为机动车运行平均速度，取值区间为（0，90）。模型的函数形式为三阶函数（表 7-39）。

上述模型，尽管是根据南京市城市交通状况得到，但综合排放因子与车速的函数关系的形式是不变的，只是函数模型的参数，需根据所在城市交通状况进行调整。

表 7-39   机动车 NO_x 综合排放因子的拟合模型

车型	季节	相关系数 R^2	自由度	F 检验	显著性水平	表达式
微型	夏季	0.901	5	15.20	0.006	$E_{NO_x}=4.8683-0.0182V-0.0003V^2+5.9\times10^{-6}V^3$
	冬季	0.902	5	15.29	0.006	$E_{NO_x}=5.9966-0.0222V-0.0004V^2+7.3\times10^{-6}V^3$
轻型	夏季	1.000	5	125.338	0.000	$E_{NO_x}=3.5570-0.0244V-1\times10^{-5}V^2+6.7\times10^{-8}V^3$
	冬季	1.000	5	205.598	0.000	$E_{NO_x}=4.0455+0.0275V-1\times10^{-5}V^2+5.1\times10^{-8}V^3$
中型	夏季	0.997	5	577.70	0.000	$E_{NO_x}=77.3436-1.6314V+0.0179V^2-3\times10^{-5}V^3$
	冬季	0.997	5	577.70	0.000	$E_{NO_x}=77.3436-1.6314V+0.0179V^2-3\times10^{-5}V^3$
重型	夏季	0.997	5	577.70	0.000	$E_{NO_x}=77.3436-1.6314V+0.0179V^2-3\times10^{-5}V^3$
	冬季	0.997	5	577.70	0.000	$E_{NO_x}=77.3436-1.6314V+0.0179V^2-3\times10^{-5}V^3$

7.7.4 城市货车污染物排放量测算模型

设车型 i 的货车年平均行驶里程为 S_i（km），其中市区交叉口道路上的行驶里程占 P_{jci}，非交叉口道路低速状态下的占 P_{ydi}，畅通状态下的占 P_{cti}（$P_{cti}=1-P_{jci}-P_{ydi}$），对应的平均运行速度为 V_{jci}、V_{ydi}、V_{cti}（km/h），对应的污染物 j 排放因子为 E_{jcij}、E_{ydij}、E_{ctij}（g/km·veh），则车型 i 货车污染物 j 年排放量 QE_{ij} 为

$$QE_{ij}=N_i\cdot(E_{jcij}S_iP_{jci}+E_{ydij}S_iP_{ydi}+E_{ctij}S_iP_{cti}) \tag{7-65}$$

式中，污染物 j 分别是指 HC、CO、NO_x。

根据式（7-65），即可得到污染物 j 的年排放总量：

$$QE_j=\sum_i N_i\cdot(E_{jcij}S_iP_{jci}+E_{ydij}S_iP_{ydi}+E_{ctij}S_iP_{cti}) \tag{7-66}$$

车型 i 货车的所有污染物年排放总量：

$$QE_i=N_i\cdot\sum_j(E_{jcij}S_iP_{jci}+E_{ydij}S_iP_{ydi}+E_{ctij}S_iP_{cti}) \tag{7-67}$$

货车污染物年排放总量：

$$QE=\sum_i\sum_j N_i\cdot(E_{jcij}S_iP_{jci}+E_{ydij}S_iP_{ydi}+E_{ctij}S_iP_{cti}) \tag{7-68}$$

7.7.5 CO_2 排放量推算方法

汽车的 CO_2 排放量与其燃油消耗量是对应的。根据已有的研究数据，当碳氧化因子为 1 时，车用汽油和柴油的 CO_2 排放系数分别为 2.263kg/L、2.730kg/L。通常情况下设定碳氧化因子为 0.98，则车用汽油和柴油的 CO_2 排放系数分别为（2.263×0.98）kg/L、（2.730×0.98）kg/L。根据燃油密度，就可以转化为每千克燃油的 CO_2 排量。

根据前面研究的汽油货车和柴油货车在各种情况下的百公里油耗，结合 CO_2 排放系数，就可以得到货车在各种情况下的百公里 CO_2 排放量。

设车型 i 的货车年平均行驶里程为 S_i （km），其中市区交叉口道路上的行驶里程占 P_{jci}，非交叉口道路低速状态下的占 P_{ydi}，畅通状态下的占 P_{cti} （$P_{cti}=1-P_{jci}-P_{ydi}$），平均 CO_2 排放系数为 CC_i （kg/L），平均百公里油耗为 Q_{jci}、Q_{ydi}、Q_{cti} （L/100km），则车型 i 的货车 CO_2 年排放量 QC_i （kg）为

$$QC_i = \frac{N_i \cdot (Q_{jci}S_iP_{jci} + Q_{ydi}S_iP_{ydi} + Q_{cti}S_iP_{cti}) \cdot CC_i}{100} \tag{7-69}$$

对于所有货车，CO_2 年排放量 QC （kg）为

$$QC = \frac{\sum_i N_i(Q_{jci}S_iP_{jci} + Q_{ydi}S_iP_{ydi} + Q_{cti}S_iP_{cti}) \cdot CC_i}{100} \tag{7-70}$$

7.7.6 PM 排放量估算方法

在各个阶段的汽车排放限值中，均对 PM 排放的限值进行规定，见表 7-40。其中第一类车是指包括驾驶员座位在内，座位数不超过 6 座，且最大总质量不超过 2500kg 的载客汽车，第二类车是指标准适用范围内除第一类车以外的其他所有汽车。对于第二类车，根据基准质量 R_w 分为三个级别，分别是 $R_w \leqslant 1250kg$、$1250kg < R_w \leqslant 1700kg$、$R_w > 1700kg$。对基准质量 R_w 的规定就是车辆的整备质量加上 100kg。

表 7-40 国 II 、国 III 、国 IV 排放标准的限值

阶段	类别	级别	基准质量	PM 柴油（直喷/非直喷）（g/km）
国 II	第一类车	—	全部	0.08/0.10
	第二类车	I	$R_w \leqslant 1250$	0.08/0.10
		II	$1250 < R_w \leqslant 1700$	0.12/0.14
		III	$R_w > 1700$	0.17/0.20
国 III	第一类车	—	全部	0.050
	第二类车	I	$R_w \leqslant 1305$	0.050
		II	$1305 < R_w \leqslant 1760$	0.070
		III	$R_w > 1760$	0.100
国 IV	第一类车	—	全部	0.025
	第二类车	I	$R_w \leqslant 1305$	0.025
		II	$1305 < R_w \leqslant 1760$	0.040
		III	$R_w > 1760$	0.060

对于所有柴油货车（汽油货车由于 PM 排放量相对于柴油货车而言极少，故不考虑），均属于第二类车，根据其基准质量再划分为 I 、 II 、 III 三个级别，结合货车所到达的国 II 、国 III 、国 IV 排放标准，由表 7-40 即可得到其 PM 排放限值，再根据货车的行驶里程，即可得到 PM 的累计最大排放量。

设车型 i 的货车年平均行驶里程为 S_i（km），平均 PM 排放限值为 CP_i（g/km），则车型 i 货车 PM 年排放限值量 QP_i（g）为

$$QP_i = N_i \cdot S_i \cdot CP_i \tag{7-71}$$

对于所有货车，PM 年排放限值量 QP（g）为

$$QP = \sum_i N_i \cdot S_i \cdot CP_i \tag{7-72}$$

7.8　城市货运交通能源消耗和环境排放测算分析系统介绍

7.8.1　系统的开发环境和平台工具

城市货运交通能源消耗和环境排放测算分析系统的开发环境和平台工具如下。

操作系统：Microsoft Windows 7；

数据库：Microsoft Access 2010；

开发工具：Embarcadero 公司的 delphi 2010；

版本：单机版 V0.1。

7.8.2　主要功能

实现对城市货运交通能耗和环境排放的计算和分析，具体包括：货车数量结构的分析，各型货车在各种交通条件下（市区交叉口环境、市郊无交叉口影响的拥堵交通环境、市郊无交叉口影响的畅通交通环境）的能源消耗计算和分析，各型货车在各种交通条件下各种环境污染物的排放分析。

7.8.3　系统分析软件简介

（1）系统登录系统对不同类型仿问群体设置权限，需要输入用户名和密码进行登录，系统登录界面如图 7-28 所示。

图 7-28　系统登录

（2）登录系统后，将进入系统的欢迎界面，如图 7-29 所示。

图 7-29　欢迎界面

（3）软件主界面分为两部分：系统的功能菜单和数据图表绘制区。系统的功能菜单包括货车数据、市区油耗、郊区油耗、综合油耗，环境排放系统退出选项，单击对应选项可实现其功能，软件系统主界面如图 7-30 所示。

图 7-30　软件主界面

（4）货车数量分析功能。软件能够实现对城市货车数量情况的分析，包括货车分布情况、货车总体、各车型货车数量情况，并绘制相应的柱状图和饼状图，如图 7-31 所示。

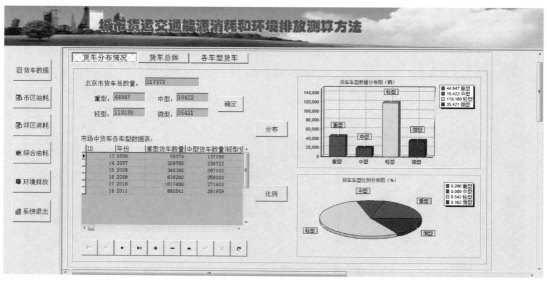

图 7-31　货车数量分析功能

（5）货车总体基本能耗分析功能。软件能够实现货车总体基本能耗分析功能，统计分析不同能源类型货车的百公里油耗、百吨公里油耗和油耗平均值，并绘制相应的散点图，如图 7-32 所示。

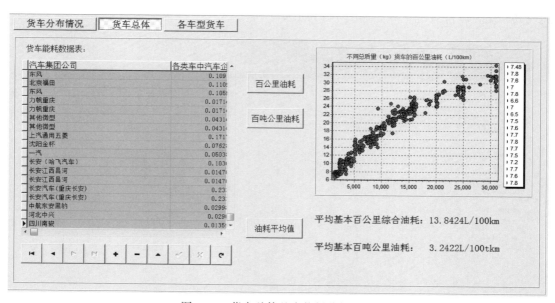

图 7-32　货车总体基本能耗分析功能

（6）货车各车型基本能耗分析功能。软件能够实现货车各车型基本能耗的分析，软件将车型分为重型、中型、轻型和微型，分别对不同类型货车的百公里油耗、百吨公里油耗进行分析，最终能得出不同类型货车的平均油耗值，并绘出相应的散点图，如图 7-33 所示。

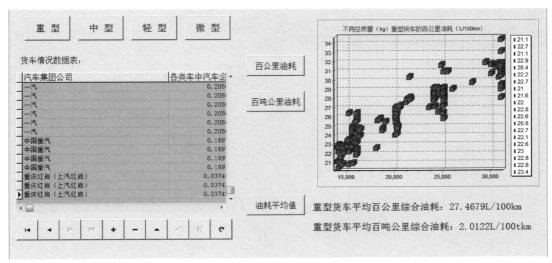

图 7-33　货车各车型基本能耗分析功能

（7）市区考虑交叉口影响下的货车能耗分析。软件能够实现市区考试交叉口影响下的货车能耗分析，包括重型货车、中型货车、轻型货车和微型货车在不同路口间距、不同行驶车速、不同市区行驶里程下的能耗总量，并绘制相应的散点图。如图 7-34 所示。

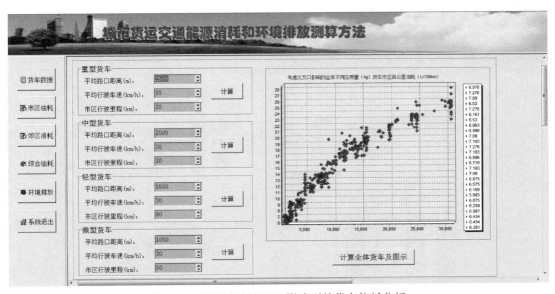

图 7-34　市区考虑交叉口影响下的货车能耗分析

（8）市郊不考虑交叉口影响下的货车能耗分析。软件能够实现市郊不考虑交叉口影响下的货车能耗分析，包括重型货车、中型货车、轻型货车和微型货车在拥堵和畅通两种情况下不同平均速度和里程下的能耗总量，并绘制相应的散点图，如图7-35所示。

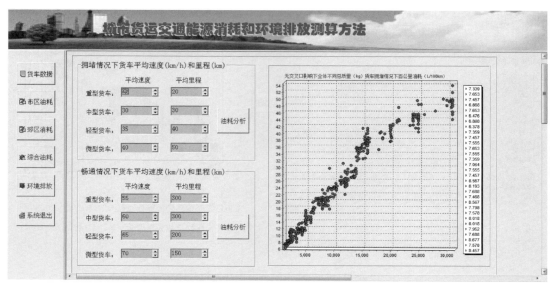

图 7-35　市区不考虑交叉口影响下的货车能耗分析

（9）货车能耗综合分析。软件能够实现对货车能耗的综合分析，包括重型货车、中型货车、轻型货车、微型货车在交叉口路段、拥堵路段和畅通路段的油耗，并绘制相应的柱状图和饼状图，如图7-36所示。

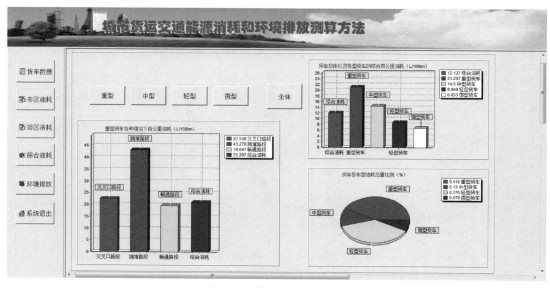

图 7-36　货车能耗综合分析

（10）货车 CO_2 排放分析。软件能够实现对货车 CO_2 的排放分析，包括重型货车、中型货车、轻型货车、微型货车在交叉口路段、拥堵路段和畅通路段的 CO_2 排放量，并绘制相应的柱状图和饼状图。如图 7-37 所示。

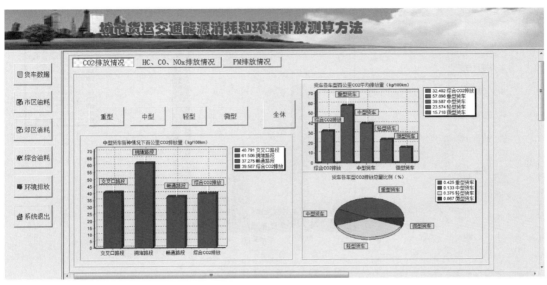

图 7-37　货车 CO_2 排放分析

（11）货车 HC、CO、NO_x 排放分析。软件能够实现对货车 HC、CO、NO_x 排放的分析，包括重型货车、中型货车、轻型货车、微型货车在市区、拥堵路段、畅通路段的 HC、CO、NO_x 排放量，并绘制相应的柱状图如图 7-38 所示。

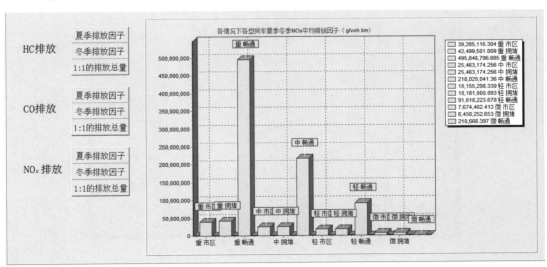

图 7-38　货车 HC、CO、NO_x 排放分析

（12）货车 PM 排放分析。软件能实现对货车 PM 排放的分析，包括重型货车、中型货车、轻型货车、微型货车在市区、拥堵路段、畅通路段的 PM 排放量，并绘制相应的柱状图，如图 7-39 所示。

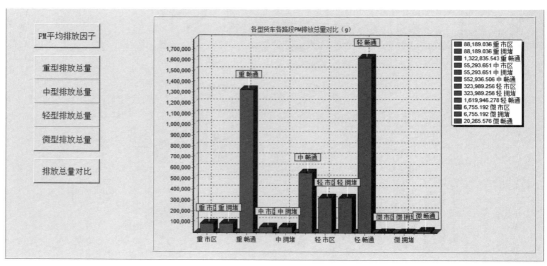

图 7-39　货车 PM 排放分析

（13）其他辅助功能，如用户管理。软件还能实现其他管理性质的功能，包括浏览用户、修改密码、添加用户、删除用户、退出管理。如图 7-40 所示。

图 7-40　用户管理

|第8章| 城市交通运行系统能源效率评估方法研究及模型构建

8.1 能源效率及能源利用效率的内涵与外延

能源效率（energy efficiency）即能源使用效率（简称能效）。按照世界能源委员会的定义，能源效率的提高指的是能源转换设备，如家用电器，由于技术更新，在使用较少的能源下而能提供同样的能源服务（如照明、加热等），世界能源委员会在 1995 年出版的《应用高技术提高能效》中，把能源效率定义为："减少提供同等能源服务的能源投入。"一个国家的综合能源效率指标是增加单位 GDP 的能源需求，即单位产值能耗；部门能源效率指标分为经济指标和物理指标，前者为单位产值能耗，物理指标工业部门为单位产品能耗，服务业和建筑物为单位面积能耗和人均能耗。对于能源效率的界定，普遍分为经济能源效率和物理能源效率两类。经济能源效率是指把能源作为燃料和动力时，能源投入与最终生产成果之比；而把能源作为原材料，经过加工转换生产出另一种形式的能源，这种能源投入与能源产出之比叫作物理能源效率。

根据能源效率指标考察生产要素的多寡把它粗分为单要素能源效率和全要素能源效率（total factor energy efficiency，TFEE）。单要素能源效率指经济体的有效产出与能源投入之比，通常用单位 GDP 能耗指标指代。TFEE 在考虑到各种社会投入（资本、劳动力、能源等）要素组合的基础上，通过使用统计分析方法获取效率前沿面。但由于单要素能源效率方法只衡量了能源投入与产出之间的一个比例关系，没有考虑到生产中其他投入要素的影响，无法度量潜在的能源技术效率，也无法测度其他的投入要素组合对于能源效率的影响，忽略了 GDP 产出是由能源与资本、劳动力等相互可替代的要素投入共同组合的结果，具有比较明显的缺陷，使用单要素能源效率指标难以体现出"效率"因素。全要素能源效率方法基于微观经济学的全要素生产理论，不仅在生产中考虑了能源及其他社会投入要素组合的影响，还可以度量潜在能源技术效率，较传统单要素能源效率方法具有明显的优势，在一定程度上弥补了单要素能源效率方法的不足。

亚太能源研究中心（Asia Pacific Energy Research Center，APERC）指出，能源效率指标的基本任务是后果评估、目标评价和在同等群体中的相对形势评估。能源效率指标有助于对不同的能源政策、项目和节能投资进行评价，通过比较过去和未来的趋势，得出现在所处的形势，同时促进更有效率的技术和工序方法的推广。通过能源效率指标的构建，比较类似的能源消费过程并排除外部影响，相对静态的分析能确定相对的改善潜力。

能源利用效率常用能源强度来表示，它包括单位产值能耗、单位 GDP 能耗、单位产品能耗、单位服务量能耗等指标。可以看出，能源消耗是所消耗的能源量与某项经济指标、实物量或服务量的比值，计量单位多为 tce/万元 GDP、tce/单位产值（高耗能行业）、tce/高耗能单位产品。一般而言，能源消耗（如万元 GDP 能耗、单位产值能耗）越低，说明该地区的能源经济效率越高。能源利用效率是反映能源与经济发展关系最核心的指标。具体内涵包括以下几方面内容。

反映能源消费和经济发展数量关系的指标。能源消耗不是固定不变的，在不同的历史时期和不同的条件下有着很大的差别，但也不是没有规律。在工业化以前，以传统的农业经济为主，生产用能很少，生活用能也很少，因此能源消耗很低。但在工业化过程中，产业结构逐渐发生变化。社会财富大部分依靠消耗大量能源产生，因此能源消耗上升。到了工业比重达到一定数量，第三产业得到发展，并由于科学技术的进步和管理的改善。能源消耗将在一个比较合理的水平上稳定发展。

能源消耗既同能源技术效率有关，还同经济效率有关。它们之间的关系为：能源消耗=能源技术效率×经济效率。能源技术效率一般指产出的有用能量与投入的总能量之比。这个技术效率的最高限受物理学原理的约束。实际值是随科技和管理水平的提高而不断提高。因此要提高能源经济利用效率，必须既提高能源技术效率，又要提高经济效率。

在进行能源消耗横向水平比较时，不宜单一地采用万元 GDP 能耗指标，也不要把它作为节能潜力分析的主要依据。因为万元 GDP 能耗是一个宏观指标，节能潜力分析则要细化到行业、部门、企业、产品，属于中观或微观的层次，中观、微观的指标则有单位产品综合能耗、产业可比能耗乃至能源系统效率等。进行节能潜力分析，需要采用综合指标、产品单耗等具体的能源经济效率指标和能源技术效率指标。

8.2 国内外对能源利用效率的研究现状

随着世界性能源危机的日益加剧，越来越多的国内外学者将研究领域转向能源效率。Varone 和 Aebischer（2001）分析了加拿大、丹麦、美国、瑞典和瑞士从 1973～1996 年有关能源效率政策的制定过程，总结出在设计新的能效政策时政府应予以考虑的因素。Howard Geller 等（2006）回顾了 OECD 主要国家自 1973 年以来的能源强度趋势，考虑了 E/GDP 的减少多少源于能源效率的改善，多少源自结构性的变化，评价了日本、美国、西欧国家采取的能源效率政策的有效性，用以说明良好的政策可带来巨大的节能效果。Zhang 等（2011）运用 DEA Window Analysis 探讨了 23 个发展中国家在 1980~2005 年的能源效率，研究发现，不同的国家间能源效率差距很大，他们还通过 Tobit 回归证明，人均收入和能源效率间存在"正 U 型"关系。

欧盟委员会于 2011 年 3 月 8 日发布了"欧盟能源效率新计划"。早在 2007 年欧盟制定到 2020 年能源消费量节约 20% 的目标。20% 的目标意味着到 2020 年可节约 368Mtoe。但是根据欧盟委员会的最新预测，成员国和欧盟层面截至 2009 年 12 月的具体实施情况来看，2020 年的消费量预计到 1678Mtoe，相当于只达到了 2007 年预期的 9%。所以实施新能源效率计划迫在眉睫。新计划要求城镇及其他国家机构每年整修其 2% 的旧公共建筑，以降低欧洲能耗。在电力行业欧盟委员会要求，如果发电厂不能减少本行业能耗，今后只批准能源效率最高的发电厂运营。此外，欧盟委员会还在筹划欧盟生态设计准则，不仅适用于白炽电灯、电视机等成品，还适用于整个工业生产过程和体系。该准则将作为能源效率的最低标准，禁止采用效率低的生产设备。

目前，国内对于能源效率的研究，有基于区域层面的研究，包括地区、行业及企业层面上的分析；也有基于能源、经济、环境系统指数构建能源利用效率综合评价指数；也有从各地区节能潜力及能源效率差异的研究，为节能政策的制定提供切实有效的理论依据，同时在研究的方法上，有从包含技术进步、能源效率等方面构建指标体系；也有从变量之间的函数关系出发，采用因素分解的方法研究能源效率的各方面；此外，还有基于计量经济学与数据包络分析方法进行的定量研究。

刘铁生等（2011）引进环境系统建立基于能源—经济—环境的能源利用效率评价指标体系，运用因子分析法和层次分析法分别对我国及我国各地区能源利用效率进行综合评价；刘征福（2007）从产业结构、能耗结构、经济效率指标、能源技术效率指标、单位经济总量能耗及降低率指标五大方面选取 37 项二级指标构建了全社会能源利用效率评价指标体系；王雷和田新民（2010）基于能源效率的内涵，在分析借鉴国内外现有的能源效率指标体系的基础上，结合山东省的能源环境实际情况与特点，构建了山东省能源效率评价指标体系，运用因子分析方法，对山东省能源效率进行分析并作出综合评价；邹鑫龙（2012）建立了以油田企业能源技术效率、能源经济效率、能源社会效率为基础的节能效率评价体系，在节能效率评价体系的基础上，应用层次分析法对油田企业节能效率作出初步量化评价，给出了节能效率评价体系层次总排序，为油田企业节能决策提供了科学依据；蔡晓春等（2012）运用 DEA 中的 Malmquist 指标分解的方法分析中国钢铁的能源效率变化，指出能源效率的提高分为两部分，一部分为纯技术变化，一部分为技术效率的变化，同时指出中国钢铁的能源效率的变化主要归因于技术的改进；Hu 等（2006）以 14 个输入变量（包括三个生产因素：劳动力、个人资本、公共资本和 n 个能源来源：商业和工业用电、居民用电、汽油、煤油、重油、轻油、燃气、丁烷、丙烷、煤炭和焦炭）为基础，运用 DEA 模型分析日本 47 个行政区的全要素能源效率；王群伟（2009）利用 DEA 方法将广义技术进步分解为科技进步和技术效率，然后利用自回归分布滞后模型 ARDL 方法分析了科技进步和技术效率对能源效率的脉冲响应。袁晓玲和屈小娥（2009）基于投入导向的规模报酬不变的超效率模型，测算出包含环境污染的中国省际全要素能源效率，同时指出全要素能源效率同产业结构、产权结构、能源消费结构以及资源变量呈显著的负相关，与能源价格因素呈弱正相关关系。王舒鸿等（2010）通过对 2006～2008 年各省（市）物流业的资源利用效率进行分析，指标选取公路里程、铁路里程和能源指标，产出指标为各省（市）物流业产值，运用数据包络分析得出虽然我国物流业的总体能源利用效率尚可，但个体差异较大，由于产出不足造成许多企业规模收益递减，深化、细化专业分工和改造现有业务流程，仍是多数物流企业当前的紧迫任务。

8.3 我国重点耗能领域的能源利用效率问题研究概述

从社会能源消费的构成来看，我国能耗主要有建筑能耗、工业能耗和交通能耗。《中国节能技术大纲》指出节能是一项长期的战略任务，以提高能源利用效率为核心，从工业节能、建筑节能、交通节能、港口航站节能、农业及农村节能等方面指导节能技术研究开发，对各个行业节能的途径及政策支持进行了分析，为编制能源开发利用规划和节约能源规划提供技术支持。中国共产党第十八次全国代表大会报告明确指出要全面促进资源节约，要节约集约利用资源，推动资源利用方式根本转变，加强全过程节约管理，大幅降低能源、水、土地消耗强度，提高利用效率和效益，确保国家能源安全。

8.3.1 建筑能源利用效率研究

建筑节能的目的在于提高能源利用效率，在创造舒适的室内环境的同时尽量减少能源消耗。我国目前正处于城市化和工业化快速发展时期，每年大约有 20 亿 m^2 的建筑总量，接近全球年建筑总量的一半。我国建筑规模巨大，是世界上最大的建筑市场。大规模建造房屋本来是为了人民安居乐业，但大量建造高能耗建筑又会过多的消耗能源，同时严重污染环境，致使国家能源消耗和生态的临界点提前到来中国要走可持续发展道路，发展节能与绿色建筑刻不容缓。

2005 年中华人民共和国建设部颁布《公共建筑节能设计标准》，旨在改善公共建筑的室内环境，提高能源利用效率。按此标准进行的建筑节能设计，在保证相同的室内环境参数条件下，与未采取节能措施前相比，全年采暖、通风、空气调节和照明的总能耗应减少 50%。

李志生在《亚热带地区建筑能源效率与节能分析》中，介绍了我国建筑节能和国外的差距，阐述了嵌入式能量（embodied energy）和建筑能量密度（building energy intensity）的特点，说明了亚热带地区的气候与热湿负荷特点，对建筑材料和建筑过程中的能源消耗问题也做出了论述，他指出要使整个建筑寿命期内嵌入的建筑能量最小，才能有利于建筑节能。赵先宁指出要把建筑节能标准落到实处，提高能源利用效率，做到建筑节能，需要从建筑节能设计、建筑节能施工、节能工程验收三大方面层层把关，严格控制。

8.3.2 工业方面的能源效率研究

中国经济正处于工业化的加速时期，对能源依赖较强的高耗能行业的发展将依然是经济的主要推动力。因此，在工业化背景下，采用全要素能源效率方法与模型对中国工业部门的能源效率展开实证分析，具有重要意义。

李世祥在《基于工业化视角的能源效率评价方法与实证研究》中，运用全要素能源效率方法及多目标情形下的能源效率评价模型分析框架，研究了整个工业部门以及六个工业行业，这些行业是能源消耗大户，包括钢铁、化工、建材、电力、石油加工、有色金属六大高耗能行业。结合工业行业面板数据，对中国工业部门的能源效率进行了实证测算，分析比较了各大工业行业的能源利用效率。张晶和王丽萍（2010）通过对低碳经济内涵和测度指标的研究，指出低碳经济的核心是能源利用，所以能源的利用效率就成为评价低碳经济的重要指标。然后以工业能源利用效率为评价指标，用超效率 DEA 方法对徐州市进行了实证研究。指出正处于从高碳经济向低碳经济的转型期，但转型速度相对缓慢，其工业能源利用效率低于同处江苏省的苏州市。张安华（2006）简要介绍了中国电力工业能源利用效率较低的现状，分析了相关的原因，然后提出了提高中国电力工业能效的若干建议。

8.3.3　交通行业能源效率研究

交通行业是资源占用型和能源消耗型行业，随着我国客货运输量的增长，交通运输业能源消耗的规模逐年上升，能源消耗的增速高于全社会能源消耗的增速，成为我国用能增长最快的行业之一。2011 年统计结果表明，交通运输仓储和邮政消耗能源量为 1185.89 万 tce，探索交通节能的方法与路径迫在眉睫。

高有景（2007）结合我国公路运输行业的特点，分析了影响公路运输能源消耗的主要因素和公路运输节能的主要途径，对保证公路运输的可持续发展具有十分重要的意义，对公路交通能源效率的提高带来帮助；冯佳等（2011）在分析行业统计数据的基础上，利用灰色相关度分析法对轨道交通系统中的城市轨道交通、客运专线以及客货共线铁路的能耗组成以及各主要影响因素的影响重要度进行定量分析；李连成和吴文化（2010）分析了我国交通运输业能源利用效率的现状，包括铁路、道路、水路、民航并对交通运输业能源消费行业结构与利用效率进行比较，预测了交通运输业能源消费的发展趋势。

8.4　交通能源利用效率及其研究现状

8.4.1　交通运行能源利用效率及其研究意义

能源利用效率通常是指在使用能源的过程中得到的有用能与实际消费的能源量之比。从使用和消费的观点而论，是指提供的服务能量与能源消费量之比。它是一种度量在固定产出的前提下，所能实现的最小投入的程度；或是在固定产出的条件下，所能达到的最大产出程度的变量。能源利用效率是考察能源利用程度和水平的一项综合指标，它反映能源消费过程中管理、技术、经济等因素的影响及其效果，具有高度的概括性和很强的对比性。

考虑到交通运行的复杂与特定性，在定义交通运行能源效率时必然需要讨论交通能源消耗所带来的社会经济效益，但同时也要看到能源消耗对社会有限资源的占用以及对自然环境的破坏。所以我们认为所谓交通运行能源效率是用来表征总能源消耗下完成成果的多少，对经济、社会贡献的多少以及对环境的破坏程度大小的参数，是一种经济能源效率指标。

随着我国社会经济的快速发展、城市规模的不断扩大以及城市人口和车辆的快速增加，城市交通所面临的压力也越来越大。在城市交通系统中以燃油为动力的交通工具仍占主导地位，受技术等因素的制约，以可再生能源为动力的交通工具不可能在短时间内得到普及，因而城市交通系统的燃油消耗也将会随之增加，而世界石油储量的不断减少无疑会给未来的交通运输带来巨大的能源危机。

交通运输是国民经济的一个重要组成部分，对国民经济发展起着基础性、支撑性和服务性的作用，其特点决定了交通运输企业在提供客货位移的运输生产服务时，必然伴随着大量的能源消耗，也会带来生态环境的负面影响。我国经济正在经历高速增长期，经济的增长、城市化进程的加快及机动车保有量的迅猛增加，导致了交通运输需求和服务的迅速增加，使交通部门的能源消耗，尤其是石油产品消耗也在迅速增加。在能源紧缺，国家提倡合理用能，节约能源，减少浪费的现在，交通运输行业肩负着努力提高能源利用效率的社会责任，不仅必须要做，而且必须做好。

8.4.2 交通运行能源效率的研究概述

交通领域的能源效率研究是节能减排政策实施，国民经济增长，以及减小能源消耗带来的环境问题的基础，所以研究交通领域的能源效率指标具有必须性与迫切性，全球学者近年来对交通行业能源效率、交通能源消费社会效益、生态效益、提高交通能源利用效率的途径，及能源利用效率的发展趋势及评价指标做了大量基础性研究。

1. 所有交通领域

2006 年 12 月，国家发展和改革委员会与科学技术部联合发布《中国节能技术政策大纲》，用于指导节能技术研究开发、节能项目投资重点方向，其中交通运输是其中重要的领域。《中国节能技术政策大纲》提出各个领域未来应大力发展的提高能源开发利用效率和效益、减少对环境影响、遏制能源资源浪费的技术。

Ranjan Kumar Bose 利用 LEAP 软件建立了德里城市客运模型，从客运出行需求、方式、车辆类型和占有率角度分析了各种交通形式，形成了交通需求和能源消耗计算的基础。徐创军等（2007）通过对运输系统生态经济指标分析将各种运输方式对土地占用、能源消耗、客运和货运周转量、污染物排放、环境危害、安全便捷性等方面的影响进行比较并应用灰色关联分析方法进行综合评价。蔡凤田（2008）用统计数据比较了公路运输、水路运输、港口生产的能耗水平、描述了公路运输客车、货车的汽油、柴油消耗量，并与美国、日本等进行了比较，分析了常见汽车技术故障对汽车油耗的影响程度。贾顺平等（2009）指出我国交通能耗统计方法与国际通行准则相比存在很多差异，如未统计社会其他部门行业及私人车辆的能耗，而国际统计口径包括所有的交通运输工具的能耗，对于计算交通运输能耗水平有着很大的影响，使得我国交通能耗数据比国际统计口径数据的计算结果明显偏小。聂育仁（2009）分析了交通运输行业能耗统计监测的背景和目的，并从道路运输、水路、港口三个方面建立能耗统计监测实施体系，客观评估了行业能耗的总体水平，为节能降耗相关政策的出台提供真实、可用的信息。

2. 城市轨道交通

城市轨道交通主要包括地铁和轻轨。地铁旅行速度通常大于 35km/h，高峰小时运量为 2.5 万 ~7 万人次；轻轨旅行速度通常大于 25km/h，高峰小时运量在 3 万人次以上（通常在 1 万人次左右）。城市轨道交通由于运行速度较低，站间距较密，列车频繁起停，所以对基础线路的要求远低于其他轨道交通方式。

2000 年以来，我国城市轨道交通进入高速发展时期。目前，我国已有 12 个城市建成城市轨道交通系统并且投入运营，运营总里程达 1265.50km，另有 14 个城市的城市轨道交通系统正在建设中。2010 ~2014 年我国城市轨道交通线路年均建设里程约为 289.00km。轨道交通能耗是指轨道交通客货运输及相关的调度、信号、机车、车辆、检修、工务等运输辅助活动中产生的能源消耗。轨道交通的快速发展，使得对轨道交通能源效率的研究尤为重要。

在日本，对轨道交通的经济社会评价称为费用效益分析，其目的是从社会经济效率的角度来分析项目必要的建设费用等所产生的效益、效果。Meibom（2001）对列车运行过程中的能量流以及传输效率进行了分析。发动机对能耗的影响较大，因为其决定了车辆所用的燃料类型以及能量转换效率，同样，在传输过程中能量损失即机车传动效率也会影响其运行过程中的总能耗。石静雅（2009）在《轨道交通影响因素分析及能耗指标体系的建立》中分析轨道交通能耗影响因素，按照轨道交通能耗指标的要求，选取客流量能耗指标、车辆周转量指标、客运周转量指标、车站动力能耗指标等运输质量指标建立轨道交通能耗指标体系。马奕（2009）在国内首次提出从整个轨道交通的系统工程的规划角度来建立构架完整详细的轨道交通能耗评价体系的研究。在节能减排的今天，从系统的高度规划评价能耗显得尤为重要，可以为进一步节能提供客观、科学、全面的依据。文章利用了 Petri 网的动态性、系统描述性等优点，探索了 Petri 网与建立轨道交通能耗评价体系研究的结合应用。

3. 公路交通

在交通运输业中，公路运输是发展最快的行业，也是能源消耗最多的行业。目前的道路运输能耗统计仅仅局限于营业性车辆，而道路运输行业中存在着大量的社会车辆，这些车辆的能源消耗情况比较复杂。国家发展和改革委员会综合运输研究所吴文化副研究员在 2001 年提出了道路机动车能源消耗测算的方法，该方法可以科学地测算全国机动车能源消耗规模，难点在于对各类车辆的行驶状况及燃油消耗的准确掌握。

随着公路运输的快速发展和汽车快速进入家庭，公路运输石油消耗量仍将会快速增长。随着环境友好型发展理念的深入，越来越多的机动车、特别是城市公共汽车采用天然气作为动力。但是我国公路运输营运车辆油耗指标不降反升，反映了运输管理和能源管理薄弱，这也显示公路运输营运车辆节能空间很大。

李显生等（2007）认为在道路运输能源消耗的三个统计指标（燃油消耗量、百车公里燃料消耗量、百吨公里燃油消耗量）中，百吨公里燃料油消耗量这个指标已经不能很好地适应道路运输经营模式。在统计百车公里燃料消耗量指标时，不是采用抽样方法计算获得，而是通过建立百车公里燃料消耗量的数学模型计算获得。刘莉等（2008）比较了美国、英国、日本三国公路运输能耗统计指标，结果表明美国、英国、日本的调查指标基本一致，即车辆数、车英里（车公里）、燃料消耗量、人一英里（人一公里）和吨英里（人一公里）。指出我国现有统计指标还存在明显缺憾，即缺少反映车辆运行状况的关键指标"车辆行驶里程"（即"车—英里"）。贾培培等（2012）一改前人大部分局限在一个大的城市交通系统或者没有进行细分数量化的情况，对城市不同交通子系统能耗进行更深入分析，测算各交通子系统单位运输能耗和总能耗，对不同交通方式能耗进行影响因素分析，为城市交通结构优化提供数据理论基础。李道清等（2005）根据虚拟变量法的原理，利用我国交通能源消费的历史数据，建立了我国未来交通能源消费系统的预测模型，选取民用汽车保有量、旅客周转量和货物周转量作为解释变量，以交通能源消费量（TREC）作为被解释变量，建立包括虚拟变量的多元回归模型来分析和预测交通能源消费量。

8.5　城市交通能源效率评估模型的基本架构

交通运输可以为城市的经济发展带来生机，但同时它所产生的能源与环境问题也给城市发展提出了新的挑战。中国经济正处快速增长期，汽车耗能比重的不断提高将使中国面临更严重的能源安全问题。同时，由于车用燃料的大量燃烧，排放的大气污染物使得人们的生存环境承受巨大的压力。因此，交通、能源与环境的可持续发展受到国内外的广泛重视。

在分析、归纳、总结前人研究成果的基础上，我们认为在研究交通运行的能源效率问题时，不仅要考虑能源消费投入所带来的交通服务量，也要同时考虑交通运行质量，以及交通运行的环境排放影响。本书研究城市交通运行系统的能源效率表示方法，提出交通运行能源效率指数的计算公式。初步设想交通运行系统能源效率指数是单位能耗周转量、单位能耗的碳排放量、交通运行服务水平的多元复合函数。该函数应该满足以下基本条件：关于单位能耗周转量和运行服务水平是非减的，关于单位能耗碳排放量是非增的，能够对不同的交通运行系统的能源消耗、环境排放和运行服务水平的组合加以区分，同时该函数应能反映城市交通规划管理者的决策偏好。

另外，交通运行系统能源效率指数应能对城市交通运行系统的能源利用效率状况进行客观的评级，便于交通规划管理者直观清晰地认识不同的交通政策、规划方案和管理措施所导致的城市交通运行系统的不同发展趋势，以便科学地做出决策。由于城市交通运行系统的能源效率指数对评价指标的标准有较强的依赖性，因此，选取什么指标值作为评价参照系是一个关键问题。考虑到发达国家城市交通运行系统基本发展稳定，本书采用几个发达国家的典型城市（如东京、新加坡市）的指标，从中选取各个指标的最优值作为虚拟的评价参照系。

8.5.1　城市道路交通能源效率指数的定义及计算方法

为了对城市道路交通能源利用效率的整体情况做出评价，本书构建了"城市道路交通能源效率指数"。

$$城市道路交通能源效率指数 = \frac{\alpha_1 \text{TEL} + \alpha_2 \text{PCL}}{\text{SL}} \tag{8-1}$$

式中，α_1，α_2为权重系数，$\alpha_1 + \alpha_2 = 1$；SL 为道路交通运行服务水平；TEL 为城市交通单位

运输周转量能耗水平；PCL 为城市交通人均 CO_2 排放水平。

1. 道路交通运行服务水平

道路交通运行服务水平，采用 3.4.2 节的北京城市路网运行指数表示。道路交通运行服务水平的预测值采用多元回归分析的方法获得，备选变量为人口总数、名义 GDP、公交车数量、出租车数量、私人汽车数量和公司车数量。统计分析结果如图 8-1 所示。道路交通运行服务水平的预测值见表 8-1。

Coefficientsa

Model		Unstandardized Coefficients		Standardized Coefficients		
		B	Std. Error	Beta	t	Sig.
1	(Constant)	-1307.836	.000		.	.
	人口	2.060	.000	3.436	.	.
	公交车数量	-.001	.000	-1.195	.	.
	出租车数量	.019	.000	.332	.	.
	私家车数量	-.058	.000	-4.349	.	.
	公司车数量	.000	.000	1.454	.	.

Excluded Variablesb

Model		Beta In	t	Sig.	Partial Correlation	Collinearity Statistics Tolerance
1	名义GDP	.a				.000

Model Summaryb

Model	R	R Square	Adjusted R Square	Error of the Estimate	R Square Change	Change Statistics			
						F Change	df1	df2	Sig. F Change
1	1.000	1.000	.	.	1.000	.	5	0	.

图 8-1　道路交通运行服务水平的回归分析结果

表 8-1　道路交通运行服务水平的预测值

年份	预测值	实际值	年份	预测值	实际值
2007	7.707	7.73	2019	6.613	
2008	5.857	5.84	2020	6.754	
2009	5.439	5.41	2021	6.875	
2010	6.117	6.14	2022	7.003	
2011	4.817	4.8	2023	7.235	
2012	5.177	5.2	2024	7.565	
2013	5.381		2025	7.914	
2014	5.577		2026	8.211	
2015	5.766		2027	8.381	
2016	6.015		2028	8.400	
2017	6.256		2029	8.322	
2018	6.461		2030	8.196	

2. 城市交通单位运输周转量能耗水平

城市交通单位运输周转量能耗水平的计算分客运与货运两种情况，计算公式如下：

$$TEL = \beta_1 TEPL + \beta_2 TEFL \qquad (8-2)$$

式中，β_1，β_2 为权重系数，$\beta_1 + \beta_2 = 1$，以客运/货运的"换算周转量"比作为权重系数。TEPL 为客运单位运输周转量能耗水平；TEFL 为货运单位运输周转量能耗水平。计算公式如下：

$$\beta_1 = \frac{Turnover_{\_p}}{Turnover_{\_p} + Turnover_{\_F}} \qquad (8-3)$$

$$\beta_2 = \frac{Turnover_{\_F}}{Turnover_{\_p} + Turnover_{\_F}} \qquad (8-4)$$

$$TEPL = \frac{TEP^*}{TEP} \qquad (8-5)$$

$$TEFL = \frac{TEF^*}{TEF} \qquad (8-6)$$

式中，$Turnover_{\_p}$ 为客运（换算）周转量，换算单位：吨公里 = 10×人公里；$Turnover_{\_F}$ 为货运周转量；TEP 为北京市客运单位周转量能耗；TEP^* 为标杆地区道路客运单位周转量能耗；TEF 为北京市货运单位运输周转量能耗；TEF^* 为标杆地区道路货运单位周转量能耗。

TEP 的计算公式为

$$TEP = \gamma_1 TEP_{\_公交车} + \gamma_2 TEP_{\_地铁} + \gamma_3 TEP_{\_出租车} + \gamma_4 TEP_{\_公路客运} + \gamma_5 TEP_{\_社会车辆} \qquad (8-7)$$

式中，γ_i 为各种客运方式的周转量所占比例。

标杆地区道路客运单位周转量能耗：选取 2008 年日本公路客运运 $TEP^* = 307/$万人公里 = 439 kgce/万人公里（数据来自于《2011 交通能源消费及排放研究》）。

标杆地区道路货运单位周转量能耗：参考国内外道路货运能耗强度的历史数据，捷克的道路货运能耗强度较低，且比较稳定，故选取捷克 2003 年的道路货运能耗强度作为标杆，即 $TEF^* = 4.57$kgtce/100tkm。

3. 城市交通人均 CO_2 排放水平的计算方法

道路交通人均 CO_2 排放水平的计算公式为

$$PCL = \frac{PC^*}{PC} \qquad (8-8)$$

式中，PC 为北京市道路交通人均 CO_2 排放量；PC^* 为标杆地区道路交通人均 CO_2 排放量。

北京市道路交通人均 CO_2 排放量的计算公式为

$$PC = \frac{城市交通 CO_2 排放量}{人口总数} \qquad (8-9)$$

式中，城市交通 CO_2 排放量 = $CO_{2\_PE} + CO_{2\_FE}$；CO_{2_PE} 为客运 CO_2 年排放量；CO_{2_FE} 为货运 CO_2 年排放量。

由于现有研究资料表明，印度人均交通 CO_2 排放量是比较低的，仅是美国的 1/48。故，本书标杆地区道路交通人均 CO_2 排放量选取印度 2008 年道路交通人均 CO_2 排放量，即 $PC^* = 0.1t/$人（数据来源于《（2011）交通能源消费及碳排放研究》）。

8.5.2　模型构建说明

应用城市交通能源效率指数，有效地评估城市交通效率情况，可以说是一个利用现有仿真分析工具（Vensim）结果的有效预测，应用 Excel+VBA 编程功能，实现对区域的交通能源消耗、环境变化等预测与演示的一体化工具平台。该系统实现目标：

（1）设置相应的外生变量（需求方会提供相应的外生变量），平台计算得到预测结果（需求方会提供相应的输出变量）；

（2）从模拟结果中提取变量值，并以图表的形式展示，图片保存或数据导出；

（3）动态更新相关变量数据。

1）用户类和特性

系统的用户分为普通用户和数据维护员。其中，普通用户是管理决策者，具有调整部分参数，浏览各模块变量数据的功能；数据维护员主要控制预测基础数据和参数数据的维护，兼有各模块变量数据的输入功能。

2）运行环境

描述了该软件的运行环境，一般包括以下五方面。

（1）Petumn4 以上系列 PC 台式机和便携式电脑；

（2）运行时占用内存：≤100MB；

（3）所需硬盘空间：≤100MB；

（4）Access 2007 及其以上版本；

（5）MS Excel 2007 及其以上版本。

3）数据描述

该平台涉及历史数据和预测数据两个方面的内容。

（1）历史数据为根据统计年鉴或相关文献资料获取的基础数据，及根据这些数据计算出的加工数据（当前时间范围为 2000~2011 年）；

（2）预测数据为模型基础数据及基于模型数据平台计算出的加工数据（时间范围为 2000~2030 年）。下面详细介绍相关数据内容。

4）历史数据

历史数据部分涵盖外来的基础数据和平台计算生成的加工数据，当前其时间范围为 2000~2011 年，数据维护员可以加入新的历史数据（可处理数据范围为 2000~2030 年）。

历史基础数据：根据统计年鉴或相关文献资料获取的基础数据，为时间序列格式。

历史加工数据：在历史基础数据基础上结合参数信息计算生成的加工数据，为时间序列格式。该数据含有多个层次，需要有效地分析数据间的计算关系。

5）预测数据

预测数据部分由模型基础数据和平台计算的加工数据组成，其时间范围为 2000~2030 年。

预测基础数据：仿真模型获取的基础数据，为时间序列格式。

预测加工数据：在预测基础数据基础上结合参数信息计算生成的加工数据，为时间序列格式。该数据含有多个层次，需要有效地分析数据间的计算关系。部分预测加工数据的计算过程相比历史加工数据要复杂，其会融入一些回归拟合预测方法。

6）参数数据

平台计算历史加工数据和预测加工数据时，需要常量型数据，该数据在整个平台运行过程中认为是常量值型的数据。参数数据的特点是其为单值数据，若修改后即覆盖原有数据。

7）数据流图

城市交通能源效率指数平台分为两类用户，分别为普通用户和数据维护员。数据的流向在这两类用户中也具有差异。

8）普通用户数据流

用户数据流图如图 8-2 所示。

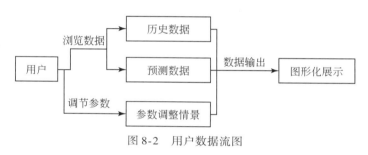

图 8-2　用户数据流图

用户数据流图中，分为浏览数据流、调节参数数据流、数据输出。

A. 数据源点及汇点描述

（1）名称：用户数据流图。

（2）简要描述：用户选择变量浏览数据或调节参数查看参数调整情景。浏览数据中包含历史数据和预测数据。浏览时从加工数据逐层到基础数据部分。调节参数，指定调节参数数据，用户在指定范围内修改参数值，得到调整前后数据并图形化对比显示。

（3）有关数据流：历史数据值、预测数据值、调节参数值、调节参数后变量值（涵盖历史数据、预测基础数据、预测加工数据）。

B. 数据流名词条描述

a. 数据流名：调节参数

主要包括以下四方面。

（1）说明：调整参数的值；

（2）数据来源：用户；

（3）数据去向：平台计算、图片保存、历史参数记录；

（4）数据流组成：二维数据。

b. 数据流名：历史数据变量值

主要包括以下四方面。

（1）说明：历史数据值；

（2）数据来源：数据库；

（3）数据去向：图形化展示、图片保存；

（4）数据流组成：二维数据。

c. 数据流名：预测数据变量值

主要包括以下四方面。

（1）说明：预测数据值；

（2）数据来源：数据库；

（3）数据去向：图形化展示、图片保存；

（4）数据流组成：二维数据。

9）数据维护员数据流

数据维护员数据流图如图 8-3 所示。

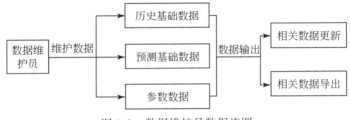

图 8-3　数据维护员数据流图

C. 数据源点及汇点描述

（1）名称：数据维护员数据流图。

（2）简要描述：数据维护员除具有普通用户的功能外，维护数据部分可将原来的预测数据变更为历史数据及参数值等，并更新数据库中所有相关变量的数据。

（3）有关数据流：历史基础数据值、预测基础数据值、参数数据值。

D. 数据流名词条描述

a. 数据流名：历史基础数据值

主要包括以下四方面。

（1）说明：修改历史数据界限，即将成为历史的年份数据重新设定为历史基础数据值；

（2）数据流来源：数据库；

（3）数据流去向：平台计算；

（4）数据流组成：二维数据。

b. 数据流名：预测基础数据值

主要包括以下四方面。

（1）说明：预测基础数据值；

（2）数据来源：平台计算、数据库（存在来源于外部模型接入数据）；

（3）数据去向：平台计算，或输出到文本文件中；

（4）数据流组成：二维数据。

c. 数据流名：参数数据值

主要包括以下四方面。

（1）说明：参数数据值；

（2）数据来源：数据库；

（3）数据去向：平台计算；

（4）数据流组成：相应数值。

10）功能需求

A. 功能划分

针对需求特点，将普通用户和数据维护员的功能划分为以下四个方面。

（1）变量输出。主体功能，获取相关变量数据，以多种形式展示。

（2）参数调整。调整因子值，以调整前后对比显示其特点。

（3）数据维护。数据维护员的核心功能，参数数据和预测数据中基础数据的更新操作，需要相关加工变量的数据并自动完成更新工作。

（4）历史数据维护。数据维护员的功能，可以修改历史数据的年份分界点，并可以调整录入错误的历史基础数据。

B. 功能描述

以下分别介绍三个功能点的具体内容。

（1）变量输出。变量输出划分为单变量输出和多变量输出。输出图形均可图片保存。①单变量输出。拟定表格、折线、柱状或饼图的形式同图展示单个变量的历史数据及预测数据。②多变量输出。拟定表格、折线、柱状或饼图的形式分图展示多个变量的历史数据和预测数据。

（2）参数调整。参数值的波动体现了相关变量对结果的影响。需要实时计算调整后变量的数据，并拟定表格、折线、柱状或饼图的形式同图体现调整前后数据对比波动情况。输出图形均可图片保存。

（3）数据维护。数据维护是数据维护员的核心操作内容，普通用户没有操作权限。数据维护主要包括以下三方面。①历史数据调整。将已经成为历史的年份更新其真实历史数据。②预测数据更新。主要工作是将现有年份的预测基础数据变更为历史基础数据。那么，相关的历史加工数据和预测加工数据均需要自动更新。并确保数据的唯一性。③参数数据更新。对于一些常量根据具体情况做出调整。

8.5.3 模型基本框架

公共电汽车模块、轨道交通模块、出租车模块、汽车租赁模块、郊区客运模块、省际客运模块、旅游客运模块、私人客车模块和企事业单位车辆模块如图 8-4 ~ 图 8-12 所示。

图 8-4　公共电汽车模块

图 8-5　轨道交通模块

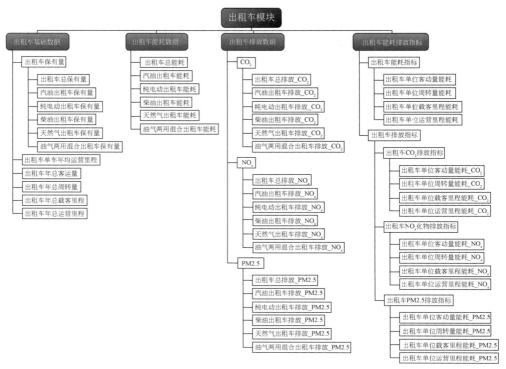

图 8-6　出租车模块

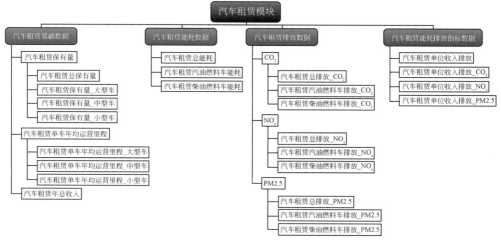

图 8-7　汽车租赁模块

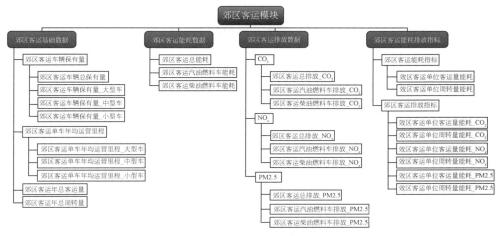

图 8-8　郊区客运模块

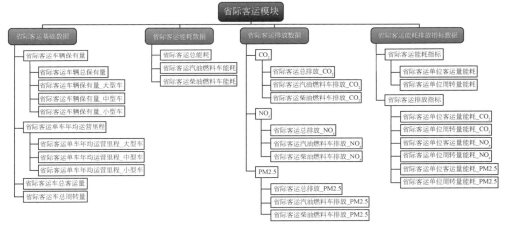

图 8-9　省际客运模块

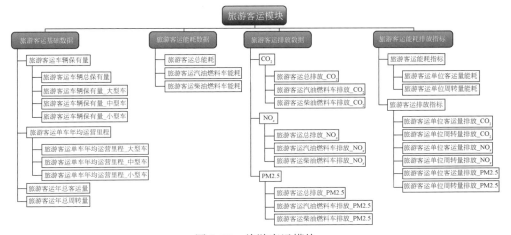

图 8-10　旅游客运模块

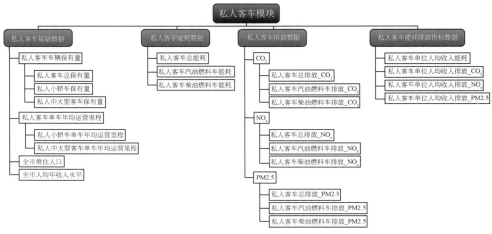

图 8-11　私人客车模块

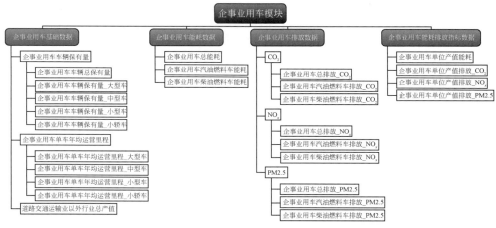

图 8-12　企事业单位车辆模块

8.6　城市交通能源效率分析平台介绍

城市交通能源效率分析平台包括"登录界面"、"主界面"、"浏览数据"、"调节参数"和"数据维护"五个部分,以下分别介绍其具体情况。

8.6.1　登录界面

打开系统文件,首先会出现"登录界面"。输入用户名和密码后,点击"登录"。系统分为"系统管理员"和"普通用户"两种用户类型。其中"系统管理员"具有"浏览

数据"、"调节参数"和"数据维护"三项功能，而"普通用户"只具有"浏览数据"、
"调节参数"两项操作功能。如图 8-13 ~ 图 8-15 所示。

图 8-13　登录界面

图 8-14　系统管理员登录

图 8-15　普通用户登录

8.6.2　主界面

顺利登录主界面后，图 8-16 ~ 图 8-17 分别为两种类型用户登录的主界面情况。

图 8-16　系统管理员登录的主界面

图 8-17　普通用户登录的主界面

下面以系统管理员为用户介绍其具体的功能模块。其主要分为三个模块，分别为"操作菜单"，"控制模块"和"退出系统"。其分别对应图 8-18 的"1"、"2""3"。

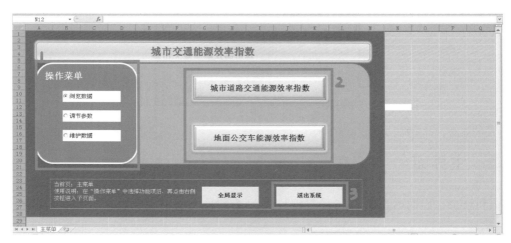

图 8-18　主菜单介绍

1. 操作菜单

操作菜单通过点击相应的选择来选择需要进行的操作，如图 8-19 所示。

2. 控制模块

选择操作后，需要选择操作针对的数据模块，该平台分为"城市道路交通能源效率指数"和"地面公交车能源效率指数"两个模块。直接点击按钮即可。如图 8-20 所示。

图 8-19　操作菜单

图 8-20　控制模块

3. 退出系统

"退出系统"模块界面如图 8-21 所示。

图 8-21　退出系统

点击该按钮,即退出系统。

8.6.3　浏览数据

若选择的操作为"浏览数据",控制模块为"城市道路交通能源效率指数",将出现如图 8-22 所示的界面。其主要分为三个部分,分别为"变量选取"、"原始数据显示"和"多维数据呈现"。

1. 变量选取

在变量树中点击需要浏览的变量即可立即显示当前变量的数据的多维呈现图。变量树选择变量情况,如图 8-23 所示。选取变量后的情况如图 8-24 所示。另外,点击"+"部分可以展开当前部分的变量,如图 8-25 所示。

2. 原始数据显示

显示当前浏览变量在数据库中的数值情况,以原始数据形式呈现,如图 8-26 所示。

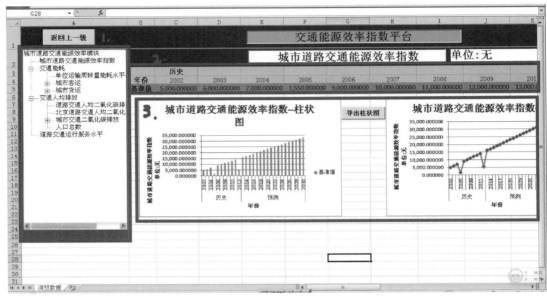

图 8-22　浏览数据——城市道路交通能源效率指数界面

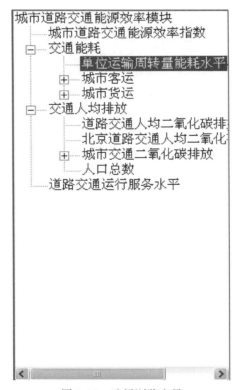

图 8-23　选择浏览变量

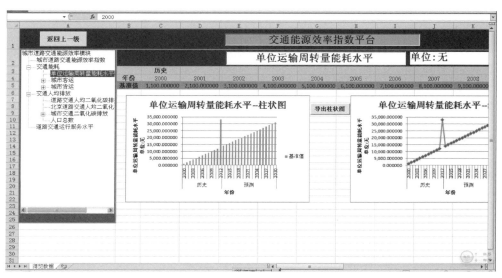

图 8-24　浏览数据——单位运输周转量能耗水平

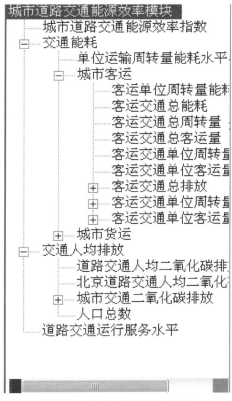

图 8-25　变量树部分展开情况

图 8-26　原始数据显示

3. 多维数据呈现

多维数据呈现采用柱状图和线图来展示当前浏览变量的数据情况，如图 8-27 所示。

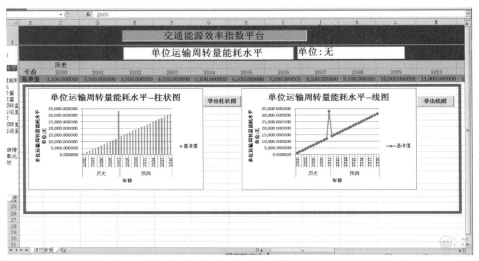

图 8-27　多维数据展示

当前展示的图可以通过点击"导出柱状图"或"导出线图"将其保存为".jpg"格式文件。如图 8-28 所示。提示用户"结果图保存成功!"。然后到指定目录查看，以当前浏览变量命名的".jpg"文件已经导出了，过程如图 8-29 和图 8-30 所示，图片查看如图 8-31 所示。

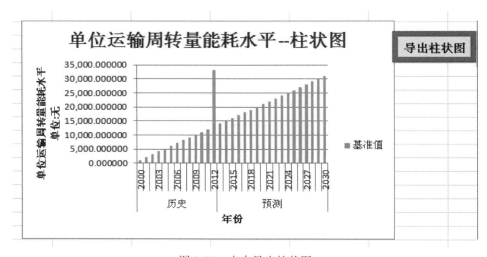

图 8-28　点击导出柱状图

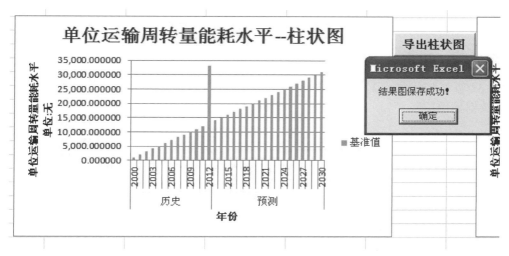

图 8-29 提示 "结果图保存成功!"

图 8-30 到指定目录下查看导出文件

图 8-31 导出文件查看

8.6.4 调节参数

若选择的操作为"调节参数",控制模块为"城市道路交通能源效率指数",将出现如图8-32所示的界面。其主要分为三个部分,分别为"调整因子"、"原始数据显示"和"多维数据呈现"。

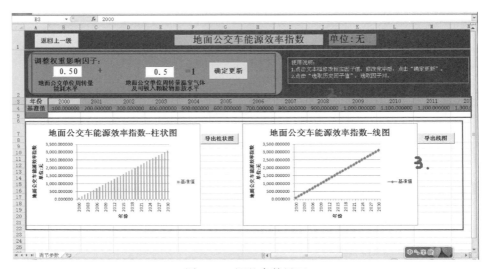

图 8-32 调整参数界面

1. 调整因子

因子初始值为数据库中现有的因子值,在文本框中任意一个输入(0,1)的数据,即可达到调节因子的目的(图8-33)。点击"确定更新"后,会提示用户"是否确定记录因子信息?"。若用户点击"是",则当前因子值会被记录下来,以备下次使用。具体过程如图8-34~图8-37所示。

图 8-33 初始因子值

2. 原始数据显示

显示当前浏览变量在数据库中的数值情况,以原始数据形式呈现。当提交"确定更新"保存记录后，图 8-38 的初始数据会变成图 8-39 的调整前后对比结果。

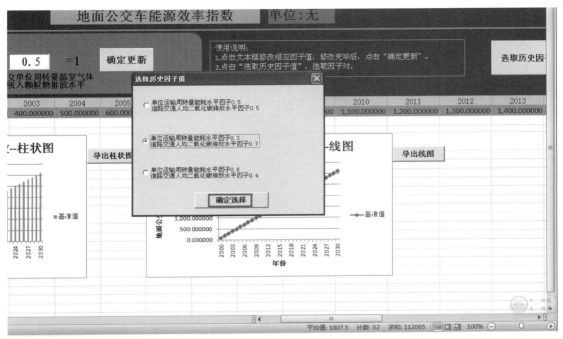

图 8-34　点击"选取历史因子值"

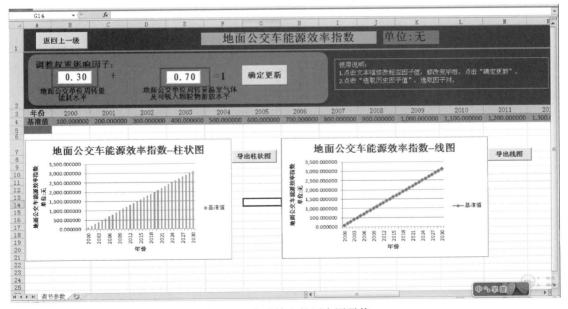

图 8-35　自动输入的历史因子值

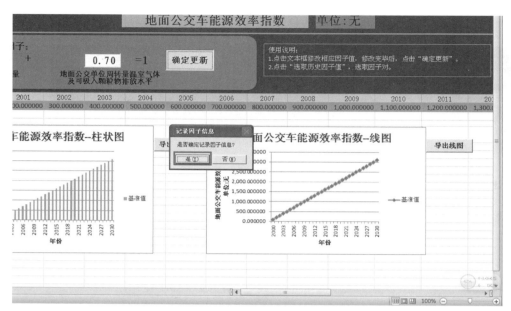

图 8-36　点击"确认更新"

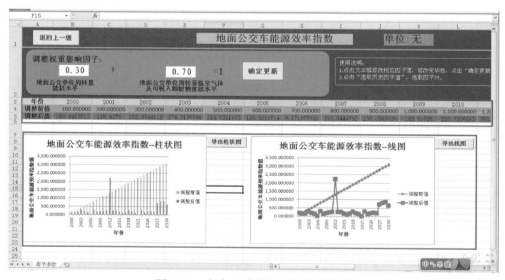

图 8-37　点击"确定更新"提示情况

图 8-38　初始数据

图 8-39　调整因子后

3. 多维数据呈现

多维数据呈现采用柱状图和线图来展示当前浏览变量的数据情况，如图 8-40 表示未调整前的数据呈现情况，而图 8-41 则表示对比调整前后数据情况。

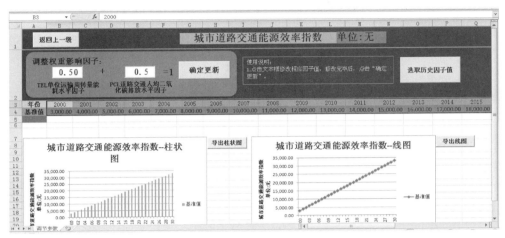

图 8-40　初始数据呈现

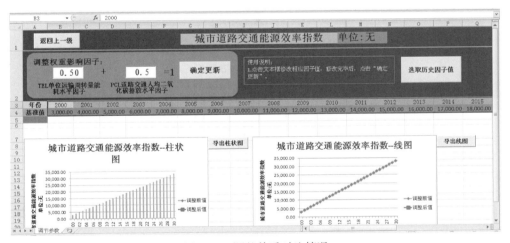

图 8-41　调整前后对比情况

8.6.5　数据维护

若选择的操作为"调节参数"，控制模块为"城市道路交通能源效率指数"，将出现如图 8-42 所示的界面。其主要分为三个部分，分别为"维护菜单"、"选择变量"和"数据更新"。

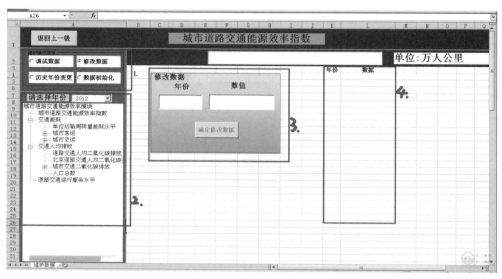

图 8-42　数据维护界面

注：1. 维护菜单；2. 选择变量；3. 数据更新；4. 数据更新结果

1. 维护菜单

维护菜单分为调试数据、修改数据、历史年份变更、数据初始化，如图 8-43 所示。

图 8-43　维护菜单

其中，修改数据为对一些变量的测试性数据计算，即当前变量变化后上层数据变化情况的尝试性计算。

调试数据为导出计算过程数据到文本。

历史年份的变更是指数据需要年度数据维护时，历史年份的变化，其值的变化以系统时间为准。

平台内部计算的数据可以通过"数据初始化"达到整体更新的目的，即在历史年份变更后，可以做整体平台数据的更新。

2. 选择变量

在左侧选择操作变量，右侧即显示当前变量的数据值情况，如图 8-44 所示。图 8-45 为展开的变量树。

图 8-44　选择变量显示数据图

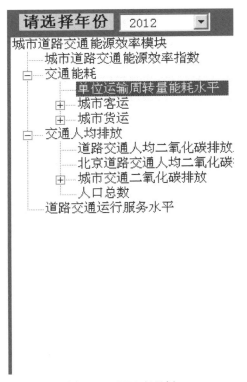

图 8-45　可选变量树

3. 数据更新

对数据进行操作后其上层数据自动变化。如图 8-46 "轨道交通" 的 2013 年为 "1828011"，将其变更为 "2000000"。同时，2013 年的 "轨道交通总能耗" 和 "轨道交通单位客运量能耗" 均变化了。具体过程如图 8-46 ~ 图 8-49 所示。操作步骤分别对应图 8-46 中的 1，2。

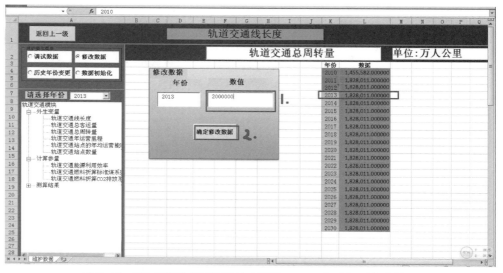

图 8-46 "城市道路交通能源效率指数" 2012 年数据原始值修改

图 8-47 "轨道交通总周转量" 2013 年数据变更

图 8-48 "轨道交通总能耗" 2013 年数据修改

图 8-49 "轨道交通单位客运量能耗" 2013 年数据修改

4. 历史年份变更

系统具有历史年份数据与预测数据之分，历史年份的变更是指数据需要年度数据维护时，历史年份的变化，其值的变化以系统时间为准。例如，现在年份为 "2012 年"，点击"历史年份变更"，系统会出现提示变更，并自动将年份变更为最新界限（图 8-50）。

图 8-50　历史年份变更

5. 数据初始化

平台内部计算的数据可以通过"数据初始化"达到整体更新的目的，即在历史年份变更后，可以做整体平台数据的更新（图 8-51）。

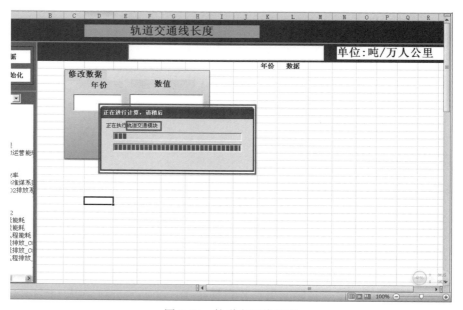

图 8-51　轨道交通线长度

|第9章|　北京市交通运行系统能源效率分析

9.1　全球交通能耗与排放情况^①

9.1.1　全球整体情况

1）全球各行业温室气体排放情况

从全球来看，能源供应和工业排放的温室气体占全球温室气体排放总量的一半，林业、农业和交通运输也是温室气体的主要排放源。

全球各行业温室气体排放情况如图 9-1 所示。

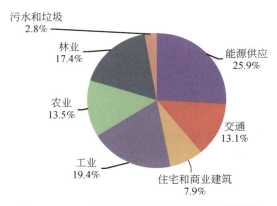

图 9-1　2005 年全球各行业温室气体排放情况

2）全球交通领域不同出行方式 CO_2 排放量

道路交通所排放的 CO_2 是交通领域 CO_2 排放的主要来源，约占 73.0%。航空及国际航运占交通 CO_2 排放总量的 20%，剩余排放源为内河航运、铁路及其他交通方式（图 9-2）。

3）2006 年主要国家交通领域 CO_2 排放总量及人均排放量

在交通领域，CO_2 排放总量居世界前六位的国家或地区分别是美国、欧盟、中国、日本、俄罗斯和加拿大。其中，美国的排放总量和人均排放量均居世界第一。中国排放总量位于第三，但人均排放量较低，加拿大排放总量居世界第六，但人均排放量仅次于美国。

① 本节数据来自于世界大城市交通发展论坛

图 9-3 为 2006 年主要国家或地区交通领域 CO_2 排放总量及人均排放量情况。

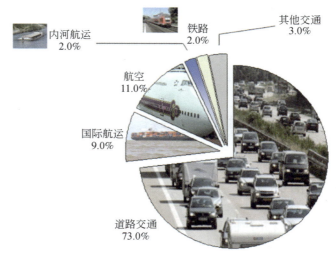

内河航运
2.0%

铁路
2.0%

其他交通
3.0%

航空
11.0%

国际航运
9.0%

道路交通
73.0%

图 9-2　全球交通领域不同出行方式 CO_2 排放量

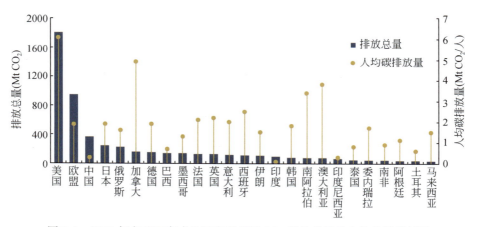

图 9-3　2006 年主要国家或地区交通领域 CO_2 排放总量及人均排放量情况

9.1.2　德国交通的能耗排放情况

1）德国客运交通分方式排放量

德国交通领域，2010 年 PM 的主要来源是小汽车、市内公交和航空运输的尾气排放，NO_x 的主要来源是市内公交和航空运输的尾气排放，而 CO_2 的主要排放来源则是航空运输和小汽车的尾气排放。图 9-4 为德国客运交通方式排放量。

2）德国交通 PM10 排放情况

如图 9-5 所示，德国 PM10 全国和城市的排放情况在 1960～2030 年的变化趋势基本相同，在 1994 年达到峰值，之后逐年下降。

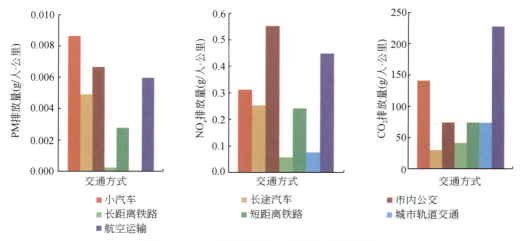

图 9-4　2010 年德国客运交通分方式排放量

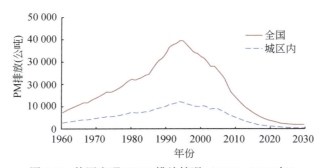

图 9-5　德国交通 PM10 排放情况（1960～2030 年）

3）德国交通领域 NO$_x$ 排放情况

如图 9-6 所示，德国 NO$_x$ 全国和城市的排放情况在 1960～2030 年的变化趋势基本相同，在 1991 年达到峰值，之后逐年下降。其中，城市占全国 NO$_x$ 排放总量的比例在 1991 年之后呈上升趋势。

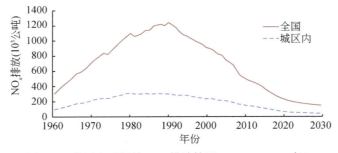

图 9-6　德国交通领域 NO$_x$ 排放情况（1960～2030 年）

9.2　世界城市发展情况比较①

9.2.1　世界城市基本情况比较

1）各国城市化率的比较

美国、日本的城市化进程开始较早，城市化率较高，中国城市化开始较晚，城市化率较低。图 9-7 为 1898~2010 年中国、美国、日本城市化率比较情况。

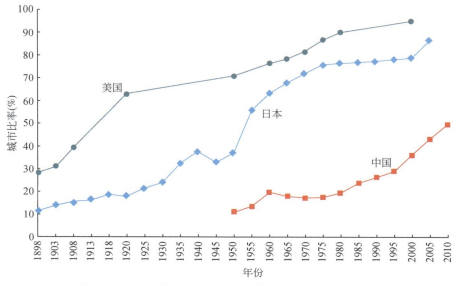

图 9-7　中国、美国、日本城市化率比较（1898~2010 年）

2）特大城市在全国经济地位的比较

作为世界城市，东京、纽约、伦敦占本国 GDP 比例在 24% 左右；而我国特大型城市的 GDP 占比偏低，上海 GDP 最高，才约占全国 GDP 的 3.9%，北京、广州次之（表 9-1）。

表 9-1　特大城市在全国经济地位的比较（2009 年）

城市	GDP 占全国 GDP 比例（%）
东京	26
纽约	24
伦敦	22
北京	3.2

---

①　本节数据来自于世界大城市交通发展论坛

城市	GDP 占全国 GDP 比例（%）
上海	3.9
广州	2.5

3）城市建成区人口密度与城市形态比较

我国的主要大城市人口密度大，城市多中心数量较低，而从人口密度大、城市多中心数量低向人口密度低、城市多中心数量较高发展是世界城市的主要发展方向。图 9-8 为建成区人口密度与城市形态。

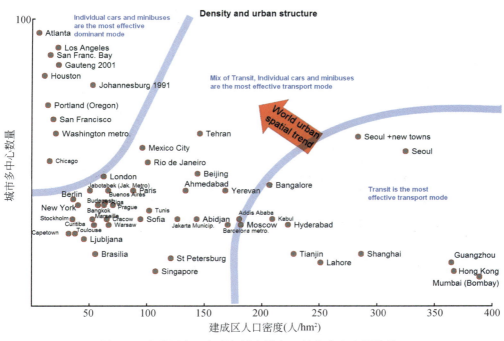

图 9-8　建成区人口密度与城市形态（城市多中心的数量）

4）北京和东京的城市空间比较

北京核心区的人均机动车数量远高于东京。东京的人口密度与人均机动车数量的分布情况相反，人口密度大的区域人均机动车数量较低，而北京的人口密度与人均机动车数量的分布情况基本相同，如图 9-9 所示。

9.2.2　世界城市交通发展情况比较

相比于东京、首尔，北京的机动车保有量发展时间较晚，但是目前的保有量已经超于首尔、东京，达到 460 万辆左右（图 9-10）。

如图 9-11 所示，世界主要城市人均机动车保有量随人均 GDP 的增长呈上升趋势。伦

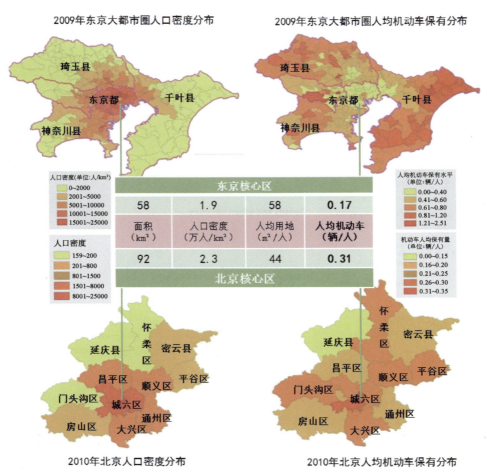

图 9-9　东京和北京人车关系对比图（北京所用数据为私人小汽车）

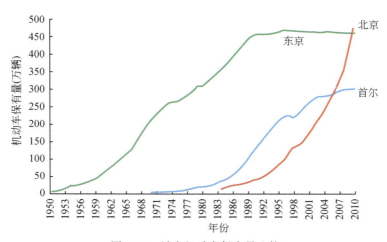

图 9-10　城市机动车保有量比较

敦、名古屋和东京人均机动车保有量随人均 GDP 增长的上升趋势已经趋于平缓，北京和曼谷依然保持明显的上升趋势。相对于其他城市，北京小汽车日均行驶车公里数较高，达每天 45km。图 9-12 为城市小汽车日均行驶里程数比较。

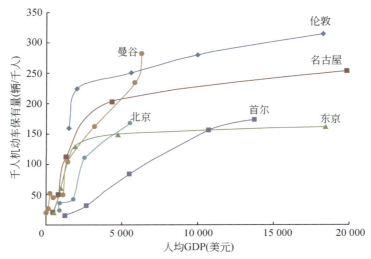

图 9-11　城市人均机动车保有量比较（2002～2006 年）

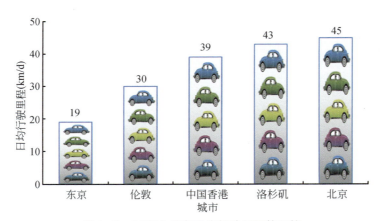

图 9-12　城市小汽车日均行驶里程数比较

9.3　北京市交通出行现状分析

北京城六区及昌平、顺义、通州等核心区域交通出行密度较大，其他周边区县交通出行密度较小（图 9-13）。

北京六环内的交通压力主要来源于 5km 以内的短距离出行，约占出行总量的 60.8%。其中，小汽车和公交车比重接近，分别承担 15.7% 和 14.5%（图 9-14）。

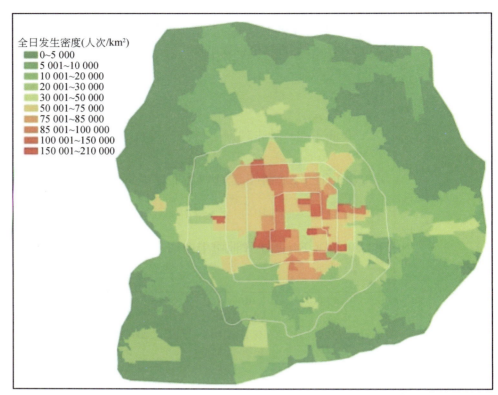

图 9-13 北京市 2010 年出行强度

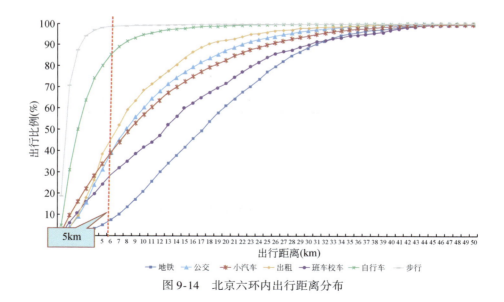

图 9-14 北京六环内出行距离分布

北京市小汽车 5km 以下的出行约占整体出行情况的 44%，大部分出行均为 20km 以内的中短途出行，20km 以上的出行仅占总出行情况的 13%（图 9-15）。

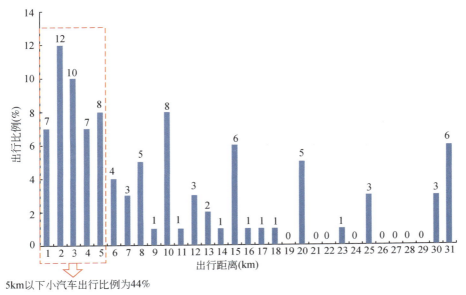

图 9-15　北京市小汽车出行距离分布

9.4　北京市城市交通运行能源效率指数

本节在 2005～2012 年交通运输行业能耗和 CO_2 排放水平数据、2013～2020 年北京市交通运输业能耗和碳排放水平预测数据的基础上，计算 2005～2020 年单位周转量能耗水平与人均 CO_2 排放水平。交通运输行业单位周转量能耗、CO_2 排放总量、客货运周转量数据源自客运模型和货运模型，北京市 2005～2011 年人口总数源自《2012 年北京市统计年鉴》；此外，若无对应的数据，则用其他数据，采用趋势外推法推算得出。

单位运输周转量能耗水平的数值计算结果如图 9-16 所示。

从图 9-16 中可以看到，单位运输周转量能耗水平一直保持上升趋势，2005 年为 1.0389，至 2011 年为 1.1253；2012～2020 年的预测值显示单位运输周转量能耗水平将会持续上升，至 2020 年达到最高值 1.3833。由此可见，按照强有力的节能政策，北京市交通的单位运输周转量能耗将逐渐降低。

人均 CO_2 排放水平的数值计算结果如图 9-17 所示。

从图 9-17 中可以看到，人均 CO_2 排放水平虽略有起伏，但总体保持下降趋势。2005 年人均 CO_2 排放值最大为 0.1669t，到 2009 年为最低，此后有上升趋势，但上升趋势趋缓，到 2011 年人均 CO_2 排放值为 0.1418t。2012～2020 年的预测值显示人均 CO_2 排放值在 2012 年后仍在一段时间内保持上升趋势，至 2014 年达到峰值 1.1464t，此后就转为下

图 9-16　单位运输周转量能耗水平折线图

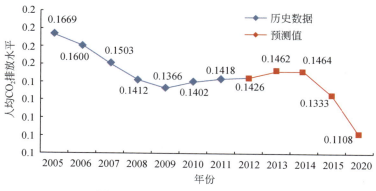

图 9-17　人均 CO_2 排放水平折线图

降，且下降快速，至 2020 年降至 0.1108t。由此可见，按照现有政策，北京市交通碳排放水平得不到应有的控制。

北京市城市交通运行能源效率指数的计算结果如图 9-18 所示。可见，北京市城市交通整体能源利用效率在 2011 年达到高峰以后，呈现了逐年下降的趋势，这说明现有节能减排政策还不能从整体上实现节能减排的同步发展，政策措施有待进一步调整。

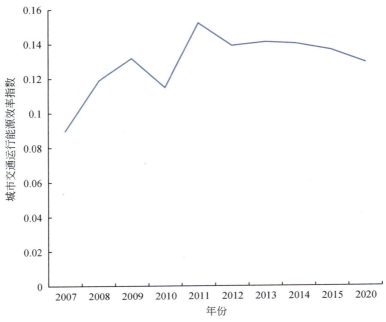

图 9-18　北京市城市交通运行能源效率指数

参 考 文 献

北京交通发展研究中心.2011.2011 北京市交通发展年报.

北京交通发展研究中心.2011.2011 北京市交通发展年度报告（研究报告）.

北京市统计局.2013.北京统计年鉴 2013.

北京市交通委员会.2010.2015 年北京绿色出行方式比例力争达 65%.http：//2006. moc. gov. cn/06beijing/
    jiaotongxw/201008/t20100826_721297. html ［2012-05-01］.

北京市汽车研究所，清华大学环境工程系，广州市环境监测中心站，等.1997.中国典型城市机动车排放
    污染现状评估.

蔡凤田.2008.公路交通运输领域节能减排对策.交通环保，（02）：36-44.

蔡闻佳，王灿，陈吉宁.2007.中国公路交通业 CO_2 排放情景与减排潜力.清华大学学报（自然科学版），
    47（12）：2142-2145.

蔡晓春，邹克.2012.基于 DEA-Malmquist 的钢铁行业上市公司能源效率分析.统计与信息论坛，
    27（08）：90-98.

陈必壮，陆锡明，董志国.2011.上海交通模型体系.北京：中国建筑工业出版社.

戴利生，胡新建，顾宇庆，1997.上海市市区排放测试工况的建立.首届中国机动车污染评价研讨会论
    文集.

丁凡，王艳，李思一，等.1998.中国可持续发展系统动力学仿真模型——环境部分.计算机仿真，（01）：
    8-10.

东南大学运输工程研究所，镇江市规划设计研究院.1994.镇江市综合交通规划专题研究报告集.

樊洁，严广乐.2009.基于系统动力学的北京市私家车总量仿真与控制.公路交通科技，（12）：120-125.

冯佳，许奇，冯旭杰，等.2011.基于灰色关联度的轨道交通能耗影响因素分析.交通运输系统工程与信
    息，11（1）：142-146.

冯时，徐建国.2012.不公，不平，与经济增长.南方经济，（11）：104-115.

高有景.2007.影响公路运输能耗的因素和节能途径.平原大学学报，24（4）：11-12.

关宏志，李洋，秦焕美，等.2006.基于 TDM 概念调节大城市繁华区域出行方式的调查分析——以停车
    收费价格调节出行方式为例.北京工业大学学报，32（4）：338-342.

黄振中，王艳，李思一，等.1997.中国可持续发展系统动力学仿真模型.计算机仿真，（04）：3-7.

贾培培，徐成，王满.2012.城市综合交通能耗测算研究.城市建设理论研究，（5）.

贾顺平，彭宏勤，刘爽，等.2009.交通运输与能源消耗相关研究综述.交通运输系统工程与信息，
    9（3）：6-16.

交 通 运 输 部 .2011. 交 通 运 输 "十二五" 发 展 规 划 . http：//www. mot. gov. cn/zhuantizhuanlan/
    jiaotongguihua/shierwujiaotongyunshufazhanguihua/index. html ［2012-05-10］.

靳玫.2007.北京市交通结构演变的系统动力学模型研究.北京：北京交通大学硕士学位论文.

隗海林，王劲松，王云鹏，等.2009.基于城市道路工况的汽车燃油消耗模型.吉林大学学报（工学版），
    39（5）：1146-1150.

李道清，任玉珑，胡大江，等．2005．基于虚拟变量法的我国交通能源消费量预测．科技管理研究，11：139-141.

李连成，吴文化．2010．我国交通运输业能源利用效率及发展趋势．综合运输，3：16-20.

李显生，王云龙，蔡凤田．2007．道路运输能源消耗统计模型的对比研究．交通与计算机，25（6）：49-55.

李学东．2009．铁路与公路货物运输能耗的影响因素分析．北京：北京交通大学硕士学位论文．

李宇航，何世伟．2010．基于系统动力学的城市人均出行次数研究．交通标准化，9：54-57.

刘慧，郭怀成，郁亚娟，等．2010．基于出行的城市客运交通环境系统优化研究．北京大学学报（自然科学版），46（1）：121-128.

刘莉，董国亮，王云龙．2008．公路运输能源消耗统计指标研究．汽车节能，3：16-20.

刘爽．2009．基于系统动力学的大城市交通结构演变机理及实证研究．北京：北京交通大学博士学位论文．

刘铁生，习智，陈伟华．2011．我国能源利用效率综合评价研究．安徽农业科学，39（4）：2497-2501.

刘征福．2007．建立能源利用效率评价指标体系的研究．能源与环境，2：2-4.

陆锡明．2007．交通模型的演进与展望．上海：同济大学出版社．

栾琨，隽志才，宗芳．2010．通勤者出行方式与出行链选择行为研究．公路交通科技，27（6）：107-111.

马奕．2009．上海轨道交通能耗评价体系及动力系统建模研究．上海：同济大学电子与信息工程学院硕士学位论文．

米树涛．1997．中国典型城市机动车排放控制水平的研究．首届中国机动车污染评价研讨会论文集．清华大学环境工程系：49-57.

聂育仁．2009．公路水路交通循环经济评价指标体系构建研究．环境保护与循环经济，（3）：15-18.

沈中元．2006．利用收入分布曲线预测中国汽车保有量．中国能源，（8）：11-15.

石静雅．2009．关于上海城市轨道交通能耗指标体系的建立与分析．上海：同济大学电子与信息工程学院硕士学位论文．

史立新．2011．2011交通能源消费及碳排放研究．北京：中国经济出版社．

孙晓莉，高谋荣．2007．基于仿真技术的汽车能耗与质量关系的研究．深圳职业技术学院学报，（2）：21-24.

佟贺丰，曹燕，于洁，等．2010．基于系统动力学的城市可持续发展模型：以北京市为例．未来与发展，（12）：10-17.

王继峰，陆化普，彭唬．2008．城市交通系统的 SD 模型及其应用．交通运输系统工程与信息，8（3）：83-89.

王雷，田新民．2010．山东省能源效率评价分析．上海管理科学，32（4）：16-21.

王群伟，周德群．2008．中国全要素能源效率变动的实证研究．系统工程．（7）：74-80.

王群伟，周德群，陈洪涛．2009．技术进步与能源效率——基于 ARDL 方法的分析．数理统计与管理，（05）：460-467.

王舒鸿，汝慧萍，宋马林．2010．基于 DEA 的物流行业能源效率评价．物流技术，9：66-68.

王炜，项乔君，常玉林，等．2002．城市交通系统能源消耗与环境影响分析方法．北京：科学出版社．

王雯静，干宏程．2010．小汽车与轨道交通出行方式选择行为分析．城市交通，8（3）：36-40.

王艳，李思一，吴叶君，等．1998．中国可持续发展系统动力学仿真模型——社会部分．计算机仿真，（01）：5-7.

王云鹏，杨志发，李世武，等．2005．基于系统动力学的道路运输量预测模型．吉林大学学报（工学版），

35（4）：426-430.

王子洋，刘小霞，赵忠信，等.2010. 基于系统动力学模型的地铁车站客流预测分析. 物流技术，29（6）：90-92.

吴叶君，王艳，黄振中，等.1998. 中国可持续发展系统动力学仿真模型——能源部分. 计算机仿真，（01）：11-13.

夏保强.2009. 基于外部性理论的道路运输排放问题研究. 北京：学位论文硕士北京交通大学.

项乔君.2000. 城市交通系统汽车燃油消耗研究. 南京：东南大学博士学位论文.

新京报.2010. 北京回应控制小汽车建议：称重点发展公交. http：//auto. people. com. cn/GB/12946011. html［2012-05-20］.

徐创军，杨立中，杨红薇，等.2007. 运输系统生态可持续性评价指标体系的研究. 铁道运输与经济，29（5）：4-7.

徐建国.2000. 收入分布与耐用消费品的增长模式. 北京：北京大学硕士学位论文.

杨阳，贺德方，佟贺丰.2012. 北京市私人载客小型和微型汽车的仿真模型及政策模拟. 中国软科学，（6）：78-89.

袁晓玲，屈小娥.2009. 中国地区能源消费差异及影响因素分析. 商业经济与管理，（9）：60-64.

袁盈，刘希玲，王榕海，1997. 我国轻型汽车污染物排放现状. 首届中国机动车污染评价研讨会论文集.

张安华.2006. 中国电力工业能效问题分析. 中国能源，28（7）：1-3.

张晶，王丽萍.2010. 基于工业能源利用效率的低碳经济实证研究. 科技进步与对策，27（22）：168-171.

张毅媚，张谊.2008. 城市交通拥挤的系统动力学模型仿真研究. 交通与计算机，26（2）：94-101.

赵敏，张卫国，俞立中.2009. 上海市居民出行方式与城市交通 CO_2 排放及减排对策. 环境科学研究，22（6）：747-752.

赵淑芝，赵贝.2011. 多因素影响下的城市居民出行行为时间价值. 吉林大学学报（工学版），41（1）：46-50.

赵先宁，董海霞.2010. 建筑节能的几点体会. 科技创新导报，（21）：43.

中国汽车技术研究中心，中国汽车工业协会.2011.2011 年中国汽车工业年鉴.

周溪召，张扬.2008. 先进的城市交通规划理论方法和模型. 北京：中国铁道出版社.

邹鑫龙.2012. 油田企业节能效率评价. 石油石化节能，（2）：33-34.

Ahn K, Rakha H, Trani A, et al. 2002. Estimating vehicle fuel consumption and emissions based on instantaneous speed and acceleration levels. Journal of Transportation Engineering, 128（2）：182-190.

B S, W R, W S. Model for economic assessment of sustainability policies of transport. Vienna：the 3th Biennial Conference of the European Society for Ecological Economics.

B S, W R, W S. 1999. Assessment of the BAU/EST scenario with a model for economic assessment of sustainability policies of transport. Paris：OECD_ EST meeting.

Ballardin G. 2005. Environmental benefits and economic rationale of expanding the Italian natural gas private car fleet. Milan：Proceedings of the 2005 System Dynamics Conference.

Bennett C R. Greenwood Ian. 2011. Modelling road user and environmental effects in HDM-4. Birmingham.

Bose R K, Shukla M. 1999. Elasticties of electricity demand in India. Energy Policy.

Brehmer B, Dörner D. 1993. Experiments with computer-simulated microwprlds：escapling with both the narrow straits of the laboratory and the deep blue sea of the field study. Computers in Human Behavior, 9：171-184.

Chang M, Evans L, Herman R, et al. 1976. Gasoline Consumption in Urban Traffic. Transportation Research

Record.

Dargay J, Gately D, Sommer M. 2007. Vehicle ownership and income growth, worldwide: 1960-2030. Energy Journal, 28（4）: 1-33.

Deng X. 2007. Private Car Ownership in China: How Important is the Effect of Income? Annual Conference of Economist. Hobart, Australia.

Dwyer M, Stave K. 2005. Modeling the relationship between population and land development under changing land use policies. Cambridge: the 23rd International Conference of the System Dynamics Society.

Fong W K, Matsumoto H, Lun Y F. 2009. Application of system dynamics model as decision making tool in urban planning process toward stabilizing carbon dioxide emission from cities. Building and Environment, 44（7）: 1528-1537.

Fraunhofer I S L. 2011. Assessment of transport strategies. http://www.astra-model.eu/ ［2011-11-20］.

Geller H. 2006. Polices for increasing energy efficiency: Thirty years of experience in OECD countries. Energy Policy, （5）: 556-573.

Howard Geller, Philip Harringtonetal. 2006. Polices for increasing energy efficiency: Thirty years of experience in OECD countries. Energy Policy, 02: 556-576.

Hu Jinli, Wang Shichuan. 2006. Total- Factor Energy Efficiency of Regions in China. Energy Policy, （17）: 3206-3217.

Jin W, Xu L Y, Yang Z F. 2009. Modeling a policy making framework for urban sustainability: incorporating system dynamics into the ecological footprint. Ecological Economics, 68（12）: 2938-2949.

Krail M. 2005. Quantification of climate policy scenarios for long-term trends in sustainability in ASTRA. Boston: the 23rd International Conference of the System Dynamics Society.

Leithams S, Downing J, Eehenique M, et al. 1999. European transport forecasts for 2020: the STREAMS model results. Cambridge: European Transport Conference 1999.

Luo G P, Yin C Y, Chen X. 2010. Combining system dynamic model and CLUE-S model to improve land use scenario analyses at regional scale: a case study of Sangong watershed. Ecological Complexity, （7）: 198-207.

Meibom P. 2001. Technology analysis of public transport modes. Lyngby: Technical University of Denmark.

Monson M. 2008. Minnesota biofuels policy: how much can biofuels contribute to carbon dioxide reductions from passenger vehicles? . Athens: Proceedings of the 26th International Conference of the System Dynamics Society.

Pfaffenbichler P, Emberger G, Shepherd S. 2008. The integrated dynamic land use and transport model MARS. Networks and Spatial Economics, 8（2-3）: 183-200.

Qu W S, Tong H F, Xu Z. 2009. Future grain production based on T21 China Model. Beijing: Publishing House Electronics Industry.

Rothengatter W, Schade W, Martino A, et al. 2011. ASTRA model development and description. http://www.astra-model.eu/downloads-research-applications.htm ［2011-05-01］.

Salini P, Karsky M. 2002. SIMTRANS（Freight Transportation Simulation Model）. http://patrice.salini.free.fr/Simtrans%20Palerme（txt）.pdf ［2012-05-10］.

Schade B, Schade W. 2005. Assessment of environmentally sustainable transport scenarios by a backcasting approach with ESCOT. Boston: the 23rd International Conference of the System Dynamics Society.

Schade W. 2005. Strategic sustainability analysis: concept and application for the assessment of European transport policy. Baden-Baden: Nomos.

Simon H A. 1956. Rational choice and the structure of the environment. Psychological Review, 63（2）: 129-138.

Simon H A. 1955. A behavioral model of rational choice. Quarterly Journal of Economics, 69 (1): 99-118.

Stave K A, Dwyer M. 2006. Lessons from LUTAQ: building systems thinking capacity into land use, transportation, and air quality planning in Las Vegas, Nevada. Nijmegen: Proceedings of the 24th International Conference of the System Dynamics Society.

Tong H F, Weishuang Q S, Liu Y. 2009. System dynamics model for CO_2 emissions of China cement industry. Beijing: Publishing House Electronics Industry.

Varone F, Aebischer B. 2001. Energy efficiency: the challenges of policy design. Engery Policy, 29 (8): 615-629.

West B H, McGill R N, Hodgson J W, et al. 1997. Development and verification of light-duty modal emissions and fuel consumption values for traffic models. FHWA Report, Washington D C.

Winz I, Brieley G, Trowsdale S. 2009. The use of system dynamics simulation in water resources management. Water Resources Management, 23: 1301-1323.

Zhang X P, Cheng X M, Yuan J H, et al. 2011. Total-factor-energy efficiency in developing countries. Energy Policy, 39 (2): 644-650.